U0534433

本书系以下项目的阶段性成果：

1. 南京财经大学2021年校级重点教材立项建设项目；

2. 南京财经大学校级教学成果培育项目：公共管理类专业"三位一体"的教学学术模式及其应用（JXCG1909）；

3. 南京财经大学教学团队建设培育项目：教学学术与专业学术融合的公共管理教学团队；

4. 南京财经大学高等教育研究及改革发展专项课题：自主开发与合作共享双轮并驱：公共管理教学案例库建设研究（GJ201834）；

5. 南京财经大学教学成果培育项目："四位一体"公共管理案例教学共享平台建设（JXCGPY201704）；

6. 南京财经大学2020年度学位与研究生教育重点课题：案例建设支撑的MPA研究生实践创新能力培养集成模式研究（Y20022）；

7. 江苏高校"青蓝工程"中青年学科带头人培养对象资助项目；

8. 江苏省教育科学"十四五"规划2021年度重点课题：高校教师教学学术能力现状及提升问题研究（B/2021/01/24）；

9. 江苏省高等教育教改研究2021年立项课题：公共管理类一流专业教师教学学术能力建设研究（2021JSJG288）。

黄建伟 金志云 江永清 等编著

公共管理精品共享教学案例

中国社会科学出版社

图书在版编目（CIP）数据

公共管理精品共享教学案例／黄建伟等编著 .—北京：中国社会科学出版社，2022.1

ISBN 978－7－5203－8435－3

Ⅰ.①公⋯　Ⅱ.①黄⋯　Ⅲ.①公共管理—教案（教育）—高等学校　Ⅳ.①D035－0

中国版本图书馆 CIP 数据核字（2021）第 092626 号

出 版 人	赵剑英
责任编辑	张　潜
责任校对	胡新芳
责任印制	王　超
出　　版	中国社会科学出版社
社　　址	北京鼓楼西大街甲 158 号
邮　　编	100720
网　　址	http：//www.csspw.cn
发 行 部	010－84083685
门 市 部	010－84029450
经　　销	新华书店及其他书店
印刷装订	北京君升印刷有限公司
版　　次	2022 年 1 月第 1 版
印　　次	2022 年 1 月第 1 次印刷
开　　本	710×1000　1/16
印　　张	22
字　　数	286 千字
定　　价	98.00 元

凡购买中国社会科学出版社图书，如有质量问题请与本社营销中心联系调换
电话：010－84083683
版权所有　侵权必究

序

精品共享教学案例：
教学学术的桥梁和纽带

本书的出版是本人领衔的"教学学术与专业学术融合的公共管理教学团队"的成果之一。原本书名为《教学学术与专业学术融合公共管理精品共享案例》，后经与出版社编辑反复研究，考虑到本书的主要定位为一本教学案例教材，因此书名尽量简短，最后我和出版社将书名商定为《公共管理精品共享教学案例》。尽管新的书名已经不包含"教学学术"等字样，但实际上，本书的编撰自始至终都贯穿了我们教学团队"教学学术"的教育理念。本书遴选出来正式出版的教学案例是我们教学团队在不影响教学进度的情况下，将团队的研究成果或本学科的前沿理论、热点问题以精品案例的形式给学生进行深入地讲解、分析或与学生共同研讨的教学素材。在我们教学团队推行的"案例式混合型教学"、"课题式实践型教学"、"专题式研究型教学"三种不同类型的教学模式融合成一体的教学学术模式即"三位一体"的教学学术模式中，"案例式混合型教学"有着非常特殊的地位，是整个"三位一体"教学学术模式的"输入"和"输出"的关键节点，也是教学知识催化科研创新的"发射站"和科研成果反哺教学改革的"接受点"。精品共享案例作为"案例式混合型教学"的重要载体，实际上是公共管理类专业"三位一体"教学学术的重要桥梁与纽带,为了便于读者更全面地了解精品共享案例在教学学术与专业学术融合中的地位和作用,下文我对公共管理类专业"三位一体"教学学术模式的缘起与背景、理念与目标、模式与经验、创新与成效等介绍如下:

一　缘起与背景

2019年10月,教育部发布的《关于深化本科教育教学改革全面提高人才培养质量的意见》指出要"推动科研反哺教学"。事实上,在高等教育尤其是本科层次的教育中,教学和科研关系的割裂由来已久。1990年美国卡内基教学促进基金会主席博耶针对美国研究型大学在本科层次"重科研、轻教学"的错误导向在其工作报告《学术反思:教授工作的重点》中首次提出教学学术的概念,期望通过将教学上升到学术的高度以使其获得与"专业学术"的同等地位。此后美国兴起了长达10之久的教学学术大讨论。随着教学学术理念的传播,在国际上又兴起了"教学学术运动"。受国际"教学学术运动"的影响,我国高等教育学界近二十多年来也兴起了对"教学学术"的探讨并逐渐使其成为大学教学改革和教学评价的新导向。2016年8月25日教育部在《关于深化高校教师考核评价制度改革的指导意见》(教师〔2016〕7号)中指出:确立教学学术理念,鼓励教师开展教学改革与研究,提升教师教学学术发展能力。可见,教学学术早在5年前已成为中国官方正式倡导的教育理念。为深入贯彻落实中共中央、国务院印发的《深化新时代教育评价改革总体方案》,2021年教育部印发《普通高等学校本科教育教学审核评估实施方案(2021—2025年)》(以下简称《方案》),对"十四五"新发展阶段普通高等学校本科教育教学审核评估工作做出整体部署和"科研反哺教学"的制度安排。

二 理念与目标

什么是教学学术？目前学术界仍有争议。但是教学学术理念的传播使高等教育研究领域在否认"教学不是一种学术"方面取得了很大共识，也就说大学作为研究高深学问的场所，作为传播高深学问的主要途径即教学并不是一般人能胜任的，胜任者必须具备传播这种具有高深专业知识的教学技能，如果从这个层面来看，教学学术不仅具有教育属性，其同样具有学术属性。因此，教学学术在大学中应该和"专业学术"具有同等重要的地位。周光礼2013年8月在《教育研究》发表了《教学学术能力：大学教师发展与评价的新框架》一文，文中提出"教学学术能力体现了科教融合的理念，强调大学教师的发展包括学术发展和教学发展"。结合教学学术的实践和理论研究，我们认为，教学学术实际上就是将教学视为一种与"专业"同等重要的"学术"并在教学实践中与专业学术有机融合以解决"重科研、轻教学"的错误导向问题，从而从根本上提高教学质量的一种教学理念。

我们提倡的"教学学术"实际上就是将教学视为一种与"专业"同等重要的"学术"并在教学实践中与专业学术有机融合以解决"重科研、轻教学"的错误导向问题，从而从根本上提高教学质量的一种教学理念和教学模式。这种教学理念和教学模式有助于解决公共管理类专业教学学术和专业学术的割裂问题，旨在通过"三位一体"的创新性举措实现教学学术和专业学术融合的目标。该教学学术模式的突出贡献在于实现了教学与科研的相互转化、有效互动和良性循环，解决了"重科研、轻教学"的痼疾。

三 模式与经验

我曾经任教的江西农业大学和南京财经大学，其开设的公共事业管理本科专业均具有20年以上的历史并均为本省较早开设该本科专业的高校之一。本人所领衔的教学团队，始终奉行教学学术的理念并牢牢抓住专业核心课程这根主线，在教学实践中探索出了一套"三位一体"的教学模式：教学实践中始终奉行教学学术的理念，将"案例式混合型教学"、"课题式实践型教学"、"专题式研究型教学"这三种前后呼应、紧密相连、循环往复、动态发展的教学方式与方法整合成一个教学学术和专业学术有机融合之整体的教学学术模式。"三位一体"的内在逻辑如下图所示：

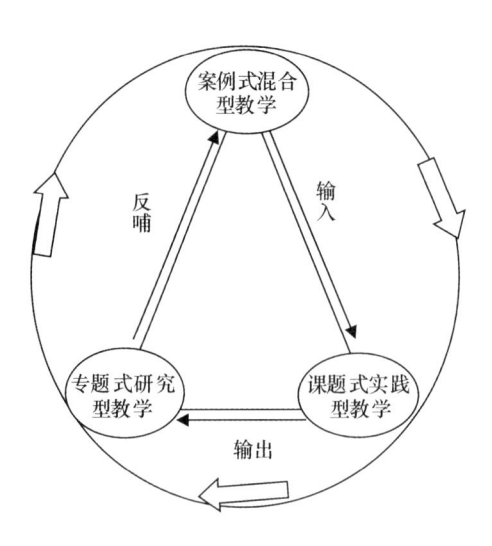

图1 "三位一体"的教学学术模式框架图

（一）案例式混合型教学

"案例式混合型教学"是指将教师的科研成果转化成的具有自主知识产权的案例后，在课堂内将传统的案例教学手段（如粉笔板书）和现代的案例教学手段（如基于教育信息技术尤其是网络技术、新媒体技术、人工智能技术进行多媒体或融媒体课件教学）相混合，来激发学生上课的积极性和提高教学质量的一种新型案例教学方式。该教学方式的理念是：在案例教学中，不全盘否定传统教学手段和教学方式的作用，更不想用现代的教学手段和教学方式替代之，但比以往更加重视现代教学手段和现代教学方式的应用。

在中国，由于公共管理教育在80年代得到恢复和发展，公共管理案例教学的研究和发展也逐步得到重视。本成果在实施"案例式混合型教学"中侧重开展具有如下特点的多媒体案例教学：教学以案例的文、图、声、像的客观描述为辅，以案例讨论为主；通过屏幕显示文、图、声、像等多种媒体信息向学生传授知识，比纯理论教学中教师在黑板上书写更直观、形象，更具有吸引力，更能提高学生的能动性，提高学生的学习兴趣；知识和思想在教师和学生之间双向流动，并在学生中间互相交流；在论题选择和讨论方式上教师和学生共享控制权。本成果将案例式混合型教学的经验总结如下：

1. 要善于提出问题

包括基础的准备过程和知识储备：一是观看案例视频、文字与背景资料。通过多媒体展示案例核心问题，让学生对案例基本情况和进展进行认知。二是通过多媒体展示案例相关新闻资料，让学生能够对于案例前后境况的反差进行自我追问和反思，从而为引入问题做铺垫。

2. 要深入分析问题

对不同观点者进行区分，视问题的争议性质，决定是否组织进行辩论，形成正反双方的观点碰撞。对问题原因进行多视角分析：导入案例核心问题原因分析的可行方法，进一步将案例分析学术化，确定不同分析法的代表。

3. 要引导解决问题

主要在分析的基础上，引导学生着眼于解决问题：也就是如何根据形势变化，从积极的层面解决问题，如何合法合规并合理地解决案例中困境，进而提出保守型、建设性以及攻防兼备的策略。根据公共管理的实际，从博弈的最优策略出发，抢占优先位置，留有回旋余地，又能规避政策风险的组合。最后教师可在总结中阐明案例的背景及其理论问题，并提供解决问题的参考意见而非标准答案。

（二）课题式实践型教学

"课题式实践性教学"是指在教师的指导下，学生自主从课题中选择研究的专题，在研究学习中主动收获知识、运用方法和解决问题的实践活动。实践性教学是教师指导学生用所学的理论去观察社会、发现和解决问题的一种教学形式，是学生将知识转化成能力的一种方式，是培育学生的创新意识和动手能力的一种有效渠道。本成果根据课程特点和主客观条件，采取了"课题式实践型教学"的教学形式。"课题式实践型教学"属于研究性学习的一种形式，它延续和发展了课上教学的内容，目的是为学生设置一个开放的学习环境，改变学生被动接受教师讲课的灌输式教学模式，为学生提供多种获取知识的途径，使他们在实践中将理论知识与方法技能相结合，从而使他们明确学习目标，养成好的学习态度和习惯，培育他们的创新意识和实践操作水平。在多年的教学实践中，我们在"课题式实践型教学"方面积累了以下经验：

1. 关键在于课题的科学创设

爱因斯坦说:"如何发现问题比解决问题对我们更加重要"。学生在课堂中学到的众多知识不是为了去消灭问题本身;反之是去更好地发现和提炼问题。课题创设的前提是要能在生活中发现问题。科学创设课题是"课题式实践型教学"的起点和关键。本成果在实践教学环节中,既有引导性创设的课题,又有主导性创设的课题。

2. 核心在于社会调查的开展

社会调查是通过大量的社会实践来收集社会信息,然后运用统计学的理论和方法,结合现代信息技术和统计软件对收集到的信息进行统计分析的一种方法性学科。公共管理类专业的学生熟练掌握和运用社会调查研究方法是他们必备的专业素养。课题式实践型教学离不开社会调查这个重要环节。本成果认为,社会调查是"课题式实践型教学"的核心,学生参与社会调查这种实践活动对专业教学具有以下重要作用:一是可以提高学生对基础知识的应用能力;二是可以加强学生之间交流沟通与合作互助的精神;三是有利于转变学生从书本获得知识的单一学习方式。

(三) 专题式研究型教学

"专题式研究型教学"的做法是指教师在不影响教学进度的情况下,将教师(或学生)的研究成果(含案例研究)或本学科的前沿理论、热点问题以专题的形式给学生进行深入地讲解、分析或与学生共同研讨。经过多年的教学实践,在"专题式研究型教学"方面我们总结了以下经验:

1. 在整体把握上要有"高度"。教师在授课过程中,要"站得高",才能"看得远"。而基础扎实是教师能够"站得高"的必备条件。基础扎实是指任课老师要对专业教学内容和知识体系如数家珍,从整体上、全局上抓住教学要领,在选择专题时,既侧重重点、难点、热点和焦点的讲解,又兼顾前沿理论的介绍,尽可能选择能够包含课程教学内容的专题。

2. 在专题研究上要有"深度"。"专题式研究型教学"最理想的教学方式就是任课教师将经过自己或同事、同行深入研究的问题以专题的形式给学生授课或与学生研讨。这个"专题"最好是由教师主持、参与的课题或撰写的学术论文等科研成果"转化"而来。因为由教师自己的科研成果转化而来的专题,教师对其内容不仅烂熟于心,而且把握准确,更重要的是,经过教师深入研究的问题,一般情况下教师能将其内容讲透、讲深,甚至达到"鞭辟入里"的境地。

3. 在科际整合上要有"广度"。公共管理类专业的核心课程一般具有"科际整合"的特点,要上好这些课,要求教师不仅具备管理学的理论素养,还要求具备经济学、政治学、社会学、法学、心理学甚至是自然科学如数理统计、系统工程等的理论知识。在实施"专题式研究型教学"的过程中,要求教师具有比较"广博"的知识,并且要有意识地引导学生对某一问题用多学科的途径进行交叉研究,使我们培养的学生在理论知识的掌握上也有一定的"广度"。

四 创新与成效

"三位一体"的教学学术模式是教学理念的刷新、教学方法的革新、教学手段的更新、教学方式的创新,是对"教学不是学术"错误观念的彻底否认、是对"重科研、轻教学"错误导向的有力回应,体现了其教育理念的前瞻性、教学方法的先进性、教学路径的可行性与教学效果的有效性,对于兄弟院校公共管理类专业人才培养具有一定借鉴作用。

（一）两大创新

"三位一体"的教学学术模式的创新点主要体现在教育理念和教学模式两大方面：

一是教育理念的创新。我们所奉行的教育理念为：既不全盘否定传统的教育思想、教育方式、教育手段，但也不狂热地追捧流行的教育思想、教育方式和教育手段，而是力求取长补短、扬弃结合，寻求新旧教育理念的契合点，体现了一种成熟、冷静、理性、全面、辩证而又不落俗套的新教育理念。比如在《公共管理学》、《公共政策学》与《公共经济学》的教学实践中，我们在教学内容上，既按教材讲授较为系统的理论知识，又跳出教材介绍比较前沿的研究成果；在教学方法上既不反对"教师讲、学生听"式的授课，但更不反对"教师和学生一起讲、一起听"式的授课（如案例研讨、专题研究等）；在教学手段上，即重视现代教育信息技术尤其是网络技术的引进，但也不主张用其完全替代传统的课室授课；在教学形式上，即重视理论教学，又重视实践教学；在对教学与科研的认识上，即重视教学对科研的促进作用，又重视科研对教学的反哺功能。

二是教学模式的创新。"三位一体"的教学学术模式是我们创立的新教学模式。首先将"案例式混合型教学"的理论知识"输入"到"课题式实践型教学"中并将两者有机地结合起来，引导学生将所学的理论知识用于社会实践并进行课题式的研究性学习，激发了学生主动学习专业知识的兴趣，培养了学生的创新精神、提高了学生的动手能力。在此基础上，教师也在教学实践中找准了课题并和学生一起深入研究。接下来，教师将和学生一起深入研究的课题成果（如研究论文）等转化成教学成果，并以专题的形式进行研究型教学，即进行"专题式研究型教学"。这个过程实际上是"课题式实践型教学"的成果"输出"成为"专题式研究型教学"的过程。

再接下来,"专题式研究型教学"中的新理论、新观点、新发现、新成果又用于反哺"案例式混合型教学"。这是一个教学质量否定之否定、螺旋式上升并循环反复的过程,是教学和科研相互促进的新教学模式,真正地做到了"从教学实践找课题,用科研成果哺教学",从而实现教学学术和专业学术的融合。

(二) 五大成效

"三位一体"的教学学术模式曾经引起了部分新闻媒体的关注:"三位一体"的育人事迹"《黄建伟:教书育人 倾注心血 争当标兵》、《黄建伟:将社会责任铭记于心 做良心学问》"先后被中国青年网报道;扬子晚报刊发的教学学术模式下的人才培养模式《政产学媒联动 扬子晚报联手南京财经大学夯实公共管理人才培养"新基建"》被先后被人民日报(人民号网络版)、学习强国等网络媒体转载;另外"三位一体"的教学学术模式的教学理念和经验总结曾经先后在中国高等教育学会年会中宣读和期刊论文中发表。在江西农业大学任教期间,我领衔申报的《教学学术与专业学术的融合:"三位一体"的教学模式及其应用——江西农业大学公共事业管理专业15年办学经验总结》曾获江西省教学成果一等奖。入职南京财经大学后不久,曾经在江西农业大学工作过的团队骨干成员江永清教授也随后与我来到同一个"战壕"与我"并肩作战"。为了使我们的教学成果得到更好地推广,我很快又在南京财经大学组建了新的教学团队来完善、充实、更新我们原有的教学成果,以期推陈出新并使我们的教学成果得到更好的推广和应用。经过多年的推广,目前"三位一体"的教学学术模式已被国内多所高校的公共管理类专业吸纳,产生了很好的推广效果。我校和兄弟高校经过多届公共管理类专业人才培养试验发现,该教学模式对提高公共管理类专业的人才培养质量具有较大的促进作用。通过对多届学生人才培养成效和多年教学改革成效的统计，多所高校公共管理类专业吸纳该教学模式后在就业率、考研升学率、教学满意度、教学类获奖（含教学成果奖、教学竞赛奖、其他教学类奖等）、指导学生获奖等五个方面均取得了较好的成绩。

通过对公共管理类专业"三位一体"教学学术模式的缘起与背景、理念与目标、模式与经验、创新与成效等介绍，可以认为，公共管理学科共同体开发的教学案例作为"案例式混合型教学"的重要载体，在公共管理类专业"三位一体"教学学术中起到了桥梁与纽带的重要作用。正是基于对教学案例在教学学术中地位的认识，我们教学团队按照"精品"的标准和"共享"的情怀给公共管理领域的读者朋友们献上一本《公共管理精品共享教学案例》。

本书精选了10个完整的教学案例。案例的主题来自政府治理与领导、公共政策、管理科学与决策、公共财政与税收管理、组织与人力资源管理、社会保障、非营利组织管理、卫生政策与管理、公共安全与应急管理、区域发展与城市管理、住房与城乡建设、土地利用与城乡发展、教育政策与管理、电子政务等公共管理等有关领域。每个案例由两个部分组成：案例主体（正文）和《案例说明书》。案例主体包括：标题及标属、引言、案例摘要、正文、结束语、思考题、附录等。标题要求具有价值性、感染力、中性化；正文要求完整性、时效性、典型性、真实性、开放性、一致性；附录具有必要、额外、辅助的特点；案例思考力求做到设计问题、引导分析、引爆争议、激发讨论、注重深广；要点分析力争客观公正、结合理论、条理清楚、重点突出、角度多维、字数适中。《案例说明书》包括：适用范围（适用范围清楚、定位准确）、教学目标（教学主旨明确、教学目标合理清晰）、教学内容（能够准确地把握教学的重点、难点；案例焦点问题的基础理论知识及分析方法交代清楚）、教学讨论（有完整的讨论方案，讨论问题与教学目标结合紧密，总结要点非常契合案例内容且有延伸性)、教学方法(课程设计合理,教学形式丰富,能够合理整合多媒体工具)、课堂安排(时间规划合理,流程完善)、补充材料(提供适量的问题解决备选和推荐方案,以及优质的课前阅读推荐书目和资料)。

本书出版的10个教学案例,均是本人在任职的高校领衔的教学团队自主开发的具有自主知识产权的教学案例,之所具有与"共享"的情怀,主要是想通过自主开发和合作共享的机制,降低案例库建设的成本、提高案例库建设的成效,实现不同区域的高校公共管理案例资源的优势互补并为不同类型的办学院校提供更多适合不同课程和本校公共管理教育特点的教学案例及其指导手册,从而驱动公共管理教育的跨校和跨省合作,并通过资源共享、互利共赢、协同创新来提升不同区域和不同类型的高校的公共管理教育质量。

本书的定位是"一本特别的教材",确切地说是"一本教学案例教材"。实际上,本书也是本人领衔的"教学学术与专业学术融合的教学团队"的教育教学改革成果之一。就适应对象而言,本书既适合作为公共管理类专业研究生和高年级本科生案例教学的教材,又适合公共管理学科的教师作为教学研究和科学研究的重要素材,当然也适合公共管理的实践者作为学习参考和工作借鉴。

黄建伟

2021年1月6日

目　录

案例1 …………………………………………………………… （1）
　　太极洞景区"插花地"的负外部效应如何治理？………… （3）
　　案例说明书 ……………………………………………… （21）

案例2 …………………………………………………………… （37）
　　"限塑令"，为何越限越多？
　　　　——目标群体对政策执行的影响分析 ……………… （39）
　　案例说明书 ……………………………………………… （51）

案例3 …………………………………………………………… （65）
　　行政审批制度深化改革如何"破题"？
　　　　——由台州商事登记制度改革引发的思考 ………… （67）
　　案例说明书 ……………………………………………… （88）

案例4 …………………………………………………………… （99）
　　一个警务便民和社会管理创新的网上公安局 …………… （101）
　　案例说明书 ……………………………………………… （124）
　　附　件 …………………………………………………… （135）

案例 5 ·· （147）
"盘点花费不怕累，精打细算财会美"：义务教育成本管理改革的中国经验 ·············· （149）
案例说明书 ·· （165）

案例 6 ·· （177）
"幼有所育"的监管之殇："携程亲子园虐童"事件 ······ （179）
案例说明书 ·· （194）

案例 7 ·· （211）
贵州毕节留守儿童之殇背后的公共政策实践思考 ············ （213）
案例说明书 ·· （226）

案例 8 ·· （237）
L 区协作联合化解"以噪制噪"管理难题 ················ （239）
案例说明书 ·· （258）

案例 9 ·· （269）
中国式邻避冲突：历史、现在与未来
——由京沈高铁事件引发的思考 ·················· （271）
案例说明书 ·· （289）
附　件 ·· （300）

案例 10 ·· （301）
A 县政府债务的隐忧和出路 ·························· （303）
案例说明书 ·· （319）

后记　融汇教学学术与专业学术，共享公共管理精品案例 ········ （330）

案 例 1

太极洞景区"插花地"的负外部效应如何治理？

江永清*　邢艾梅**

摘　要　太极洞风景区地处安徽省广德市，规划范围却包含三省所属地界，安徽省广德市、浙江省长兴县和江苏省宜兴市三地之间的"插花地"阻碍了太极洞风景区几十年来的快速发展。本案例旨在分析景区"插花地"问题造成的权责利不明晰问题、存在的负外部效应、附近企业主和当地人员的利益冲突问题以及三省辖区内不同政府主体之间的协调问题。从外部性效应这一视角展开理论和案例分析，期望为太极洞风景区的未来规划发展扫除障碍。

关键词　"插花地"管理；外部效应；协同治理；景村融合

---

* 作者简介：江永清（1976—　），男，汉族，湖北大冶人，南京财经大学政府管理研究中心研究员，公共管理学院教授，博士，硕士研究生导师，全国优秀MPA教师。主要研究方向为地方政府治理。

** 邢艾梅（1985—　），女，汉族，安徽芜湖人，公共管理硕士，太极洞风景名胜区管委会党工委委员，规划建设科科长。

一　引言

2019年6月20日，太极洞风景区管委会相关部门在进行执法巡查的过程中发现景区规划范围内的山体遭到了严重破坏，经调查之后很快发现该山体破坏行为是浙江省长兴县煤山镇人芮某某所为，而芮某某的一番言论也道出了多年以来一直困扰着太极洞风景区管委会的一件"心事"——"插花地"问题。据芮某某交代，他所耕种的土地属于浙江省长兴县煤山镇，而太极洞景区属于安徽省广德市，景区对他没有管辖权。而在景区管委会联系煤山国土所赶赴现场查看并经GPS定位之后，发现土地权属应属于江苏省宜兴市太华镇。景区管委会不得不继续联系太华镇国土所。在煤山、太华、太极洞管委会三方联合现场查勘之后，事件终于真相大白，土地权属确定为江苏省宜兴市太华镇，但是经当地百姓私下互换现由芮某某耕种。因此，根据相关法律，太华镇对现场破坏面积进行查看，最终对当事人芮某某做出了相应的处罚，并责令其对该地块恢复原状，种上绿植。

太极洞风景区地处安徽省广德市东北角的新杭镇桃园村，毗邻浙江省长兴县、江苏省宜兴市，属于三省接壤之地。太极洞风景区洞外占地约2平方公里，洞门口地势低洼，太极洞整个地形呈"八"字形向内延伸，四周群山环抱、绿茵茂盛、溪水绵延，汇集在太极洞洞门口的湖水中，风景格外优美。

根据《太极洞太极文化景区及洞前区详细规划》，本次太极洞风景区规划的用地范围呈"心形钻石形"，大部分规划地占用的是安徽省广德市的土地。而占景区总面积近15%的土地属于江苏省宜兴市太华镇，位于该地段景区的西面，这块"插花地"的主体部分形状近似一条伸入景区的"腿"。同样景区东部还有一小块区域位于浙江省长兴县，面积相对较小。

二 太极洞景区"插花地"面临严峻的负外部性

"太极洞"风景区发展所带来的外部经济效应既包括正外部效应也包括负外部效应，正外部效应包括为景区周围的村庄带来了巨大的客流和便利的交通条件。以长兴县白岘乡为例，由于景区规划使得该乡的部分村庄成为了景区管理的"插花地"地带，为了方便游客顺利进出景区，太极洞风景区在规划过程中大大改善了景区周边设施，增添了包括"新10省道"在内的公路网通道，而长兴县白岘乡村民以此为契机，利用自家庭院的"方寸地"种植了果树、花卉、蔬菜，养殖了一些小动物，找到了利用"庭院"致富的金钥匙，4000多户农民依托太极洞风景区和"新10省道"逐步打造出了一片颇具规模的休闲农业观光带，不少外出打工的农民纷纷返乡进行二次创业，不仅提高了农民自己的收入水平，同时也带动了区域经济快速发展、改善了区域经济结构。

但插花地问题给太极洞景区所带来的更多的是负外部效应，具体情况如下。

（一）采石场严重破坏太极洞山体

太极洞风景区周围有丰富的矿藏，尤其是"太湖石"远近闻名，深受旅客喜爱。太极洞风景区地处安徽省广德市东北角的新杭镇桃园村，毗邻浙江、江苏两省，属于三省接壤之地。由于历史原因所形成的"插花地"以及景区规划过程中新形成的"插花地"成为了三个省监管的薄弱之地，尤其是太极洞风景区内的江苏、浙江两省辖地，由于监管缺失对景区产生了严重的破坏。

浙江长兴县白岘乡位于太极洞风景区的山体背后，由于该地富含多种矿产资源，自改革开放以后大量的采石场如雨后春笋般林立。目前，在浙江长兴县境内有大约25家采石企业位于太极洞风景区周边，几十年的持续开采已经使太极洞山体接近一半区域被开采完毕，一眼望去满目疮痍。笔者对广德市政府、广德市环保局、太极洞风景区管委会以及桃园村村民进行了走访，了解了当地管理者和居民的一些实际感受：

村民A：太极洞风景区附近的采石企业近几年大肆开采，采矿过程中使用威力很大的开山炮，每次开山放炮能炸开几万立方的山体，在几公里外都能明显感觉到。

村民B：太极洞周边有很多采矿场堆积的废弃物料，每次一下雨，山上的堆积土都被冲下来了，造成严重的水土流失，还存在严重的泥石流隐患。

村民C：每次山上放炮，我们村都能明显感觉到，村里有好几户人家的屋子已经被震裂了。

太极洞管委会办公室成员A：采矿使用的开山炮带来的震动感很强，每次开山放炮，太极洞洞内都剧烈震动，常有钟乳石被震下来；常年的开山采石也破坏了很多植被，山体溶洞内的水流近年来急速下降，没有了"滴水穿石"的美景；更重要的是开山放炮对太极洞风景区的游客安全造成了很大的威胁，严重影响景区的长远发展。

太极洞管委会办公室成员B：经常开采太极洞山体造成了严重的水土流失，山上有很多废弃的碎石、废弃物料，每次下雨，山上的沙土随着积水流到太极洞内部，形成了严重的淤泥堆积，给洞内的清淤工作带来很大的难度，同时也危及洞内的钟乳石安全。

根据国家环境保护部对企业噪声污染的相关规定，企业噪音应该符合《工业企业厂界环境噪声排放标准》的相关规定，工业企业厂界环境噪声是指在企业的生产活动中使用固定设备进行生产时所产生的、在厂界处进行测量和控制的干扰周围生活环境的声音。[①] 而工业企业厂界环境噪声不得超过下表规定的排放阈值（见表1）。

表1　　　　　　工业企业厂界环境噪声排放阈值　　　　（单位：dB）

	昼间	夜间
1 类声环境功能类别	55	45
2 类声环境功能类别	60	50
3 类声环境功能类别	65	55
4 类声环境功能类别	70	55

注：夜间频发噪声不得超10dB。

太极洞景区周边污染源分别为矿山开采、水泥生产及其他工业。矿山主要以开采石灰石、建筑用陶土为主，建筑用陶土矿的开采方式主要依靠工程机械挖掘铲装，污染当量较小；石灰石的开采主要为爆破式开采，在爆破过程中会有强烈的噪声、震动、粉尘产生。在矿山爆破时，瞬时噪声值可达到180dB，在景区内能明显感受到爆破的震动。

太极洞风景区于1986年正式建成并对外开放营业，而在景区成立之前，浙江省长兴县就已经有不少企业开始进行采矿。随着浙江本省环保部门的治理，不少石灰窑、采矿场逐步转移到江苏、浙江、安徽三省交界地带，避开环保监管。在广德市政府、环保部门以及太极洞风景区管理委员会的交涉过程中，由于采矿企业所在地政府

---

① 国家环境保护部：《工业企业厂界环境噪声排放标准》（2008年第44号），2008年8月19日。

需要顾及企业、附近村民的利益，并没有有效解决采矿企业对太极洞风景区的环境破坏问题。

（二）化工企业严重污染景区环境

由于景区西侧有部分区域在江苏省境内，而江苏省宜兴市太华镇的整个工业园区环绕在太极洞风景区的四周，其产生的污染物对太极洞风景区造成了永久性的损害。太极洞的入口有两个，分别是水洞入口、旱洞入口，旱洞入口内的河流散发着浓浓的刺激性气味，河水也不再如以往一样清澈见底。笔者实地走访了广德市政府、广德市环保局、太极洞风景区管委会，对太极洞风景区旁边的宜兴市太华镇的整个工业园区的污染情况进行了了解，情况如下。

> 太极洞管委会办公室：以往太极洞内有滴水穿石的景色，现在洞壁上再也没有滴水了，山体水体消耗严重，即使在一些渗水的洞壁上，由于水体严重污染，工作人员也不得不将渗水孔堵上防止洞内钟乳石受损。
>
> 新杭镇副镇长：太极洞附近化工厂造成了水体污染，被污染的水流直接流入附近的流洞河。以往桃园村、洪山村等村庄村民的生活用水都依靠流洞河水流，如今流洞河水流已经无法饮用，村民不得不自己去其他地方取水或者买水。太极洞附近的宾馆、工作人员的生活用水也只能购买。
>
> 广德市环保局：江苏省宜兴市太华镇相对太极洞风景区来说地势较高，太华镇工业园区产生的污染废水直接流入太极洞风景区，而对太华镇并没有多大影响，因此当地政府和居民对化工园区的污染现象并没有多少反映；此外，广德市环保局工作人员曾多次去太华镇化工工业园区持证执法，当地企业仗着

地处外省不归广德市监管的理由,让广德市环保局工作人员屡次吃闭门羹,对于污染现象也不理不睬。

为了避免景区环境经受污染,保障景区、居民、国家利益的健康发展,化工园区的污染排放必须符合国家环保部门制定的污染物排放标准,根据《中华人民共和国环境保护法》《中华人民共和国大气污染防治法》,化工厂污水排放标准主要参考了 GB8978—1996《污水综合排放标准》,如表 2 所示。

表2	大气污染物排放年平均值标准				($\mu g/m^3$)
	二氧化硫 (SO_2)	二氧化氮 (NO_2)	一氧化碳 (CO)	颗粒物 $10\mu m$	颗粒物 $2.5\mu m$
一级浓度	20	40	4	40	15
二级浓度	60	40	4	70	35

注:一、二级浓度分别适用于一类、二类环境空气功能区。

水体污染物的排放标准以第一类污染物排放情况为检测标准,即在企业污水排放口直接采样并对其中的污染物含量进行测量,具体排放标准如表 3 所示。

表3	水体污染物排放标准	(mg/L)
序号	污染物	最高排放浓度
1	总汞	0.05
2	总镉	0.1
3	六价铬	0.5
4	总砷	0.5
5	总铅	1
6	总镍	1

续表

序号	污染物	最高排放浓度
7	总银	0.5
8	悬浮物	60
9	硫化物	1
10	氨氮	15
11	氟化物	10

江苏省宜兴市太华镇的化工工业园区B区的企业紧靠太极洞，园区企业生产的产品主要是油漆、工业用油脂等。根据村民反映，该化工工业园区的排污口附近经常排出大量污染物，路过排污口附近的村民被熏得睁不开眼。经广德市环保局多次采样检测，这个化工工业园区的排污口排放的污水超过国家规定的排放标准28倍。污水渗入太极洞后，太极洞水洞出口处的水质由过去的1类地表水降为4类地表水，已不能饮用。

太极洞风景区地处三省交界处，对于太华镇化工工业园的污染问题协调起来困难重重，江苏省、浙江省等地的环保部门监管乏力，而广德市环保局对这些外省企业没有执法监管权，污染问题一直无法有效解决。目前，江苏省、浙江省环保局已经出台了对于太极洞景区、水源加强保护的相关规定，但并没有有效遏制当地企业的污染行为，广德市环保局多次向两省环保部门提议联合执法也没能达成统一意见。如今，太华镇化工工业园区的企业将污水排放时间放在了晚上躲避监管，甚至辞退了广德市的工人，防止企业行为败露。

三 景区"插花地"外部性问题的痛点

（一）"插花地"多经济主体利益诉求冲突

太极洞景区大部分规划地占用的是安徽省广德市的土地，少部分土地位于浙江省、江苏省境内，插花地土地的征迁涉及多元主体的利益分布，由此形成的插花地问题给景区管理带来了很多问题。景区周围目前有大量的矿石开采企业、化学工业园区，景区的环境保护涉及到这些企业主和当地人员的利益。太极洞景区被各类企业团团围住，它们对景区环境造成了很大的威胁。目前，在浙江省长兴县境内有大约25家采石企业位于太极洞风景区周边，几十年的持续开采已经使太极洞山体接近一半区域被开采完毕，一眼望去满目疮痍。江苏省宜兴市太华镇的整个工业园区环绕在太极洞风景区的四周，其产生的污染物对太极洞风景区造成了永久性的损害。太极洞风景区地处三省交界处，对于采矿企业、太华镇化工工业园的污染问题协调起来困难重重，江苏、浙江等地的环保部门监管乏力，而广德市环保局对这些外省企业没有执法监管权，污染问题一直无法有效解决。太极洞风景区规划范围内存在着部分村庄，村庄的居民在生活、生产过程中对景区内的林地、山地进行耕作，使得太极洞风景区原有的自然地形、风貌受到了破坏。表4、表5列出了位于景区附近的化工企业和非煤矿山企业，如何协调各家企业提高自身环保标准、保护景区利益不受侵害是"插花地"问题解决的一大困难。

表4　　　　　　　　太极洞景区附近的部分企业名单（1）

序号	广德市新杭镇企业	非煤矿山	其他企业
1	广德红枫铜业有限公司	安徽三狮和德水泥有限公司石灰石矿	广德市濮阳古典建陶厂
2	广德市新昌电器材料厂	广德市青岭石灰石矿区赵山石灰石矿	广德市富盛建材厂
3	浙江长广（集团）有限责任公司	菲达水泥有限公司麻山石灰石矿	广德市东方建陶厂

续表

序号	广德市新杭镇企业	非煤矿山	其他企业
4	安徽欧杰利生态肥业有限公司	广德市团山包矿区水泥灰岩矿	广德宏联建陶工艺品厂
		安徽中广源水泥有限公司牛头山石灰石矿	广德市龙鑫建陶厂
5	安徽万泰铝业有限公司	青龙钙业有限公司	广德市嘉艺建陶厂
6	安徽方舟建材有限公司	广德世澄环保重钙材料有限公司	广德龙冠新材料有限公司
7	广德市正信建材厂	广德直立天石钙业股份有限公司石材矿	广德市明成建陶厂
8	浙江三狮集团有限公司广德建材有限公司广宜分公司	广德直立天石钙业股份有限公司金安石材矿	广德新杭正兴建陶厂
9	广德世博合成碳材料有限公司	广德腾狮钙业有限公司	广德市晨星建陶厂
10	安徽省广德市燕子岭天然采砂有限公司	广德联合钙业有限公司	广德双龙耐火建陶有限公司
11	安徽通宝环保科技股份有限公司磨粉分公司	广德市通宝金鹰高新矿业有限公司	广德市新山陶瓷工艺厂
12	广德市三星水泥有限公司	东华矿业有限公司	广德华腾异型建材厂
13	广德市德祥生物能源有限公司	新杭镇合兴花岗岩矿	安徽盛阳新型建材科技有限公司
14	安徽广德文光生物能源有限公司	新杭镇箭穿陶土矿（陶瓷土）	广德市濮阳古典建陶厂
15	广德市万隆新型建材有限公司	箭穿村屠村石英石矿	
16	广德市浙能生物质有限公司	安徽菲达水泥有限公司泉水塘砂页岩矿	

案例 1 太极洞景区"插花地"的负外部效应如何治理？

续表

序号	广德市新杭镇企业	非煤矿山	其他企业
17	广德市华成矿业有限公司	安徽广德南方水泥有限公司牸子山砂页岩矿	
18	广德长广新型墙体材料有限公司	安徽三狮和德水泥有限公司青岭页岩矿	
19	广德市振盛新型建材有限公司	广德市查扉页岩矿	
20	广德市群利建材有限公司	广德市独山宏生粘土矿	
21	牛头山新型建材有限公司	广德市保良矿业有限公司	
22	广德市中远新型建材有限公司	新杭洞口石灰石矿	
23	广德市吕盛煤矸石新型材料厂	新都矿业有限公司	
24	广德市广陵木业有限公司	华成矿业有限公司	
25	广德瑞景旅游度假有限公司	广德青岭矿业有限公司（页岩）	
26	广德市新杭镇人民政府	安徽广德南方水泥有限公司青元岭矿年开采加工 80 万吨页岩矿项目	
27	广德吉讯机械有限公司	广德市腾狮钙业有限公司	
28	广德盛昌新型材料有限公司	安徽三狮和德水泥有限公司石灰石矿	
29	广德市力能溶解乙炔有限公司	广德市青岭石灰石矿区赵山石灰石矿	
30	广德易衡生物能源有限公司	菲达水泥有限公司麻山石灰石矿	
31	广德市坚固水泥制品有限公司		

资料来源：相关部门内部资料，笔者整理。

表5　　　　　　太极洞景区附近的部分企业名单（2）

序号	周边江苏企业	周边浙江企业
1	宜兴尧龙竹木制品有限公司	长兴富强钙业有限公司
2	江苏添竹化工科技有限公司	长兴煤山白岘尚儒矿业有限公司
3	无锡千威科技有限公司	长兴白岘水泥公司
4	江苏森大集团有限公司	浙江长兴紫鑫科技有限公司
5	宜兴太极化工实业公司	长兴白岘炉窑耐火材料
6	宜兴市盛华制罐有限公司	浙江永乐实业有限公司
7	宜兴市鼎力印染有限公司	长兴森大竹木制品有限公司
8		长兴余大电子有限公司
9		长兴南方水泥有限公司
10		三狮水泥
11		长广水泥公司
12		浙江山鹰水泥有限公司
13		湖州煤山南方水泥有限公司
14		湖州煤山南方水泥有限公司

资料来源：相关部门内部资料，笔者整理。

随着环境问题越来越被政府重视，与此同时安徽省政府积极响应当前的国家政策指引、迎合消费者旅游需求的快速增长，确立了建立"旅游强省"的经济发展战略，太极洞风景区需要彻底解决目前所面临的环境污染问题才能确保景区长期健康发展。目前，景区已经确立了2021年建成全国5A风景区的战略目标，然而由于太极洞景区周围采矿企业、化工企业等长期开采、排污对景区造成的毁灭性危害短期内难以得到妥善治理，需要彻底切断景区污染源、彻底对景区已造成的污染进行处理，才能有效维护景区的健康发展。由于景区地处江苏省、浙江省、安徽省三省交界地带，景区整体规划过程中存在的"插花地"问题给景区监管、征迁带来了很大的困难，在整个环境问题治理过程中，涉及的利益主体极其复杂，而治理环境的成本和治理环境所带来的收益并非一个主体，这就使得在协调环境处理问题时各方的主动性不统一。此外，不同区域之间经济发展的情况不同、产业结构之间的发展差异、自然基础条件的禀赋都使得整个环境保护问题变得复杂、多样。此外，"插花地"地区的环境问题产生也有一定的历史原因，我国改革开放之后地方发展一直秉承着经济发展优先、对环境先污染后治理的发展理念，并且政府领导所关注的更多的是地方经济发展和政绩方面，对于环保问题一直限于中央政府的政策压力，并没有充分发挥主观能动性去对待。而对于景区发展来说，环境问题是景区发展的命脉，而景区管委会的权力受限使得其在环境治理方面难以协调三省部门，这也是景区环境问题得不到有效处理的重要原因。

（二）"插花地"拥有多元治理主体，政策协调难

插花地块隶属于不同的政府部门管辖，征迁过程中涉及不同政府部门的征地利益以及居民的利益。由于插花地地块权责利不明晰，给景区统一规划带来了很大的困难。太极洞风景区在规划过程中需要对位于三省的地块进行统一征迁、统一规划，而由于位于不同省份的村民的征迁政策、所享有的福利等有明显不同，因此在征迁过程中无法统一标准，在公平性、公正性方面存在很大的难度。

作为基层政府的代表，村委会在太极洞插花地问题处理中充当着重要的利益角色，由于征地拆迁过程牵涉复杂的村庄政治、经济、社会和文化关系，这些关系不理顺、处理不好，就会给征地拆迁带来难度，而最熟悉这些关系的莫过于村委会干部。村委会在实践中扮演着多重角色：一是执行上级政府的各项方针政策，贯彻上级指示和精神，即作为上级政府的代理人的角色；二是作

为农户选举出来的自治机构，要争取和保护农民利益，即作为农户的委托人的角色；三是村委会还要为村集体及其自身利益考虑。作为征地拆迁的主体，如何扮演和协调上述三种角色，如何在上述三方利益中走钢丝，既让上级满意，又为农户所认可，还使自己的利益最大化，是村委会干部需要思考的问题。三省地方政府依托于太极洞风景区规划了未来发展蓝图，根据《宜兴市太华镇总体规划（2019—2035）》文件来看，为了构建城乡旅游融合发展新格局，宜兴市以太华镇发展为中心，联合民政办、文教办、卫计办、经贸中心、农协、旅游办、国土所、建管所等政府部门，以及茂花村、乾元村、桥涯村、太平村、石门村、太华村、杨店社区、胥锦村、云湖村九大村庄（社区），开发出长三角著名的具有江南山村特色的乡村旅游示范区。

我国的《土地管理法》对土地征迁的规定有一个范围：征用耕地的土地补偿费用包括土地补偿费、安置补助费以及地上附着物和青苗补偿费，征用耕地的土地补偿费为该耕地被征用前3年平均年产值的6至10倍，安置补助费为该耕地被征用前3年平均年产值的4至6倍。① 在实际征迁过程中，由于不同地区的耕地所带来的经济收入并不相同，因此各省、直辖市、自治区在实际征迁土地过程中需要因地制宜地以《土地管理法》为根本，以当地实际情况为参考来制定符合各地实际状况的土地征迁措施。"太极洞"风景区在规划过程中需要对位于三省的地块进行统一征迁、统一规划，而由于位于不同省份的村民的征迁政策、所享有的福利等有明显不同，因此在征迁过程中无法统一标准，在公平性、公正性方面存在很大的难度。由此看来，由于景区地处三省交界地带，在整体规划过程中需

---

① 《土地管理法》第47条第2款，十三届全国人大常委会2019年8月26日第十二次会议表决通过关于修改土地管理法、城市房地产管理法的决定，修改后的法律。自2020年1月1日起施行。

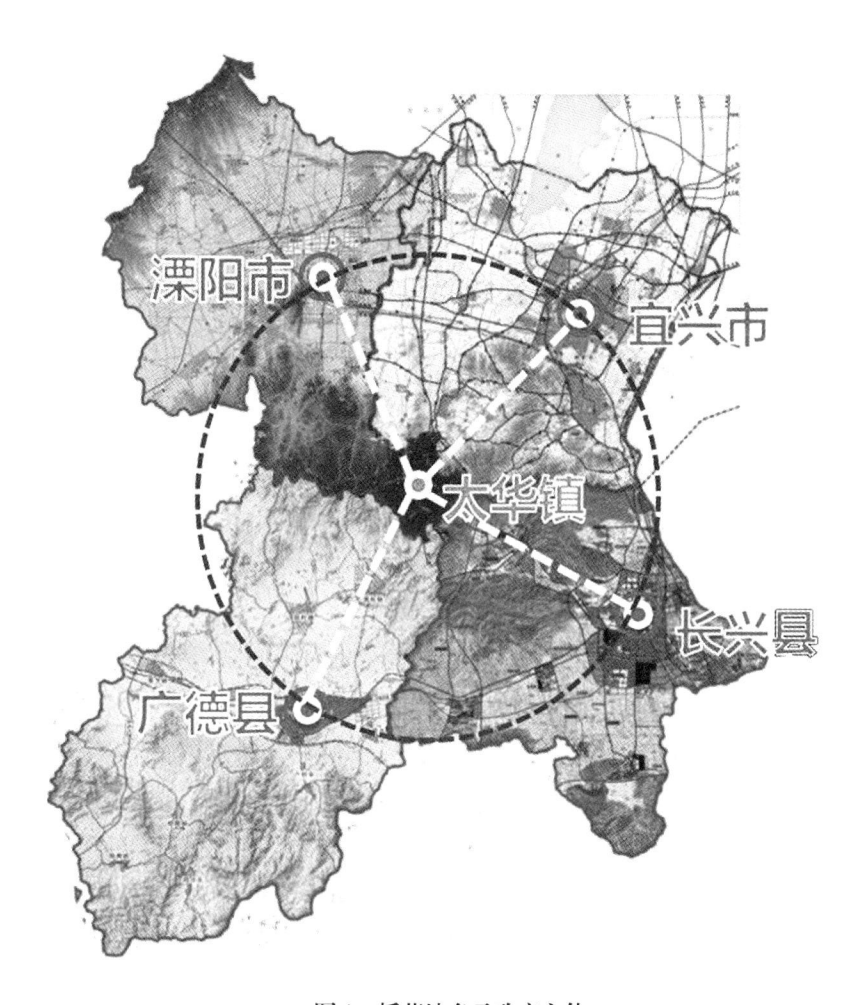

图 1 插花地多元政府主体

要对归属于不同省份、地区的土地、建筑物等进行协商征迁，由此给景区统一规划发展带来很大的困难。此外，在太极洞风景区规划范围内存在着部分村庄，村庄的居民在生活、生产过程中对景区内的林地、山地进行耕作，使得太极洞风景区原有的自然地形、风貌受到了破坏。

（三）相关法律建设不完整

随着环境污染所带来的危害、引发的后果触目惊心地展示在我们面前，世界各国政府对环保问题的重视程度越来越强。我国在环境污染和保护方面出台了大量的法律规定，然而跨行政区域所涉及的环境问题仍然是当前环境保护方面的薄弱环节。综观我国相关法律，在环境保护方面涉及到跨行政区域的内容有"跨行政区的环境污染和环境破坏的防治工作，由有关地方人民政府协商解决，或者由上级人民政府协调解决，作出决定"[1]、"造成跨行政区域污染的行政处罚案件，由污染行为发生地环境保护主管部门管辖"[2] 等。从经济学方面来讲，地方企业的利己性驱使其进行利益最大化的行为抉择，因此对于环保来说，企业更趋向于选择环保措施少、环境保护管理松懈的地区，而省界区域的插花地所形成的管理真空地带致使众多躲避环境保护管理的企业趋之若鹜。

四　消除负外部的三种路径如何走通？

对于负外部性问题的消除，不同的学者给出了不同的答案，但从太极洞景区的情况看确实处在一种非常尴尬的境地，景区的环境治理仍然维持着非常脆弱的平衡。

（一）政府制度安排的路径缺乏有效的协同治理构架

诺斯的制度理论为太极洞提供了政府制度的路径。从太极洞景

---

[1]《中华人民共和国环境保护法》第十五条，第十二届全国人民代表大会常务委员会第八次会议于 2014 年 4 月 24 日修订通过，自 2015 年 1 月 1 日起施行。

[2]《环境行政处罚办法》第十七条，经 2009 年 12 月 30 日环境保护部 2009 年第 3 次部务会议修订通过。2010 年 1 月 19 日环境保护部令第 8 号公布。

区的情况看,由于景区涉及三个省份的管辖区,而且插花地的情况导致公共服务和公共治理的分割。由于利益诉求不一致,补偿机制不完善,缺乏一个有效的制度安排来进行顶层设计,在缺乏明确的法律进行规范之前,三方有效的协同政府构架是治理的必要手段。但实际的情况是,或者出于地方保护,或者出于利益的羁绊,这种构架的构建难度较大,协同运作成本很高,导致现有的治理出现公文旅行和周期加长的现象。

(二)产权安排的路径

科思的产权理论是解决外部性问题的现代方案之一,但在太极洞景区,由于景区收益非常有限,而其他经济主体非常之多,期望值不一致,导致产权安排的内化路径,交易成本和代价非常之高,足以将所有产权的方案打入冷宫。因为,景区的经营收益相对于采石场和其他经营主体的收益具有不稳定性,也不如化工产业和矿业的利润高,这导致景区的治理产权交易的方法似乎很难走通。加之没有强大的政府之手来主导,推动起来几乎寸步难行。

(三)治理的途径

奥斯特罗姆给出了消除负外部效应的治理途径,这种途径依托传统的乡村治理体系能够发挥较好的作用。但在现代经济主体多元利益诉求下,在不稳定的交易结构中,治理途径需要多方的磋商和协调,需要彼此之间进行利益平衡和彼此的信任,需要一个较高威信的自治组织,需要最低限度的制度认可。但在一个三省交界的插花地,协商治理的主题和环境完全不一样,交易的条件也不一样,导致治理的途径容易陷入无休止的协商和谈判中,最终导致绩效低下。

插花地的负外部性治理任重而道远!

思考题

1. 太极洞景区主要外部性影响是什么？
2. 太极洞景区"插花地"负外部性问题的成因是什么？
3. 太极洞景区"插花地"问题治理的难点是什么？
4. 太极洞景区"插花地"负外部性的解决路径有哪些？

案例说明书

太极洞景区"插花地"的负外部效应如何治理?

江永清

一 课前准备

1. 匹配教学内容,并布置案例分析场景。
2. 提前布置阅读案例材料《太极洞景区"插花地"的外部效应问题》。
3. 学习《土地管理法》《中华人民共和国环境保护法》与噪音、污水排放、污染气体排放等方面的相关规定。
4. 复习外部性理论、协同治理理论等相关理论。

二 适用对象

1. 全日制 MPA 专业学位研究生。
2. 全日制行政管理学术硕士研究生。
3. 全日制行政管理与公共事业管理专业高年级本科生。

三 教学目标

1. 通过案例认知，引导学生对太极洞风景区目前的"插花地"现状进行正确认识，了解"插花地"的概念和分类，以及"插花地"带来的外部性表现，使学生能够准确地描述和提出问题。

2. 通过案例剖析，引导学生归结"插花地"负外部性问题的成因、多元利益主体和多元政府主体之间的博弈，帮助学生掌握灵活运用分析方法和手段的技能，使学生能够正确地分析造成景区"插花地"负外部性的本质原因。

3. 通过案例诊治，引导学生运用脑力风暴和科学方法分析景区"插花地"负外部性解决的可行性，运用外部性理论、协同治理理论逐个讨论与当前太极洞景区"插花地"问题的适应性，引导学生集体讨论、集中智慧、科学论证并理性有效地解决问题。

四 课堂安排

一共分为三个有机统一的步骤：

第一步，学习案例，提出问题

一是通过多媒体展示太极洞风景区的景区简介，共 5 分钟。

通过多媒体展示太极洞风景区的景区简介，让学生对太极洞风景区基本情况和景区环境治理的严峻形势有一个清晰的认知。

二是通过多媒体全方位展示太极洞风景区目前的"插花地"现状和问题，让学生能够对"插花地"的由来和理论基础有较深认识，了解景区目前的"插花地"以及景区"插花地"的外部性问题，从而为引入问题做铺垫，时间为 20 分钟。

1. 太极洞风景区"插花地"负外部性问题的成因是什么？
2. 太极洞景区插花地问题治理的可行性与理论基础是什么？
3. 太极洞景区"插花地"负外部性的解决的路径是什么？
4. 太极洞景区插花地负外部性治理的典型性与普遍性在哪里？

第二步，使用方法，深入讨论，分析问题

一是对多元利益主体、多元政府主体进行分析，时间为45分钟。

1. 引入太极洞风景区的"插花地"涉及的不同政府主体、不同利益主体，分析不同政府主体在景区发展中的作用、不同利益主体在景区发展中的利益关系。梳理景区"插花地"问题带来的矛盾和背后的原因。

2. 确定不同政府主体、不同利益主体的代表。根据课前布置的案例认知准备和方法准备，对不同政府主体、不同利益主体对太极洞风景区的"插花地"问题产生的不同影响作用进行分析，三省政府主体和每一个利益主体选取一个代表进行课堂讨论。

3. 进行代表发言（每人5分钟，总计30分钟）。通过不同分析角度，解读不同政府主体、不同利益主体对太极洞风景区的"插花地"问题产生的不同影响作用，从而更加理性而有效地把握景区"插花地"问题产生的根本原因。

二是组织辩论，时间为60分钟

1. 外部性理论、协同治理理论是解决太极洞风景区的"插花地"问题的有效方法，由于学生看法角度不同，对太极洞风景区的"插花地"问题背后逻辑的认知和态度不同，对企业、政府、监管部门和监管人员的角色情感体验不同，所以要进行立场的筛选和分组。

2. 划分为三个组进行分组内部讨论，安排政策讨论和情境模拟。外部性理论解决问题的方式有经济措施（税收与补贴）、政府的直接管制、市场化方法三种常用措施；而协同治理理论的手段包括：产权合并、协同治理、政府规制。按照情境模拟的方式，安排小组成员组织圆桌会议，进行全真问题讨论和模拟。

3. 组织进行45分钟的全真模拟讨论，形成多方观点碰撞。通过多方角色、利益和理由进行辩论和讨论，将案例的问题逐步引向深入。厘清太极洞风景区的"插花地"问题涉及的不同主体，模拟和预测不同公共管理理论对景区"插花地"问题的适用后果。通过多方观点在碰撞之后进一步明晰各自的主要理由和论据，对各自观点进行梳理和审查，从而明确是否全面、客观、准确地把握了案例的实质问题，并提出解决太极洞风景区的"插花地"问题的策略。

第三步，脑力风暴，集体智慧，解决问题

主要是在分析的基础上，着眼于解决问题，时间为60分钟。

1. 明确太极洞风景区的远景规划。在太极洞景村融合发展过程中，村庄规划和发展应该以景区规划为基础，既要整体上符合景区基调，又要发展有地方特色的乡村旅游文化，实现景区村庄的完美统一。景村融合发展即寻求景区和周围"插花地"区域的村庄、居民融合发展，通过景区的发展带动乡村经济的同步发展，为乡村经济提升、产业发展注入了活力。

2. 利用公共管理理论解决问题。太极洞风景区的"插花地"问题涉及的利益相关方关系很复杂，由此产生的外部性影响并不适用于传统的外部性理论来解决，而协同治理理论可以通过建立协同治理机制来有效处理太极洞风景区发展过程中涉及的三地政府管理问题以及不同利益方之间利益的协调，避免了"政府失灵"和"市场失灵"问题的产生。

3. 遵循各地征地政策妥善推行征地工作。在太极洞风景区进行土地征迁前，首先要建立完善的土地征迁程序，既要保证征迁程序公开透明，又要保证各方利益在合理范围内满足。各地在实际征迁土地过程中需要因地制宜地以《土地管理法》为根本，以当地实际情况为参考来制定符合各地实际状况的土地征迁措施。"太极洞"风景区在规划过程中需要对位于三省的地块进行统一征迁、统一规划。

最后，总结归纳。主持人根据情境模拟与讨论的得失，阐明案例的背景及其理论问题，布置形成案例分析报告，时间为15分钟。

五　内容要点分析

（一）"插花地"负外部性问题的成因分析

1. "插花地"多元利益主体形成利益冲突

太极洞景区大部分归属于安徽省广德市，部分景区土地规划控制区域在浙江和江苏省境内。作为景区核心管理主体——广德市的核心利益诉求在于太极洞景区的生态效益和旅游带来的经济效益，而这部分核心利益也符合整个景区的规划发展政策导向。

与此相对应，景区利益与其他利益主体的利益存在不同的诉求，其跨地域性造成利益的协调和分配存在难度，交易成本偏高，且其他区域的主体的受益诉求较难达到补偿预期，从而造成了利益冲突的化解机制难以自发形成。其中，浙江、江苏辖区内矿石开采企业、化学工业园区由于资源的垄断性和工业投资的密集性，在单位土地中创造的平均收益更高，其带来的企业主体收益相对较高，而其所在的地方政府和基层社区也由此受到利益的牵绊，对环保政策和景区整体规划的执行缺乏积极性和主动性。目前，浙江长兴县境内有大约25家采石企业位于太极洞风景区周边，由于持续几十年的开采已经形成历史性问题，一半山体受到破坏，而要通过利益补偿和利益协调来获取企业的停采，显然作为太极洞景区自身缺乏这个经济能力。而且矿石和岩石的开采为周边村民带来的效益，特别是集体和部分业主的效益,难以在短时间内满足其诉求而予以停止,而作为已经破坏的山体和植被其修复的成本分担和实际执行受到利益的掣肘而很难落实到位。

浙江和江苏省环绕太极洞景区四周的化工园区,对自然景观的影响不大,但是对环境的负面影响累积了很多年,有些污染物对水体和植被的影响是永久性的。园区的化工企业是地方的经济支柱,也牵涉到业主的收益,居民的就业,以及地方政府的税收,有的是集体股权的参股,所以企业主和基层集体经济组织的利益已经形成捆绑,而化工企业的外部性问题,使得污染成本转嫁外部,而受益内部化,造成利益的补偿难度加大,其需要依靠更高层次的利益协调和利益调整。

而景区周边的居民也是一个牵涉面很大的群体,其利益诉求不可忽视。由于景区三省不同的居民群体的就业、耕种、生活等诉求的多元化,有的需要耕作维持生计,因此对景区土地和山体的风貌存在破坏的惯性;有的则是就业诉求,对自然资源的索取和破坏导致不计其数的小规模的破坏,其利益协调的面积大、范围广,增加了协调难度。而有的村民由于生活诉求,在改善居住生活条件和交通条件方面,也存在破坏景区风貌,侵占公共资源的各种行为。随着太极洞景区的环保政策和生态补偿政策的深入实施,必然会牵涉到利益补偿和征地拆迁等现实问题,而不同地区的补偿政策和标准不一致,也会导致相互比较而产生很多额外的摩擦成本。

2. 插花地拥有多元政府管理主体协调难度大

太极洞景区不同属地的政府部门涉及到跨地区的协调,由于上级主管部门的层级多,彼此之间又要从某种程度上服从当地政府的利益,由此导致执法协调的难度加大,而执行的力度受到影响。插花地不同地块分属不同的地方政府,涉及不同的政府管理部门,由此隶属关系和管理政策均存在不同。而对于景区发展来说,环境问题是景区发展的命脉,而景区管委会的权力受限使得其在环境治理方面难以协调三省部门,彼此通过县级以上甚至是省级和国家级主管部门来协调,时间周期长、成本高。

在规划编制与统筹协调方面。三省地区依托于太极洞风景区对未来发展进行蓝图规划,目前作为景区核心管理主体广德景区管委会已经确立了2021年建成全国5A风景区的战略目标,出台了整体《规划》与控制性详规,下决心治理景区环境与资源破坏问题,服从并服务于安徽旅游大省的建设格局。但由于景区地处江苏、浙江、安徽三省交界地带,景区整体规划过程中存在三方同步、统一执行的困难,使得在协调环境处理问题时各方的主动性不统一。《宜兴市太华镇总体规划(2019－2035)》对太极洞景区的发展做出了新的规划和安排,统筹协调多个部门,整体上进行了与旅游和景区建设的配套衔接。但规划的整体编制过程和规划涉及的彼此交叉区域仍然没有有效的协商和协调机制,仍然是各自负责进行产业、村庄、基础设施建设和景区保护方面的引导和实施,没有形成整体一盘棋的格局。

我国在环境污染和保护方面出台了大量的法律规定,然而由于跨行政区域所带来的环境问题仍然是当前环境保护法律的薄弱环节。纵观我国相关法律,在跨界环境污染和保护方面涉及到跨行政区域的内容有"跨行政区的环境污染和环境破坏的防治工作,由有关地方人民政府协商解决,或者由上级人民政府协调解决,作出决定[1]"、"造成跨行政区域污染的行政处罚案件,由污染行为发生地环境保护主管部门管辖[2]"等。出于对自身利益最大化的诉求,化工企业会寻求监管的薄弱环节和真空地带发展,从而进一步增加监管的协调力

---

[1] 《中华人民环境保护法》第十五条。
[2] 《中华人民共和国环境行政处罚办法》第十七条。

度和强度要求。在环保管理与执法方面，由于太极洞风景区地处三省交界处，对于部分采矿企业的山体破坏和植被毁坏问题、部分化工园区及其企业的环境污染执法问题，由于存在区域外部性，本地的监管部门积极性不高，监管执法力度不强，而广德环保跨部门执法容易受到现实执法权的制约，联合执法方面协调和协同的难度加大。而通过环保部的相关督察机构来强化协调，在时间和成本上仍然存在一定的制约因素，导致环境污染和资源破坏问题从根本上得到治理的难度提升。

在基层执行方面，乡村一级治理协调能力不足。村级组织由于承担大量的协调任务，同时自身也有利益牵绊，如何调动村组织的积极性，发挥政策执行、村民利益协调和上级政府部门意图实现的三重功能，确实有非常大的难度。如何在上述三方利益诉求和不同政府部门、不同层级和区域管理主体的任务执行中寻求平衡，既让上级满意，又为农户所认可，还使自己的利益最大化？村级组织的工作难度有增无减，而现实的治理能力还亟待提高。

3. 太极洞景区插花地外部性问题的治理具有长期复杂性，协调成本高

插花地的外部性问题的治理，历史因素是不可忽视的。对于跨地域的治理问题，很多是由于中国行政区划历史变迁所造成的，不同历史时期的地域文化因素与管理体制问题相重合，造成了中国现在的地方行政区域边界的犬牙交错，甚至是你中有我，我中有你这种隶属关系和复杂管理体制。而太极洞景区的治理问题，恰恰是由于旅游资源开发与保护问题更加凸显了这一问题的历史复杂性。"插花地"地区的环境问题产生也有一定的历史原因，我国改革开放之后地方政府一直秉持着"经济发展优先"、对环境先污染后治理的理念，并且地方政府领导所关注的更多的是地方经济发展和政绩方面，对于环保问题一直限于中央政府的政策压力，并没有充分发挥主观

能动性去对待环保问题。在整个环境问题治理过程中,涉及到的利益主体复杂,而治理环境的成本和治理环境所带来的收益并非一个管理主体,这就使得在协调环境问题时各方的主动性不统一。由于不同的地区的发展阶段和经济基础不一样,政策口径和执行的标准宽严不一,由此,每一个治理主体的收益与付出的成本函数不一致,增加了激励相容的利益安排难度。

此外,由于插花地所属各地政府对于拆迁征地和环保管理的政策标准不一致,也增加了征地拆迁等工作的难度和交易成本。虽然各地在《土地管理法》的基础上,对征地和拆迁问题因地制宜地出台政策标准。且从当地的实力和财力出发,也是合理的政策举措。但是,在实际的插花地管理与征地拆迁政策执行中,由于临近居民往往会彼此比较、相互攀比,由此会形成向高标准看齐的动力。由此,不同的标准和政策福利,却是面临统一规划、统一实施的协调行动,一方面对于基层部门形成无形的压力,让他们不得不面对群众的矛盾;另一方面,面对上级的督促和压力,基层政府和村级组织又不得不权衡各种利益,在政策标准的执行中要么打折扣,要么增加补偿标准,彼此之间很难同步协调,造成对资源相对弱势的广德基层组织这一方的有形压力。

(二)"插花地"负外部性解决的理论基础与现实可行性

太极洞风景区地处三省交界地带而形成的插花地问题给景区管理带来的问题主要是土地征迁、环境治理方面的问题。在我国的历史经验中,一些跨省域的经济带、景区、项目规划在不同区域土地征迁、多地政府协调方面都有了一些成功经验,这使得我们解决太极洞风景区实际插花地问题的方案更具有可行性和合理性。

1. 解决"插花地"负外部性的理论基础

太极洞景区地处江苏省、浙江省、安徽省三省交界地带,不同行政地区的管理不统一形成了"插花地"问题，并且在"插花地"管理中存在不同的利益方，包括土地归属的政府部门、企业主、居民、商户以及景区管理者和景区游客的利益。在"插花地"地带，监管的羸弱导致位于其中的采矿企业、化工园区企业在生产过程中只看重自身利益，对企业的排污、噪声破坏等行为不加限制，由此看来太极洞景区开发过程中其周围企业存在的污染、破坏行为是客观存在的，即"插花地"的外部性客观存在。

解决负外部性是否适用外部性理论呢？从我国的现状来看，针对污染行为所使用的税种还不完善，无法通过收税、补贴的手段处理太极洞景区存在的"插花地"外部性问题。而通过市场化方法将"插花地"外部性问题内在化处理在我国当前的发展阶段来说同样不能成为一种可行的手段。使用政府直接管制在我国处理企业污染问题中是一种行之有效的方法，但是，"插花地"问题的本质在于太极洞景区的总体规划由广德市政府负责，但景区周围的企业管理由江苏省、浙江省两地政府部门负责。

在公共管理学中，协同治理理论是指处于同一治理网络中的多元主体间通过协调合作，形成彼此啮合、相互依存、共同行动、共担风险的局面，产生有序的治理结构，以促进公共利益的实现。因此，在本书所研究的太极洞景区"插花地"问题治理中，协同治理理论可以通过建立协同治理机制来有效处理太极洞风景区发展过程中涉及的三地政府管理问题以及不同利益方之间利益的协调，避免了"政府失灵"和"市场失灵"问题的产生。

2. 协同治理理论在"插花地"问题中的应用经验

协同治理理论是一项有效协调不同利益主体之间权利、义务和利益关系的公共管理理论，在我国区域合作越来越多的今天，协同治理广泛应用在跨区域管理的问题解决中。

山东淄博市周村区检察院联合邹平县检察院创新发展了"检

查—环保"机制,为跨区域环境治理找到一条有效的解决思路。周村区和邹平县边界线犬牙交错,绵延25公里左右,在两地交界地带存在着不少企业,对两地的环境造成了很大的污染。不少污染企业由于地处边界,给环境执法造成了很大的障碍。为了解决跨区域环境污染,在周村区检察院和邹平县检察院的协调下,两地环保局联合成立了"跨区环境污染综合治理快速反应协查机制",并签订了《关于进一步推动检察助力环保治理跨区域污染工作的意见》,明确界定了两地检察院、环保局在跨区域环境治理中的责任和义务,制定了切实可行的跨界协查制度,对两地环保局工作人员发放"联合执法证",在边界区域实施统一执法。此外,为了有效调动公众的积极性,建立群众反映通道和边界地区检查监督工作站,实时对公众反馈、举报的环境保护问题进行彻查,使得不法行为无处遁形,通过两地不同部门协同治理,有效地治理了两地跨区域环境污染问题。

可见在以往的治理经验中,面对多地区、跨区域的环境问题和行政管理问题,协同治理是一项有效的管理机制。在处理由于不同政府管辖地域同处于景区规划范围或者对景区有明显影响的区域问题时,协同治理理论可以统筹政府主体、社会主体(非政府组织)、市场主体(主要是指企业部门)以及公民个人等为了共同的利益和目标,相互协调、平等参与公共管理,以达到管理效能最大化,为太极洞风景区中"插花地"问题的解决、景区负外部性问题的解决提供思路。

3. 明确不同地区的土地征迁方案

太极洞景区规划过程中需要对规划范围内的所有土地和建筑进行统一规划安排,这就涉及土地征迁问题。我国在土地征迁方面制定了较为完善的法律和制度,并且在征迁程序方面也较为合理。在成立太极洞风景区管理委员会(下文简称管委会)以后,由管委会起草《太极洞景区规划征收补偿方案》对景区所需征迁土地进行规划。

表1　　　　安徽、浙江和江苏三省的土地征迁补偿方案　　　　（元/亩）

地区类别	年产值标准（年/亩）	农用地			建设用地和未用地		
		土地补偿（元/亩）	安置补偿（元/亩）	征地补偿合计（元/亩）	土地补偿（元/亩）	安置补偿（元/亩）	征地补偿合计（元/亩）
安徽省广德市	1840	12880	27600	40480	6440	13800	20240
浙江省长兴县 林地		15750	15750	31500	22500	22500	45000
浙江省长兴县 耕地		22500	22500	45000			
江苏省宜兴市	—	21000	23000	44000	21000	—	21000

资料来源：《安徽省人民政府关于调整安徽省征地补偿标准的通知》（皖政〔2015〕24号），《浙江省人民政府关于调整完善征地补偿安置政策的通知》（浙政发〔2014〕19号），《宜国土征告〔2017〕第215号》。

一般情况下土地征迁的补偿和涉及的被征迁农民社会保障均由各级政府统筹规划。农村集体组织所拥有的土地数量、建筑物数量以及土地附着物数量的台账建立工作、征迁补偿安置方案、确定被征地人员数量等工作由政府国土资源行政主管部门负责；征迁土地补偿以及被征迁居民社会保障支出由政府财政部门负责；被征迁户籍登记、协调事项由公安部门负责，表1详细列出了三省近期的征地补偿方案。一般情况下，在对农村耕地进行征迁时，除上述所述的土地补偿和安置补偿之外，还需要对土地附着物、青苗进行补偿。而对于违法建造的建筑物、无合法产权和其他合法证明的土地和建筑物、在征地规划规定后突击抢种的植物和突击建造的建筑物均不纳入土地征迁补偿范围。

在景区建设过程中，要按照《太极洞风景区总体规划》中的三级保护分区进行建设。在三级保护分区中，一级保护区是指只能保持风景区完整的必要基本设施建设，不可增加任何游客服务设施以及居民区建设;二级保护区是指只能建设景区服务型设施,禁止建设与景区无关的基础设施并且该区域的居民点严格限制扩建;风景区的乡村建设、住宿设施等其他基础建设只能在除一、二级保护区外的三级保护区内进行。具体景区不同等级的保护区划分如图 1 所示。

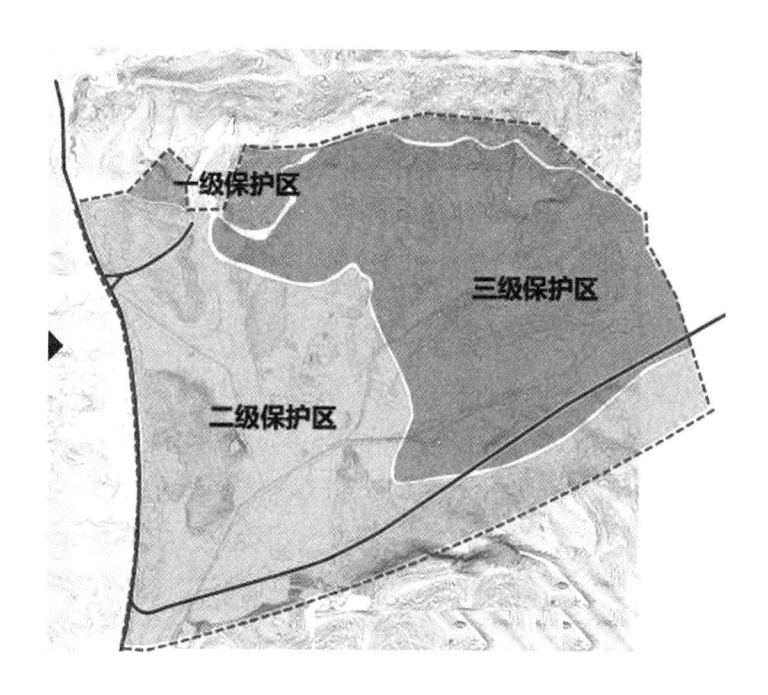

图 1　太极洞风景区保护区区域划分图

(三) 治理"插花地"外部性问题的政策建议

1. 产权交易的路径

土地产权的明晰在解决"插花地"外部性问题中异常重要。通过征迁手段将不同地区之间的地块产权统一归属到景区管委会管理下,是解决"插花地"外部性问题的有效途径。在太极洞风景区进行土地征迁前,首先要建立完善的土地征迁程序,既要保证征迁程序公开透明,又要保证各方利益在合理范围内满足。第一步先要开启土地征迁听证会，在太极洞风景区管理委员会的协调下，三省政府基层管理部门的相关负责人对本村、镇的界限勘定现状进行公示，对界限不明晰、不统一的部分要以各地所持有的具有法律效应的文书、条款等为基础进行举证并由上级相关部门进行公证，确保每一片土地的权责利明晰清楚。第二步，商讨补偿方案，根据三省不同地区的土地征迁标准，以《土地管理法》为根本，以当地实际情况为参考来制定符合各地实际状况的土地征迁补偿方案。在确定好土地征迁补偿方案之后进行公示，接受当地居民的实际监督和反馈，对未涉及的居民利益重新开协调会进行协商并确立最终方案。第三步，建立有效的公民申诉渠道，保证景区征迁过程中居民的意愿能代表其本人真实意愿，有效的申诉渠道也是后续补偿以及景区居民长期利益保障的根本所在。第四步，建立农民法律援助救济机制，农民作为景区开发各利益方中的一个弱者，无论在个人法律素质还是在法律意识方面都处于弱势，无法确保自己的利益不受损害，因此建立农民法律援助救济机制可以最大程度保护农民的合法权益。

2. 治理的途径

"插花地"的存在使得太极洞风景区涉及的利益相关方关系很复杂，有效的环保监控机制需要保证包括景区管理委员会、周边企业、景区附近居民、不同辖区的政府部门和其他相关部门能够约束自己的行为，这就需要及时对违反太极洞风景区环境保护规范的个体和行为做出惩罚。为了约束各个利益相关方的行为，太极洞风景区需要联合三省集体谈判确立景区环境保护行为规范和惩罚机制，明确联合执法部门的权力和义务，对各个利益相关方形成有效约束。由于景区环境与居民生活、景区发展息息相关，随着居民环保意识的提高以及对环境公共产品的需求提升，建立以公众为核心的监督主体可以有效防范景区环境破坏、污染行为的发生。景区应该积极推进公众监督体系的建设，如在景区设置信访、投诉制度，设置环保监督热线和网上申诉渠道，认真对待每一位公民所提出的环保问题和建议，有效解决景区环境违法问题，提高协同治理的透明度，公开治理过程中对违法企业、个人的惩罚和管理措施，提高公众对环境保护执法的信任度，形成长期有效的环保监督和治理机制。

3. 政府制度安排的路径

中华人民共和国环境保护部是主管我国环境保护、环境治理的最高行政机关，下设5个环境保护督查中心，分别位于我国东北、西北、华东、华南、西南五个地区；7个水系管理检测机构。5个环境保护督查中心主要负责省级环保机关对各省份环境保护政策的制定和实施、省份之间环境管理和保护问题的协调。太极洞风景区目前所面临的"插花地"管理所带来的环境破坏和污染问题涉及了省份之间的环境治理协作，就需要建立联合协作制度来解决。作为环境保护部直接领导的环境保护督查中心应该积极协调江苏、安徽、浙江三省政府部门以及环境保护部门建立联席会议制度，该省级环保联席会议根据目前太极洞风景区所产生的"插花地"问题和环境污染问题，督促安徽省广德市、浙江省长兴县和江苏省宜兴市三地组建由政府部门、环境监管部门组成协作执法机构，对景区周围的采矿企业、化工园区进行统一治理。根据实际情况成立区域环境联合执法机构，该机构由涉及实际利益的各方监管部门组成，拥有对所辖区域企业的联合执法权，当发现企业有污染、破坏太极洞景区的行为时，区域环境联合执法机构有权力对相关企业进行污染检测和环境执法，企业方若有异议则区域环境联合执法部门有强制执法权，切实消除"插花地"执法盲区。自2009年3月以来，华东环保督查中心已经组织三省环保部门建立联席会议制度，安徽省广德市、浙江省长兴县和江苏省宜兴市三地也分别出台了相关文件制订了整改方案。安徽省环保厅在这个过程中印发了12份正式文件对广德市整改进程进行了指导，在各级领导的高度重视下，风景区环境保护工作顺利开展。截至2019年，位于浙江省区域的太华镇工业园区已经对废水排放进行了治理，解决了景区废水的排放问题，安徽省广德市、浙江省长兴县和江苏省宜兴市政府也禁止污染企业继续向景区附近进驻，对已经存在的企业进行环保核查，切实解决景区污染的问题。

案例 2

"限塑令"，为何越限越多？

——目标群体对政策执行的影响分析

缪燕子[*]

2007年底，针对购物袋过量使用的问题，国务院办公厅下发了《关于限制生产销售使用塑料购物袋的通知》，在这项通知中明确指出，超薄塑料袋将在全国范围内禁止生产、销售以及使用，同时规定消费者可以通过有偿的方式使用塑料购物袋，这项规定被称为"限塑令"。从2007年到现在，这项规定已经实施了14年。但是，现如今，在我们的日常生活中仍然经常见到塑料制品，餐饮行业和农贸市场上各类超薄塑料袋免费提供，同时，电商、快递、外卖中的塑料包装用量快速上升。"限塑令"设定的政策目标几乎无一实现，"限塑令"名存实亡的声音不绝于耳。一项为治理白色污染，建设资源节约型、环境友好型社会的良性政策，为何执行阻滞？"限塑令"，为何越限越多？

---

[*] 作者简介：缪燕子（1988— ），女，汉族，河南南阳人，南京财经大学政府管理研究中心研究员、公共管理学院讲师，博士。主要研究方向为公共政策、社会救助、心理健康服务。

一 政策的错,还是执行的错?

国务院办公厅于 2007 年 12 月 31 日发布了《关于限制生产销售使用塑料购物袋的通知》,该文件明确规定,超薄塑料袋(厚度小于 0.025 毫米)在全国范围内禁止生产、销售;同时在所有超市、商场、集贸市场等商品零售场所,消费者需要以有偿使用方式购买塑料袋,商家不得免费提供。这是一项打响"白色污染"战役的良性环保政策,具有保护环境、实现可持续发展的深远意义。但"限塑令"在执行中,始终存在政策辐射不到的盲区,政策效果并不尽如人意。据中国连锁经营协会发布的调查显示,限塑令实施很短一段时间后,农贸市场等小商品零售场所的执行状况就不容乐观:2008 年 6 月,政策正式生效之初,农贸市场不执行的比率达到 54%,到 10 月底,该比率达到 71%;小商铺首月不执行率 44%,到 10 月底达到 65%;各类专门商品的零售店一开始执行良好,执行率达到 75%,几个月后下降到不足 20%。而在个体商店和集贸市场,"限塑令"形同虚设。因此,该调查总结出,"限塑令"效果随时间推移而趋于弱化。

截至 2018 年,"限塑令"颁布实施的时间已长达 10 年。为了深入了解各地对该项政策具体的执行情况,民间社会组织成立了"零废弃联盟"。该社会组织联合其他环保组织的志愿者对以下 9 个地区展开了调研工作:北京、深圳、沈阳、合肥、洛阳、宁波、江西乐平、四川荣县、安徽阜阳三合镇,共计 1101 家线下零售场。经过一段时间的调查,于 2018 年 5 月 31 日发表了《限塑令十周年——商家执行情况调研报告》。调查结果显示,线下零售场对"限塑令"政策执行的情况并不乐观,在调查的 1101 家店铺中,有 979 家的店铺依旧在提供塑料袋。从具体的提供情况来看,有 89 家店铺提供的塑料袋达到了相关的要求,如"塑料标识合规""厚度达标"以及"收费",仅占总体的8.1%;而遵守"限塑令"所有规定的店铺仅有36家,占总体的3.3%。此外,"限塑令"政策对大型超市和全国连锁便利店提出的要求最为严格,但是调研结果显示,这两种类型的门店提供的塑料袋也违反了"限塑令"的规定,除了提供平口袋、保鲜膜等塑料产品以外,还提供其他类型的塑料薄膜。一名来自"零废弃联盟"政策的研究员谢新源说:"上述两大类型的门店虽没有使用'限塑令'所禁止使用的提携式塑料购物袋,但实际上使用了其他类型的塑料类包装进行了取代。很明显地,这与'限塑令'制定的初衷是相违背的,也就是不利于减少白色污染。"

十年前"限塑令"所规定的未被执行,十年中"限塑令"没有规定的正声势浩大地威胁着环保目标。这就是"限塑令"的政策新盲区——快递业与外卖业。

国家邮政局发布了《中国快递领域绿色包装发展现状及趋势报告》,报告明确指出了我国快递业消耗塑料袋的具体情况:2008年至2016年的这段时间中,快递业所消耗塑料袋的数量一直呈现出逐年递增的趋势,从2008年的82.68亿个上升到2016年的147亿个。中国科学院理化技术研究所研究员、工程塑料国家工程中心主任季君晖指出,我国在2018年一共消耗了231万吨的外卖包装。在这些外卖包装中,大多数都是不可降解的普通塑料。当"限塑令"撞上商业新模式,执行更为低效。

二 重要而易被忽视的目标群体

公共政策的有效执行,除了执行主体与政策需要解决的社会问题之外,还存在"由于政策的强制性必须对本身的行为模式重新调试的群体"①，我们称之为政策的目标群体。在中国公共政策制定过程中，我们谈论政策主体，更多的是指政策制定主体与执行主体，政策客体就是待解决的政策问题，目标群体则被忽视。但其政策从进入议程到制定出台，再到有效执行，都与目标群体密切相关。没有目标群体的参与，政策的制定会缺乏可行性的充分依据；没有目标群体的配合，再完美的政策也无法真正落地。

在我国，无论是政策实践，还是关于政策的学术研究，对目标群体逐渐重视。但西方国家已对此进行过深入探讨，并将目标群体放在系统框架中分析其影响。

（一）经典分析框架

1. 萨巴蒂尔的支持联盟框架

从20世纪80年代开始，保罗·A. 萨巴蒂尔开始提出并完善有关政策执行过程的模型——支持联盟框架模型。该模型包括两组变量和一个政策子系统。其中，政策子系统本质上是行动者（包括各种各样的政府组织或私人组织的人）组合的数个支持联盟。每个联盟共享一组统一并且能自圆其说的价值信仰，并在该信仰的指导下，共同从事一项没有争议的合作行动。两组变量则解释了影响行动者决策的稳定和易变的因素。稳定的变量主要有宪政结构、社会文化价值、政治体制以及自然资源等，不稳定的变量涉及社会经济环境的变迁、统治联盟系统的变化。目标群体是政策子系统的主要内容，与两组变量一起对政策过程产生着潜移默化的影响。在传统因素以及地域因素的影响下，基层区域内的政策目标群体具有松散但强烈依赖血缘关系的特点，在政策实施过程中发挥着重要的作用。

---

① 张金马：《公共政策分析》，人民出版社2004年版，第430页。

2. 史密斯过程框架

托马斯·史密斯（Thomas B. Smith）在《政策执行过程》一书中构建出了他的政策执行模型。他认为政策制定与政策执行是两大互相作用的过程。其中，政策执行受四个要素的影响，即执行组织、目标群体、理想化政策本身和政策环境。政策执行的过程就是这四个因素互动的过程，执行者要"处理"这四种因素之间的紧张、压力和冲突，执行者的任务就是使这些要素的关系，从紧张状态走向协调与平缓状态。由此可见，史密斯的政策执行模型强调目标群体的组织化制度化程度和接受领导的传统等因素的重要性。

3. 梅兹曼尼安的综合框架

梅兹曼尼安和其他学者一样，也将政策执行看作是一个受多种变量影响的相当复杂、多视角的动态过程。但是他将影响政策执行的因素研究得更为源头，追溯到了政策问题。其中目标群体又是政策问题的影响变量。他列举、分析了关于政策问题的主要因素，包括政策问题的特性、政策本身的可控性变量（法定规则能力）、政策以外的变量三种。其中与目标群体有关的即是政策问题的特性，包括现行有效的理论和技术，目标群体行为的种类，目标群体的人数，目标群体行为需要调适的幅度。由此可见，综合模型倾向于将目标群体看作是反映政策问题特性的变量，并对目标群体影响公共政策执行的属性分析提供了完备的思考框架。

（二）经典框架的总结与借鉴

通过对上述三种模型的分析，可以得出结论，影响公共政策执行的力量既包括不易变迁的社会文化价值、政治体制、自然资源，也包括相对容易改变的经济环境、政策问题、政策质量、执行机构和目标群体。

想要分析"限塑令"，我们需要先进行一些概念化的操作。首先，公共政策目标群体即是公共政策所要调动或约束的与公共政策内容有直接或间接关系的群体。"限塑令"政策的目标群体指的是超市、大卖场、农贸市场及其他商品零售场所、塑料袋生产和批发厂商、市民。其次，公共政策的执行主体是政策过程的组织者、推动者、落实者和责任者，它包括政策执行机构与政策执行人员。"限塑令"政策的执行主体是指国务院、地方政府、发展改革、商务、质检、工商、环保、财政等部门及其工作人员。最后，目标群体这层力量除了通过与其他影响政策执行的因素彼此联系之外，其自身的因素亦不可忽视，如萨巴蒂尔认为的目标群体的传统因素、地域因素，史密斯认为的目标群体的组织化与制度化的程度、接受领导的传统、先前的政策经验，梅兹曼尼安认为的目标群体行为的种类、人数、需要调适的幅度等。通过这些因素的作用，产生对政策执行的不同态度。在分析"限塑令"目标群体对政策执行的影响时，我们对各种因素进行综合借鉴，整合成以下分析框架（见图1）。

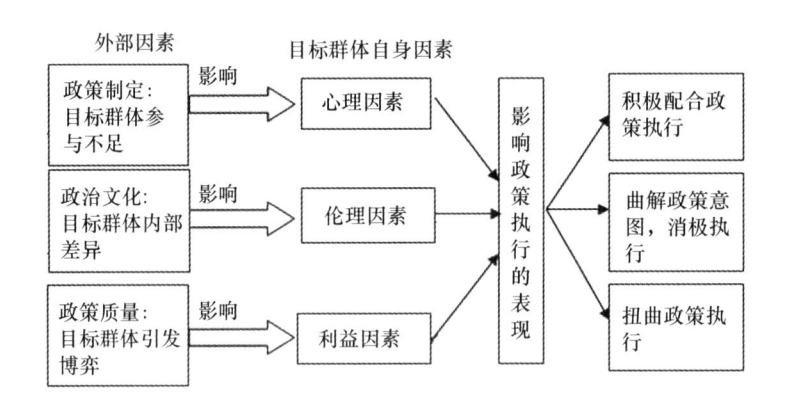

图1 分析框架

三 目标群体"下有对策"的具体分析

目标群体对政策的影响有不同表现,有积极配合促进执行的,也有曲解政策意图阻滞执行的。总体来说,政策目标群体不同的执行策略主要受利益、伦理、心理三方面因素的影响。

(一) 利益因素

公共政策目标群体也是"经济人",在公共政策制定和执行过程中有自己的利益诉求。博弈就是目标群体基于直接相互作用的环境条件,依据所掌握的信息,选择各自的策略行为,以实现利益最大化和风险成本最小化的过程。在"限塑令"的执行中,既有目标群体与执行主体的外部博弈,也有目标群体内部的博弈。

1. "限塑令"目标群体的外部博弈

超市和大卖场在"限塑令"中成为政策有效实施的关键场域,如果这些地方依旧为消费者提供免费塑料袋,虽然能够吸引更多的消费者,但是它们也会面临着政府的处罚;反之,商家遵循"限塑令"中的所有要求,不仅能够节省免费提供塑料袋的开销,而且通过售卖购物袋也会为商家带来部分收益,还不用面对政府"限塑"的处罚。由此可以看出,在利益博弈的过程中,具有规模效应的超市和大卖场支持有偿使用塑料袋的动力非常充足。2010年5月20日,中国联塑经营协会对我国各大超市塑料袋使用情况进行了调查,结果显示,在有偿购物袋制度的影响下,外资超市、内资超市塑料袋的使用率有所下降,分别高达80%、60%以上。综合百强销售额、市场占有率、业态分布等因素,从全国范围内的零售行业塑料袋的使用情况来看,平均使用率下降了66%,塑料袋消耗减少近400亿个。相对于超市和大卖场,农贸市场中"限塑令"的执行效果非常有限。小商贩和农贸市场的顾客都难以摆脱对这种方便轻巧的塑料袋的依赖，无论不提供还是有偿提供塑料袋，都会给这些小本生意的商贩带来客流量的减少和经济损失，而免费提供超薄塑料袋能为小商贩和市民各自带来利益和方便，加之"限塑令"内容本身的漏洞，农贸市场成了"限塑令"执行的"盲角"，塑料袋的免费提供依然如故，几乎没有执行"限塑令"的痕迹。他们对执行机构及其人员的监管采取躲避态度，执行机构人员检查时拿出合格塑料袋做做样子，其余时间仍然使用超薄塑料袋。而在塑料袋生产厂家和一些包装用品公司中，较为大型的厂家由于规模效应和出于对维护品牌形象的考虑，放弃从前的生产线，将自主研发的新型技术投入生产，新型塑料袋的厚度符合标准，不但更环保，成本也大大节省。但那些规模不大的小企业、小作坊面临的却是因不提供塑料袋而导致订单减少，进而出现资金困难即将停产倒闭的局面，经济利益的损失使这些小企业、小作坊在博弈中做出的行为选择是以暂时的利益损失换取长期的利益取得，即在"限塑令"开展之初，监管力度较为密集的时候暂时停产躲避风头，继而在政策效应递减之时再重新开业弥补损失。广大市民则是认为非超薄塑料袋的使用所带来的危害并不是直接对自己的日常生活、衣食住行带来直接的影响，反而贯彻"限塑令"的要求会给生活带来诸多不便，如放弃塑料袋转而使用纸袋和布纺袋，在解决生鲜食品和带汤水食品的包装与携带时就出现极大的不便，购买塑料袋又需要额外付出成本，这影响到了自己的切身利益，因此就会囤积使用超薄塑料袋或超市的连卷塑料袋。由此可见，在"限塑令"中，目标群体是利用了政策执行机构的执法困惑、监管松懈和政策执行的效应递减来在博弈中调整自身行为保护自身利益的。

2. "限塑令"目标群体的内部博弈

在"限塑令"目标群体的内部博弈中，较具规模的塑料袋生产厂家由于其行业性质和拥有的规模资源而损失最小,在大多数的大型超市中投入使用了更加耐用的塑料袋,借此,需要适当提高非超薄塑料袋的价格,这会为生产塑料袋的企业带来一定的经济利益。农贸市场的商贩会因为非超薄塑料袋的附加成本过高而放弃进货,因此塑料袋生产企业的销售量略有下降。尽管如此,塑料袋生产企业可以将其加工成本转移到超市等客户,超市再通过定价调整等方式将最终成本落在消费者身上。小型塑料袋生产厂家实力较弱,无法在内部博弈中与大规模的生产厂家对抗,因此利用自身规模小、易于隐藏的特殊性生产价格低廉的非超薄塑料袋,迎合了农贸市场、小商店等"小本生意"的商贩降低附加成本的需求,二者在博弈中形成了双赢的关系。最为矛盾的两种内部力量就是超市、大卖场与公民之间的博弈。各地区的工商及物价部门为配合"限塑令",都发布了超市和大卖场有偿提供塑料袋的通知,但并未要求统一定价,由各大超市依据自己的成本支出自主定价。以前消费者使用塑料袋的费用其实是包括在商品里的,而"限塑令"的到来使各大超市在原有价格的基础上又收取额外费用,相当于由消费者为超市的成本买单,出现了薄消费者而厚卖家的情况。在这种博弈中,不少消费者出于对便利和成本的考虑,做出有利于自身利益的选择,即使用超市在散称区免费提供的连卷塑料袋。超市连卷塑料袋的消耗速度大幅度提升,产生了政策执行中的"外溢效应"。虽然超市会因此造成有偿使用塑料袋的收入有所减少,但其自身由于拥有强大的规模资源和经济地位,作为强势群体,在与市民的博弈中是处于胜出地位的。公民则作为弱势群体由于对各类商品的依赖,在与超市和大卖场的博弈中自身经济利益受到侵害。

(二) 心理因素

阿尔蒙德和鲍威尔认为:"如果大多数公民都确信权威的合法

性，法律就能比较容易地和有效地实施，而且为实施法律所需的人力和物力耗费也将减少。"① 所以目标群体对作用于自身的公共政策在制定程序上已有了充分的参与，那么就在公共政策执行时已做好心理层面的准备。但是从刚开始发布"限塑令"到正式实施后的征求意见阶段，政府对于公众提出的意见并没有有效吸收，目标群体缺乏参与政策制定的空间。根据官方的报告，国家发改委会同科技部等12个部门对以往部分地区、行业治理"白色污染"的经验教训进行了总结，参考了国外治理"白色污染"成功的经验，经过详细而又深入的研究之后，起草了《关于限制生产销售使用塑料购物袋的通知》。2008年2月10日，国家标准委和中国轻工业联合会完成《塑料购物袋的环境、安全和标识通用技术要求》《塑料购物袋的快速检测方法与评价》三项国家标准的征求意见稿，然后在官网上发布了相关的意见反馈表，公民可提出意见建议，并留下联系方式，于2008年3月4日截止，征集意见的时限不到一个月。2008年4月7日，商务部在其官方网站上发布了《商品零售场所塑料购物袋有偿使用管理办法（草案）》（征求意见稿），并向社会公开征求意见，截止日期为4月14日，只有七日征询期。2008年5月1日，三项塑料购物袋国家标准正式向社会公布。2008年6月1日，"限塑令"正式实施。从这个过程可以明显看出"限塑令"的制定中吸引公民参与的时间短，号召公民参与的方式欠科学，获得的信息可信度不高。

这使得目标群体对"限塑令"的认知和接受程度不高。统计数据表明，在参与"限塑令"政策和知晓情况问卷调查的人中，"了解"以及"知道但不了解"的人数相当②，多数人对"限塑"的理

---

① ［美］加布里埃尔·A. 阿尔蒙德等：《比较政治学：体系、过程和政策》，曹沛霖等译，上海译文出版社1987年版，第33页。

② 戢颖：《"限塑令"实施效果分析》，硕士学位论文，西南交通大学，2009年。

解和认知仅仅停留在"塑料袋能少用就少用"的肤浅认知层面。而且，实施"限塑令"是为了提升公民的环保意识，倡导"绿色生活方式"，具有深刻的社会意义，但是许多人却认为"在全国范围内禁止生产、销售、使用厚度小于0.025毫米的塑料购物袋"的这一规定限制了生产和销售领域的经济活力，从而从经济意义的角度得出结论说"限塑令"得不偿失。这种认知实际上就是对"限塑令"本质的社会意义没有接受和认知，结果自然是对"限塑令"执行的消极对待或扭曲。

（三）伦理因素

阿尔蒙德和维巴划分三种类型的政治文化：参与型、臣属型和地区型。对于地区型的政治文化的人们而言，他们对公共政策表现出漠不关心的态度，这些人也缺乏政策意识，对于政策的制定和执行更是很少谈及，对于政策执行的过程和结果缺乏监督力。对于臣属型政治文化的人们而言，他们将过多的注意力放在了政策的制定上，对于政策执行主体的违法行为，只能一味地接受，缺乏抵制的意识。对于参与型的政治文化的人们而言，他们既关心政策系统的输入和输出，也将注意力放在政策过程中公民权利的维护上，他们对政策执行的效果也比较关心。不仅如此，这部分人还通过自己的实际行动，对政策的制定和执行实施积极的影响。这种政治文化之下，政策主体的伦理要求必然包含关注目标群体的需求，并对需求进行重视与回应。政治文化的熏陶塑造了目标群体的伦理观，他们对自己身份和权利的认知影响着对政策的执行。

我国的目标群体大部分介于地区型与臣属型之间，这是由于全国各地经济水平和教育程度的不均衡导致的目标群体素质分化严重。一部分目标群体受地区型政治文化熏陶，秉持"良民观"，认为公共政策是制定者和执行机构的事，他的参与无法左右无法政策过程，而积极的监督好像是在向政府提缺陷，会得罪官员，不符合伦理道德。这类目标群体往往会配合或表面配合"限塑令"的执行，尽量使用无纺布购物袋，但环保意识未必强烈，带有盲目性。另一部分目标群体受臣属型政治文化熏陶，秉持"上有政策，下有对策"的思想，不会抵制或反抗"限塑令"，但会根据自身情况选择执行，比如并不积极使用无纺布袋，而是在购物时使用免费的连卷袋。这是对政策意图的一种无知和扭曲。还有少部分群体有参与型政治文化的伦理观，认为自己是环境保护的一分子，积极响应"限塑令"的号召，参与政策过程。遗憾的是由于"限塑令"对公民利益表达渠道建设的忽视，以及监督机制的缺失，这类群体并不能在政策对话中扮演角色。

此外，对于"限塑"这一政策目标来说，新的目标群体出现，但并未纳入政策范围，对政策执行的阻滞也未受到重视。

四　结语

公共政策执行是多种因素互相作用的复杂过程，政策的外部环境和政策自身的质量都影响着目标群体，然而目标群体自身的作用更不容忽视。在心理因素、伦理因素和利益因素的驱动下，目标群体才是政策的真正执行者，会对政策采取积极配合、扭曲意图、消极规避等不同的态度，影响政策执行的效果，产生不同的社会示范效应。"限塑令"作为一项有利于可持续发展的环保政策，应该得到目标群体的充分认可、接受以及积极配合执行，这不仅是"限塑令"应该实现的目标，也是公共政策科学的应有之义。

案例说明书

"限塑令",为何越限越多?

——目标群体对政策执行的影响分析

缪燕子

一 课程准备

1. "限塑令"政策背景与内容。
2. "限塑令"执行效果数据。
3. "限塑令"目标群体分类及策略性行为。
4. 国内外政策执行的理论。
5. 案例教室布置及多媒体设备、无线网络等。

二 教学目的与用途

1. 适用课程:公共政策学、公共管理学、行政管理学、政治学、社会学等。
2. 适用对象:本案例主要为公共管理硕士(MPA)开发,特别适合从事行政管理工作的学员。此外,也可以用于公共管理类、社会学类和政治学类专业的学术型硕士和本科专业课程。

3. 教学目的

（1）了解"限塑令"颁布背景及政策意图。

（2）了解"限塑令"的执行效果。

（3）通过政策意图与执行效果的差距，透析政策目标群体的策略性行为。

（4）掌握1到2个政策执行的理论模型。

（5）培养政策意识，寻找政策有效执行的现代化途径。

三 启发式思考题

本案例的启发式思考题主要对应的是案例教学目标，由于存在相关的公共政策学概念，在布置启发式思考题之前，应在开展案例教学前布置相关的文献阅读材料。

1. "限塑令"的政策目标是什么？
2. "限塑令"的执行效果如何？
3. "限塑令"的目标群体包括哪些？
4. "限塑令"为何无法有效执行？
5. "限塑令"如何有效执行？

四 分析思路

1. 从"限塑令"政策文本挖掘，理解政策背景、政策目标。

2. 从"限塑令"执行效果数据出发，发现政策目标的偏离。

3. 从"限塑令"目标群体的角度，分析其构成与策略性行为，寻找政策执行受阻的原因。

4. 从"限塑令"执行现状出发，总结经验教训，寻求政策有效执行的路径。

五　理论依据及学习引导

（一）政策执行

政策执行在政策过程中的作用举足轻重。正如政策学者艾利森的代表性观点所言："在实现政策目标的过程中，方案确定的功能只占10%，而其余的90%都取决于有效的执行。"[①] 一般来说，公共政策执行是指政策方案被采纳后，政策执行者通过一定的组织形式，运用各种政策资源，经解释、实施、服务和宣传等方式将观念形态的政策转化为现实效果，从而使既定的政策目标得以实现的过程。[②]

（多人提问：结合政策执行的定义和个人的体验，试着总结公共政策执行的特点。教师将学生的答案逐一写在黑板上，引导学生进行总结。）

概括来说，公共政策执行的特点包括以下几点：

（1）目标群体的适用性。即一定的公共政策只能适用一定的目标群体。虽然所有的公共政策都是为了实现一定的政策目标而设定的，但不同的具体政策所要解决的问题不同，针对的是不同的目标群体，约束的范围和力度也各不相同。因此公共政策执行要确保锁定目标群体的准确度和适应性。

（2）政策执行的时效性。一方面来说，政策执行本身要受到政策规划的约束，在不同的执行步骤呈现出不同的阶段特征，前一个分阶段的执行会直接对下一个分阶段的执行乃至整个执行过程产生直接影响，因此政策执行必须树立时效观念；另一方面，公共政策

[①] 陈振明：《政策科学——公共政策分析导论》，中国人民大学出版社2004年版，第260页。

[②] 谢明：《政策透视——政策分析的理论与实践》，中国人民大学出版社2004年版，第271页。

是为了解决社会问题而产生的,而社会问题和社会环境是动态发展的,因此要求政策执行抓住时机,确保实效,不可滞后。

(3)政策执行的灵活性。即政策执行时要根据宏观政策的指导原则和方向,根据操作过程中本地区本部门的实际情况,因地制宜地合理使用自由裁量权,以更加高效、更具适合性的方式执行。

(4)政策执行的协调性。政策执行不是孤立于社会系统的,社会子系统为了维持自身的运行,各个领域都有政策执行,每项政策可能在制定的时候是具有充分的科学性和合理性的,但是在执行过程中却往往因为整个社会系统不同领域的政策之间不协调不配套而引发诸多问题。而且政策执行本身就是对各种政策要素在时间和空间上进行分配和重组的过程,其中任何要素的变化都会对整个执行过程产生影响。所以,政策执行必须做到政策要素与外部环境之间的一致和谐,与其他公共政策一起以协调的步伐推进社会的发展。

(二)目标群体

(在引导学生分析"限塑令"政策执行效果数据之后,引入目标群体的知识点,并启发学生分析"限塑令"中目标群体的构成。)

在政策执行的特征中,目标群体的适用性最为重要。张金马给政策目标群体下的定义是"由于政策的强制性必须对本身的行为模式重新调试的群体"[①]。不同的政策指向不同数量、范围的目标群体,意图影响或调节、控制的程度也不同。总体来说,国家层面发布的总政策和基本政策,影响几乎辐射所有社会成员,发生作用的范围最为广泛;相比之下,特殊政府部门或地方政府的政策法规一般指向部分社会成员(某一阶层、某一行业或某一部门),发生所用的范围较窄。但是无论如何,任何公共政策的发布都必然影响到某一部

---

① 张金马:《公共政策分析》,人民出版社2004年版,第430页。

分人。因此，可以理解为，公共政策目标群体即是公共政策所要调动或约束的与公共政策内容有直接或间接关系的群体，会随着公共政策的内容、影响的范围、作用的力度强弱等因素而在政策理解、配合态度、行为选择、力量强弱等方面呈现不同的特点。

在政策分析中，不能孤立地看待目标群体。在影响公共政策执行的因素中，除目标群体之外还存在着两个政策实体：公共政策制定者、公共政策执行者。在这三个政策实体之间相互联系、相互影响，构成了一个从公共政策制定到公共政策执行再到公共政策制定的完整过程循环。它们之间的关系是：公共政策制定者制定公共政策，公共政策执行者执行该政策，并将政策内容直接作用于政策目标群体，在这个过程中可能由于执行主体的行为选择发生"上有政策、下有对策"的扭曲。目标群体以自身利益的损益为依据，作出对执行接受或不接受的态度选择。再通过上访等方式把这种反应作为信息输入反馈给政策制定者，使政策制定者对公共政策作出调整也就是再决策，如此开始新的一轮政策制定——执行的循环。由此可见，目标群体与公共政策执行的关系是一种控制与反控制的相互作用模式，目标群体的态度选择可以直接作用于政策的制定和执行，具有非常重要的作用。

（三）公共政策执行模型

（引导学生通过理论阐释，画出以下三种理论的模型图。）

1. 萨巴蒂尔的支持联盟框架模型：目标群体服从与执行效果

从 20 世纪 80 年代开始，保罗·A. 萨巴蒂尔开始提出并完善有关政策执行过程的模型——支持联盟框架模型。该模型包括两组变量和一个政策子系统。其中，政策子系统本质上是行动者（包括各种各样的政府组织或私人组织的人）组合的数个支持联盟。每个联盟共享一组统一并且能自圆其说的价值信仰，并在该信仰的指导下，共同从事一项没有争议的合作行动。两组变量则解释了影响行动者决策的稳定和易变的因素。稳定的变量主要有宪政结构、社会文化价值、政治体制以及自然资源等，不稳定的变量涉及社会经济环境的变迁、统治联盟系统的变化。目标群体是政策子系统的主要内容，与两组变量一起对政策过程产生着潜移默化的影响。在传统因素以及地域因素的影响下，基层区域内的政策目标群体具有松散但强烈依赖血缘关系的特点，在政策实施过程中发挥着重要的作用。

2. 史密斯过程模型：目标群体与执行机构互动调试

托马斯·史密斯（Thomas B. Smith）在《政策执行过程》一书中构建出了他的政策执行模型。他认为政策制定与政策执行是两大互相作用的过程。其中，政策执行受四个要素的影响，即执行组织、目标群体、理想化政策本身和政策环境。政策执行的过程就是这四个因素互动的过程，执行机构要"处理"这四种因素之间的紧张、压力和冲突，执行者的任务就是使这些要素的关系，从紧张状态走向协调与平缓状态。这需要执行机构有合适的领导方式与技巧，执行人员有相应的执行能力与信心。由此可见，史密斯的政策执行模型强调目标群体的组织化、制度化程度和接受领导的传统等因素的重要性。

3. 梅兹曼尼安的综合模型：目标群体反映政策问题的特性

梅兹曼尼安和其他学者一样，也将政策执行看作是一个受多种变量影响的相当复杂、多视角的动态过程。但是他将影响政策执行的因素研究得更为源头，追溯到了政策问题。他列举、分析了关于政策问题的主要因素，包括政策问题的特性，政策本身的可控性变量（法定规则能力）以及政策以外的变量三种。其中与目标群体有关的即是政策问题的特性，包括现行有效的理论和技术，目标群体行为的种类，目标群体的人数，目标群体行为需要调适的幅度。由此可见，综合模型倾向于将目标群体看作是反映政策问题特性的变量。

4. 模型的总结与借鉴

(引导学生将三种模型图中包含的要素,进行同类项合并。)

通过对上述三种模型的分析,可以得出这样的结论,影响公共政策执行的力量有很多,既包括不易变迁的社会文化价值、政治体制、自然资源,也包括相对容易改变的经济环境、政策问题、政策质量、执行机构和目标群体。这些影响因素彼此联系,发生影响,引起变化,构成政策执行的模型。目标群体这层力量,即是本案例研究的对象,它除了通过与其他影响政策执行的因素彼此联系之外,其自身的因素亦不可忽视,如萨巴蒂尔认为的目标群体的传统因素、地域因素;史密斯认为的目标群体的组织化与制度化的程度、接受领导的传统、先前的政策经验;梅兹曼尼安认为的目标群体行为的种类、人数、需要调适的幅度等。我们对各种影响因素进行综合借鉴,总结出六个目标群体影响公共政策执行的因素,包括目标群体在公共政策制定中的参与程度、目标群体对公共政策的理解和认知程度、目标群体的利益博弈、目标群体的政治素质、目标群体的信息量和目标群体的心理因素。引导学生以"限塑令"的目标群体为例,对这些影响政策执行的因素逐一结合实践进行分析。

六 案例具体分析

(一)"限塑令"的政策目标是什么

国家颁布的"限塑令"本质是一项环保政策,旨在通过限制和减少塑料袋使用的方式来遏制"白色污染"。"白色污染"的主要来源就是我们日常生活中大量使用的易耗品——塑料购物袋。虽然塑料袋为公民带来了极大的便利,但是存在三个问题。一是由于伴随消费的免费提供使公民没有成本意识,过量使用;二是由于超薄塑料袋的质量问题容易破损，被随意丢弃；三是塑料袋的回收技术和处理机制不到位。上述问题造成了严重的能源、资源浪费和环境污染。针对此现象，越来越多在环保和资源节约意识方面较强的国家和地区限制塑料购物袋的生产、销售、使用。

建设资源节约型社会和环境友好型社会是科学发展观的内在要求。为此，针对塑料袋带来的"白色污染"问题，我们必然要从三个环节采取措施：从源头上督促企业生产耐用、易于回收的塑料购物袋；在销售环节禁止免费提供，提高使用塑料袋的成本；在使用环节引导、鼓励群众节约资源，合理使用塑料购物袋。为落实上述措施，促进资源综合利用，保护生态环境，进一步推进节能减排工作，国务院颁布了"限塑令"[①]。

环保部门、科技部门、财政部门等形成积极的社会联动力量，大力营造限产限售限用塑料购物袋的良好氛围，提高废塑料的回收利用水平。政策尤其强化地方人民政府和国务院的责任，周密部署、精心组织各职能部门通力协作、密切配合，确保各项限产限售限用措施落实到位。

（二）"限塑令"的执行效果如何

2008年6月1日是"限塑令"实施的第一天，从该天起，商品零售场所一律不得免费提供或销售不符合国家标准的塑料购物袋。

---

① 2007年12月31日，国务院办公厅下发了《国务院办公厅关于限制生产销售使用塑料购物袋的通知》。该通知被群众简称为"限塑令"。"限塑令"明确规定："从2008年6月1日起，在全国范围内禁止生产、销售、使用厚度小于0.025毫米的塑料购物袋"；"自2008年6月1日起，在所有超市、商场、集贸市场等商品零售场所实行塑料购物袋有偿使用制度，一律不得免费提供塑料购物袋"；"工商部门要加强对超市、商场、集贸市场等商品零售场所销售、使用塑料购物袋的监督检查，对违规继续销售、使用超薄塑料购物袋等行为，要依照《中华人民共和国产品质量法》等法律法规予以查处。"

北京主要超市、商场竖立了塑料购物袋收费的公示牌,售价最低为0.1元到最高1.5元不等。其他大型超市在政策实施前就开始有步骤地推行环保布袋。如广州华润万家五羊新城店,以中秋节为契机策划了一系列环保促销活动,如购买一定价格的商品即赠送精美环保布袋。这种积极的政策态度,为政策执行带来了显著成果。据中国连锁经营协会2010年5月20日发布的调查显示:我国外资超市塑料袋使用率下降80%以上,内资超市下降60%以上。综合百强销售额、市场占有率、业态分布等因素,全国超市零售行业塑料袋使用率平均下降66%,塑料袋消耗减少近400亿个。[1] 但是,一些小商品店、菜市场等却成为"限塑令"的"盲点"。从2008年6月中到10月底,农贸市场不执行的比率达到71%,各类小商铺不执行的比率达到65%,专门商品的零售店(如服装店、蔬果商店、复印店、书店和文具店)的不执行率超过75%。[2]

除此以外,"限塑令"的实施还带来了一些外部性效应,如产业变革、塑料袋替代品的发展等。中国塑协塑料再生利用专业委员会副会长董金狮介绍,目前我国塑料袋生产企业6万多家,其中上规模的只有1500多家,其余大部分为中小规模企业。由于塑料袋生产工艺简单,投资额也很低,国内绝大多数生产企业都是家庭作坊式的小企业,有的甚至没有到工商部门登记注册。中国北方最大的包装印刷基地河北雄县塑料包装印刷协会副会长李晓斗认为,"限塑令"的实施,对那些小作坊式的小型塑料生产企业肯定是很大的打击,但另一方面,这些弱小产业在价格上的恶性竞争能够减少,大型企业会通过转型向有更高技术含量、更高附加值的产品拓展,整

---

[1] 宋虎林:《环保政策实施中生活惯习与法的冲突——以"限塑令"为例》,《中国集体经济》2010年第10期,第115页。

[2] http://www.gaoyaoepb.gov.cn/open.asp?id=1460&bkid=1.

个行业将会更加健康，这有利于产业的优胜劣汰，市场也将更加规范。[①]产业变革需要技术的支撑，"限塑令"也为超薄塑料袋的替代品——生物可降解塑料和化学合成可降解材料的发展提供了充分的空间。从起步到现在，生物降解材料经过数代发展，其中 PBS 和 PLA 的技术发展和产业化都已经成熟。加工技术也比较成熟，2007 年国内以淀粉、纤维素等自然资源为原料制成的可降解材料产品产量达到 10 万吨，产品在几年前就出口到新加坡、新西兰等地，之所以不能够进入国内市场，是因为价格太高。"限塑令"执行的技术需求为可降解技术的发展提供了很好的机会，即使是科技含量较低的环保行业也在"限塑令"的实施后有了发展，仅在浙江苍南县小小的龙港镇，"限塑令"实施后，无纺布生产企业数量就由先前的 3 家增加到 10 多家。浙江义乌村民们传统编制竹篮的手艺又有了新的市场需求和市场空间。

但是，政府在"限塑令"的实施中的监管不力使得"限塑令"本应产生的积极效应不能完全发挥。从表面上看，政策调动了众多政府部门共同落实责任，但具体执行中就会出现群龙无首的问题。分散的部门之间没有配合互动机制，力量无法整合。再加上公众对塑料袋的刚性需求的矛盾，分散的执行力量更难见成效。现代公众的主流价值观——便捷对生活的影响根深蒂固，一边是便捷的塑料袋，一边是麻烦的菜篮子、环保购物袋，两相对比，再加上环保意识不强、短视效应以及经济杠杆作用有限等，消费者对塑料袋的需求难以消减；科技部门难以在短时间内取得回收处理技术的突飞猛进，或研制出比塑料袋更便捷的替代品；质检部门也是进退两难：本该大力监管的作坊式或地下式的众多塑料袋生产企业，满足着公

---

① 参见李晶《"限塑令"带来了什么》，《新材料产业》2008 年第 5 期，第 4 页。

众的刚性需求加之地方保护主义，更是一筹莫展；① 而作为监管末端的工商部门，面对偌大、复杂而分散的市场，在没有精准执行标准和完善政策依托的情况下，也难以有效发挥自身职能。

为了深入了解各地对该项政策具体的执行情况，民间社会组织2018年成立了"零废弃联盟"。该社会组织联合其他环保组织的志愿者对以下9个地区展开了调研工作：北京、深圳、沈阳、合肥、洛阳、宁波、江西乐平、四川荣县、安徽阜阳三合镇，共计1101家线下零售场。结果显示，有979家的店铺依旧在提供塑料袋。从具体的提供情况来看，有89家店铺提供的塑料袋达到了相关的要求，如"塑料大标识合规""厚度达标"以及"收费"，仅占总体的8.1%；而遵守"限塑令"所有规定的店铺仅有36家，占总体的3.3%。此外，"限塑令"政策对大型超市和全国连锁便利店提出的要求最为严格，但是调研结果显示，这两种类型的门店提供的塑料袋也违反了"限塑令"的规定，除了提供平口袋、保鲜膜等塑料产品以外，还提供其他类型的塑料薄膜，大型超市提供率为45%，连锁便利店提供率为35%。

除此以外，新出现的快递与外卖两大商业新模式，也是"限塑令"未料到的执行冲击。根据国家邮政局发布的《中国快递领域绿色包装发展现状及趋势报告》显示，2008年至2016年的8年间，我国快递业消耗塑料袋从82.68亿个增至约147亿个。另一个塑料品的消耗主力场域是外卖。随着"饿了么""美团"等外卖平台的兴起，不可降解的塑料餐盒、餐具及包装袋大量走进民众生活。中国科学院理化技术研究所研究员、工程塑料国家工程中心主任李君晖指出，2018年，我国消耗掉的外卖包装可能达231万吨。当"限塑

---

① 唐银亮：《限塑令的"喜"与"忧"》，2020年2月5日，http://www.lrn.cn/zjtg/societyDiscussion/200906/t20090605_374892.htm。

令"撞上商业新模式,执行更为低效。

(三)"限塑令"的目标群体包括哪些

有些理论认为,政策执行机构及其人员的权力行使也要受到公共政策的约束,也属于目标群体。而本书倾向于认为,政策执行机构即使在没有公共政策颁布的情况下就具有法律上明确规定的职能和权力,目标群体才是真正会随着公共政策内容的变化而呈现不同特征,随着公共政策内容的调整而有不同因素发挥影响作用的对象。因此,本案例所指的目标群体不包括政策执行机构及其人员,涉及到执行机构及其人员的内容是以同目标群体存在互动联系为出发点的。结合"限塑令"的案例分析,国务院、地方政府、发展改革、商务、质检、工商、环保、财政等部门都属于政策执行机构。"限塑令"中的目标群体包括超市、大卖场、农贸市场及其他商品零售场所、塑料袋生产和批发厂商、市民。新时期又增加了外卖商户、电商、快递商户。

(四)"限塑令"为何无法有效执行

结合政策执行理论模型的借鉴与构建,"限塑令"无法有效执行,主要有以下原因:(1)政策制定中目标群体参与不足;(2)目标群体对"限塑令"的理解和认知不足;(3)目标群体的内部与外部博弈;(4)目标群体的政治素质参差不齐;(5)目标群体的信息不对称;(6)目标群体的阻抗心理。

(五)"限塑令"如何有效执行

(1)根据新时期特征,完善"限塑令"内容及其配套政策建设;(2)加大对目标群体的政策宣传与解读;(3)加强目标群体的政治社会化和环保意识社会化;(4)提高目标群体对"限塑令"执行主体的认同。

七 建议课堂设计

本案例适合作为自主学习、案例模拟、讨论课,讨论时间约180分钟。

(一) 课前计划

提前一周下发案例正文与思考问题,请学生完成案例阅读,查阅关于政策执行、目标群体、"限塑令"的文献,然后分为五组,每组对应一个启发式问题。

(二) 课中计划

1. 热身环节:将学员分为五组分开坐。(10分钟)

2. 准备环节:基本知识学习。(30分钟)

每个组发言5分钟,为大家分别讲解公共政策执行、目标群体、策略性行为、政策博弈、政策执行模型的基本内涵,老师进行点评和补充。

3. 核心环节:问题传递。

第一组学员扮演政策发布者,向全班解释"限塑令"颁布的背景、意义及重要政策规定,然后向第二组传递问题——这么好的政策,你们执行了吗?

第二组学员扮演执行主体,向全班通报执行效果的数据与分析。然后向第三组学员传递问题——政策执行得不好,目标群体都在做什么?

第三组学员扮演几个不同的目标群体,阐释自己对"限塑令"的看法和策略性行为,然后向第四组传递问题——我们为什么愿意和不愿意执行"限塑令"啊?

第四组学员扮演专家,分析上一组目标群体每个类别影响政策执行的动机、方式、影响,然后向第五组传递问题——那应该怎么办呢?

第五组学员扮演公民,头脑风暴提出"限塑令"的修正方案及有效执行的对策。(100分钟)

4. 老师对上一环节进行总结点评,重点在于理顺案例逻辑,引导学生通过绘制模型图提炼理论要素(参考第五部分的建议),构建分析框架。(30分钟)

5. 学生提问与反馈。(10分钟)

(三)课后计划

请学生仍然以小组形式,收集国内外与"限塑令"类似的环保政策,分析其政策执行成功或失败的经验、教训,并撰写研究报告。

案例 3

行政审批制度深化改革如何"破题"?
——由台州商事登记制度改革引发的思考

卢春林 黄建伟 尹璐[*]

摘 要 在行政审批制度改革如火如荼的当下,改革与法律的关系,行政审批制度改革与依法行政的关系,其实仍不明确。这使得深陷改革中的人们,特别是县(市)级工作人员十分困惑与不解。"改革其实就是要改法",还是"改革应该囿于法律之内",这些方向性的认识,决定了对当下一些做法的判断。本案例描述了发生在台州的商事登记制度改革事例,探索剖析审批制度改革与依法行政之间的关系,以期找到既契合改革精神又遵循法治原则的改革方向。本案例对深化我国地级市行政审批制度改革可能遇到的带有共性的主要难题具有重要的启发意义。

---

[*] 作者简介:卢春林(1982—),男,汉族,浙江台州人,公共管理硕士,获"2017年度全国青年岗位能手"称号,浙江省台州市人民政府行政服务中心审批业务处副处长;黄建伟(1977—),男,汉族,江西南康人,南京财经大学政府管理研究中心主任,研究员/公共管理学院教授,博士,硕士研究生导师。主要研究方向为政府治理与公共政策分析;尹璐(1987—),女,河南郑州人,南京财经大学公共管理学院讲师,博士,主要研究方向为政府治理与公共政策分析。

关键词 行政审批制度；商事登记制度改革；改革；依法行政

一 一次协调会

不久前，商事登记制度改革工作协调会在台州市行政大楼八楼西会议室召开。会议的主题是讨论《关于实施商事登记制度改革推动民营经济发展的若干意见（征求意见稿）》（以下简称《意见》）。会议由市府办副秘书长兼市行政服务中心常务副主任主持。在市工商局介绍《意见》的制订原因和基本内容后，各行政审批单位分别发表了自己的观点。

> 市林业局：依据2004年《中华人民共和国种子法》第二十六条，种子经营实行许可制度，种子经营者必须先取得种子经营许可证后，方可凭种子经营许可证向工商行政管理机关申请办理或者变更营业执照。因此，种子经营许可无法改为后置，不然与依据不符。
>
> 市旅游局：《旅行社条例》第七条规定得很明确，申请人只有持旅行社业务经营许可证才能向工商行政管理部门办理设立登记，而且这个许可的审批机关是省旅游局，因此市里无权改变相关规定。
>
> 市农业局：农业机械维修审批对于规范农业机械维修业务，保证农业机械维修质量，保护农民利益，具有重要意义。而且它是根据《农业机械维修管理规定》第七条设定的，有充足的法律依据，无法取消。
>
> ……

与会的十几个行政审批单位,基本都表达了相似观点。个别单位则表示,从当前改革的需要来说,如果市委、市政府决定下来了,那他们表示服从支持,但对突破法律的后果,仍表示了担忧。在各单位陈述完后,主任顿了顿,才开始说话。首先对台州市工商局的辛勤付出和改革精神进行了表扬,并对《意见》的形成过程进行了阐述。2012年9月24日,市工商局在局长的带队下,组织市局有关处室及县市区工商局主要负责人赴深圳、珠海等地学习考察。考察结束后,对广东商事登记改革做了研究和分析,进行了多次反复讨论,才参照借鉴广东的商事登记改革的基本经验,结合我市的实际,在广泛征求意见的基础上,最终形成了该《意见》。

这次拿到会上的,其实是该文件的第三稿。第一稿是根据市领导的要求,突破力度更大,95%以上的行政审批项目都被纳入后置。但在征求省工商局的意见时,他们提出了较大意见。第二稿是根据省工商局的意见进行修改的,改革力度太小。在提交市领导时马上被否决了。目前这稿,保留前置审批57项,对500万元以下的有限责任公司实行注册资本认缴制,对500万元以上的放宽注册资本的限制,但首期20%的出资须在规定的时间内到位。相对来说,改革力度居中,对一些大的问题的把握也符合法律精神和改革要求,省工商局没有表态反对,但也没有表示同意,市领导也勉强予以了原则同意。所以在这种局势下,对之前提到的意见,市领导和起草单位都已经掌握。市领导已经定下来了,文件就不会再次进行大的变动了。各单位要强化认识,统一思想,要拿出改革的精神和勇气,打好这一仗。

会议在大家的热烈讨论中取得了预期成效。

二 实施商事登记制度改革的重要意义

在我国,商事登记的主体行政部门是工商行政管理局。商事登记，又叫商业登记，是指依法律程序将法律规定的应登记事项向登记主管机关申请和核准登记公告的法律行为。商事登记制度是我国行政审批制度中一项重要的制度，是完善社会主义市场经济体制的重要内容，是进一步转变政府职能，创建服务型政府的有效途径，是促进商事主体意识高度自治的有力手段。实施商事登记制度有利于进一步发挥企业的市场主体作用和市场机制的基础性作用，有利于实现社会经济资源优化配置和有效协调运转，有利于建立公平规范的市场经济秩序，所以应该放宽市场准入管制，降低准入门槛，激发市场活力，优化营商环境，进一步激发商事主体的创业创新动力。

三　引起争议的主要内容

台州市在2013年10月9日出台了《台州市人民政府关于实施商事登记制度改革　推动民营经济发展的若干意见》（台政发〔2013〕38号），随后在2014年1月6日出台《台州市人民政府办公室关于印发台州市商事登记制度改革实施细则（试行）的通知》（台政办发〔2014〕1号）。这两个文件对该市商事登记制度改革做了全面部署和规定，走在了全省前列。

（一）实行注册资本认缴制试点

支持中小企业发展，对金融、担保、拍卖、典当、小额贷款、房地产开发、建筑业等之外的注册资本500万元以下（含500万元）的有限责任公司实行注册资本认缴制。对台州经济开发区和台州湾循环经济产业集聚区范围内注册资本500万元以上的有限责任公司进一步放宽注册资本的限制，但首期20%的出资须在规定的时间内到位。

公司股东应当对其认缴出资额、出资方式、出资期限、出资责任等自主约定,并记载于公司章程。① 公司股东认缴的出资总额(即公司注册资本)应当在商事登记机关登记。公司注册资本、股东认缴出资额、出资方式、出资期限、缴纳等情况通过市场主体信用信息公示平台向社会公示。公司股东对缴纳出资情况的真实性、合法性负责。②

(二) 实行主体资格和经营资格相分离

1. 实行一般经营项目与特殊经营项目相分离

开放一般经营项目。按照《国民经济行业分类》从事一般经营项目的,商事主体在办理商事登记领取营业执照后即可自由经营。

特殊许可经营项目凭许可证经营。按照法律、行政法规规定,经营特定的商品(服务),或者从事特定的经营活动,需要取得有关部门许可的,应依法办理相关的许可,取得许可证后方可从事经营活动。

简化经营范围登记。商事主体在申请办理登记手续时只需申报主营业务,且主营业务应与企业名称记载的行业特征保持一致。营业执照不再记载详细的经营范围,仅记载主营业务类型,在主营业务之后统一予以规范说明,即:"法律、法规和国务院决定禁止的,不得经营;应经许可的,凭有效许可证或批准文件经营。"

2. 部分审批事项改为后置审批事项

推进行政审批制度改革,除了涉及国家安全、与民生密切相关、人民群众生命财产安全的前置审批予以保留外,其余前置审批许可

---

① 王峰:《工商登记制度改革后的注册资本核算方法探讨》,《绿色财会》2015年第6期。

② 郭富青:《论公司债权人对未出资股东及利害关系人的求偿权》,《北方法学》2016年第4期。

改为后置审批许可，实行"先照后证"。在领取营业执照后再向有关许可审批部门申请，凭取得的批准文件或许可证经营，也可向商事登记机关办理具体经营范围的变更登记。① 我市各级政府部门在各自法定职责范围内的管理活动、许可项目，不得设定为商事登记的前置审批。已经设置的要求商事登记机关在登记前予以把关的事项一律予以取消。

"先证后照"向"先照后证"的改革，是全面削减和约束政府审批权、全面重构公权力、提升政府公信力的重大制度创新②，蕴含着改革创新的巨大正能量，解决了企业在等待许可过程中，因为不具有企业法人资格而导致的创业者难以开展招工、洽谈、签约、贷款等企业前期筹备工作等问题，提升公司的存活率，降低公司的设立成本，促成公司尽快开展商事活动。"先照后证"后，更要着重加强事中事后监管，做到放活不放任，防止截留改革红利，逐步实现从"严进宽管"到"宽进严管"的转变，在营造宽松准入环境的同时，综合运用行政、经济、法律、自律等手段，进一步加大监管力度、提高监管效能。③

四 商事登记制度改革内容与现行制度规定、相关先进经验的比较

在改革前，我国的企业登记制度实行法人资格与经营资格确认统一的模式。公司一经登记机关核准，取得企业法人营业执照后，

---

① 福州市工商局课题组：《商事登记制度改革初探》，《中国工商管理研究》2013年第5期。

② 刘俊海：《关于工商登记制度改革的十大认识误区》，《中国工商管理研究》2014年第7期。

③ 于宝刚、郭宝珍：《基层金融论坛》，中国财政经济出版社1997年版。

即告成立，依法凭《企业法人营业执照》开立银行账户，开展经营活动。① 登记机关核发的企业法人营业执照既赋予企业法人资格，又赋予企业的营业资格。同时我国的行政许可制度设置了前置许可审批，企业在办理登记注册前须经各项前置审批许可，给企业准入增加了很多程序和环节。

商事登记改革则实行法人资格与经营资格相分离的准入模式。如根据香港《公司条件》和《商业登记条例》等法律的规定，香港公司注册证的法律效力在于公司注册证签发之日起，公司获准注册，法团（法人）资格确立。公司法人资格取得后，开始经营业务的，应申请有关业务登记，取得《商业登记证》方可经营。对法律规定的特殊行业，还须取得有关牌照方可经营。香港公司法人资格与经营资格相分离的准入模式，使香港经营投资者快捷高效地进入市场。我国台湾地区也有类似的做法。

（一）关于实行主体资格和经营资格相分离

特定行业的经营资格由特定的审批机关许可。根据《行政许可法》第二条："本法所称行政许可，是指执法机关根据公民、法人或者其他组织的申请，经依法审查，准予其从事特定活动的行为"②；第二十二条："行政许可由具有行政许可权的执法机关在其法定职权范围内实施。"③ 对于一般经营项目，企业的经营资格和法人资格可以同时取得，也可以在设立后根据企业的自主意愿再取得。不论是如何取得，登记机关不能对企业的经营资格设定条件，也没有不予

---

① 陈燕：《谈吊销营业执照后企业主体资格的变迁》，《审计与理财》2008年第7期。

② 王士如、高景芳、郭倩：《宪政视野下的公共权力与公民财产权》，法律出版社2011年版。

③ 余明勤、吕锡伟：《劳动和社会保障行政许可法律与实务》，经济管理出版社2004年版。

登记的理由。如《公司法》规定:"公司的经营范围由公司章程规定,并依法登记。"① 企业的经营资格是商事主体的自主决定,登记机关仅是对商事主体的意愿进行行政确认,而非行政许可。因此一般经营项目无须许可,特定行业的市场准入由有关部门许可,即经营资格是特定的许可机关赋予,登记机关仅赋予法人资格。目前较为可行的办法是一般项目经营范围按大类登记。从事前置许可经营项目的,在领取营业执照后向有关许可审批部门申请,直接凭取得的批准文件或许可证经营,无须再向登记机关办理具体经营范围的登记,这样可有效减少企业的办事环节。

在广东等地,都有相关先进规定。比如,2012 年 10 月 30 日《深圳经济特区商事登记若干规定》第十五条规定,"商事主体的经营范围由章程、协议、申请书等确定"。第二十条规定,"营业执照记载的事项应当分别包括:(一)法人企业营业执照:企业名称、法定代表人、住所、成立日期;(二)非法人企业营业执照:企业名称、经营场所、投资人或者执行事务合伙人、成立日期;(三)分支机构营业执照:分支机构名称、负责人、经营场所、成立日期;(四)个体工商户营业执照:个体工商户名称、经营者、经营场所、成立日期"。

《珠海经济特区横琴新区商事登记管理办法》第十一条规定,商事主体的经营范围分为一般经营项目和许可经营项目。经营范围由商事主体通过章程载明。章程中载明的经营范围参照《国民经济行业分类》及有关规定的类别表述。第十二条规定,一般经营项目是指不需批准,商事主体可以自主经营的项目。商事主体领取营业执照后,凭营业执照经营一般经营项目。商事登记机关在营业执照经

---

① 陈云霞:《论公司自治与国家干预在公司章程中的和谐共存》,《绵阳师范学院学报》2009 年第 9 期。

营范围栏加注"一般经营项目自主经营"。①

《东莞市商事登记制度改革试点工作实施方案》明确：通过改革，实现主体资格与经营资格相分离，营业执照作为商事主体资格证明，经营资格许可不再作为商事主体登记的前置条件。

（1）一般性经营项目全部放开。对于现行法律、行政法规和国务院决定规定无须许可即可经营的一般性经营项目，商事主体从事一般性经营项目经营的，直接到工商部门申办营业执照取得主体资格后即可自主经营。

（2）许可经营项目涉及的许可审批一律改为后置。对于现行法律、行政法规和国务院决定规定申领执照前需先取得许可的经营项目，一律将前置审批许可改为后置审批许可。商事主体从事许可经营项目经营的，先到工商部门申领营业执照②。其执照经营范围表述简化为两方面内容：一是主营业务类型。主营业务的表述由企业自主选择，按照国民经济行业分类规范中的"门类"或"大类"表述，"门类"如：制造业、批发和零售业等；"大类"如：食品制造业、家具制造业、塑料制品业、金属制品业等。二是规范说明。在主营业务之后统一给出规范说明，即："法律、法规和国务院决定禁止的，不得经营；应经许可的，凭有效许可证或批准文件经营；法律、法规和国务院决定未规定许可的，自主选择经营项目"。商事主体在章程中载明具体经营项目，涉及相应许可审批的，凭执照及申请材料到各许可审批部门办理相应许可，取得相应许可证、批准文件后方可开展许可项目的经营。

---

① 陈晓雪：《珠海市商事登记改革研究》，硕士学位论文，中共广东省委党校，2014年。

② 陈英：《商事登记与营业执照法律关系之检讨——以商事能力为视角》，《甘肃政法学院学报》2009年第4期。

(二) 关于实行注册资本认缴登记制度

《公司法》规定了公司设立的其中一个条件就是股东出资达到法定资本的最低限额，而且这种出资额是实缴出资额。只有当实缴的注册资本等于或者高于该规定数额，才能依法成立公司。近年来，上海、重庆、河南、武汉等地陆续出台了注册资本零首付的政策，浙江省的宁波、温州等地也相继登记了一些注册资本零首付的有限公司。比如温州市《关于促进实体经济发展的实施意见》（温政办〔2012〕77号）规定，开启内资企业"零首付"注册登记。注册资本100万元以下的内资公司（一人有限公司除外）可以申请免缴首期注册资本，但股东须在公司成立之日起3个月内缴付不低于20%的注册资本，且不低于法定注册资本最低限额，余额在公司成立之日起2年内缴清。台州市学习相关经验，对除法律、行政法规对公司注册资本实缴登记另有规定外，实行注册资本认缴登记制。①

五 事件的发展

在台州出台相关政策文件后，国家在上述内容的法律和政策层面上有了新的立法和改革动向，主要包括以下两方面。

（一）《公司法》修改，注册资本认缴登记制落地

2013年10月25日国务院常务会议部署推进公司注册资本登记制度改革。会议明确：一是放宽注册资本登记条件。除法律、法规另有规定外，取消有限责任公司最低注册资本3万元、一人有限责

---

① 刘青、伍嘉慧、夏龙飞：《结合国外制度合理分析我国取消最低资本制度的举措》，《财经界》（学术版）2014年第13期。

任公司最低注册资本10万元、股份有限公司最低注册资本500万元的限制；不再限制公司设立时股东（发起人）的首次出资比例和缴足出资的期限。公司实收资本不再作为工商登记事项。二是将企业年检改为年度报告，并向社会公开查询。三是按照方便注册和规范有序原则，放宽市场主体住所（经营场所）登记条件，由地方政府具体规定。四是大力推进企业诚信制度建设。五是注册资本由实缴登记制改为认缴登记制，逐步实行由公司股东（发起人）自主约定认缴出资额、出资方式、出资期限等，并对缴纳出资情况真实性、合法性负责。

2013年12月28日，第十二届全国人民代表大会常务委员会第六次会议审议修改《公司法》。新《公司法》主要涉及三方面：一是将注册资本实缴登记制改为认缴登记制。除法律、行政法规以及国务院决定另有规定外，取消关于公司股东（发起人）应当自公司成立之日起两年内缴足出资，投资公司可在五年内缴足，一人有限责任公司股东应当一次足额缴纳出资的规定。公司股东（发起人）自主约定认缴出资额、出资方式、出资期限等，并记载于公司章程。二是放宽注册资本登记条件。取消了有限责任公司最低注册资本3万元、一人有限责任公司最低注册资本10万元、股份有限公司最低注册资本500万元的限制；不再限制公司设立时股东（发起人）的首次出资比例；不再限制股东（发起人）的货币出资比例。三是简化登记事项和登记文件。有限责任公司股东认缴出资额、公司实收资本不再作为公司登记事项。公司登记时，不需要提交验资报告。①

在2014年2月7日《国务院关于印发注册资本登记制度改革方案的通知》（国发〔2014〕7号）出台后，我国第一季度新登记企业

---

① 见《法制日报》2013年12月29日。

数量和注册资本均大幅增长，2014年3月至5月，全国共新登记注册市场主体320.14万户，同比增长25.83%，注册资本总额5.32万亿元，增长99.78%，从而在长远意义上为经济发展添加动力。

（二）国家有部署，前置改后置值得期待

2014年6月4日国务院常务会议确定不断深化行政审批制度改革，坚持依法行政，进一步简政放权，继续清理压缩前置审批事项。一是取消和下放52项行政审批事项。二是在保持资质资格水平不降的前提下，减少部分职业资格许可和认定。三是围绕促进投资创业便利化、优化营商环境，将废弃电器电子产品回收处理许可等36项工商登记前置审批事项改为后置审批，"先证后照"改为"先照后证"。下一步要继续清理、压缩现有前置审批事项，将其中的大多数改为后置审批，由先证后照改为先照后证，并实行目录化管理制度。李克强总理强调，"放"是放活，而不是放任；"管"要管好，而不是管死。转变政府职能的核心要义是要切实做好"放管"结合，不能"越位"，也不能"越权"。①

（三）最新进展

2014年1月以来，226项工商登记前置审批事项中的87%先后分四批改为后置式审批。

2015年10月国家工商行政管理总局在全国范围实施企业工商营业执照、组织机构代码证和税务登记证"三证合一""一照一码"登记制度改革。

---

① 陈美霞：《社会转型期政府职能转变思考》，《商业经济研究》2015年第25期。

六 依法行政和行政审批制度改革的发展历程

任何社会的进步,都是在历史长河中逐渐积累的过程,我国的行政审批制度改革也是如此,而且可能更加曲折,更有中国特色,因为我国的特点是先"破法",后"立法"。台州的商事登记制度改革可能就是典型一例,在《公司法》等法律法规仍有明确规定的情况下,各地都进行了不符合《公司法》的改革。然而这种形式的改革,在全国各地是普遍存在的,而且在我国是被默许的,或说不被反对的。应该说,我国的行政审批制度改革是在我国依法行政进程中推进的,两者相互促进、相互影响。但是在实践和理论中,两者应当以怎样的关系相处,并不是十分明确。我们需要在考察两者的历史进程中,找出一点端倪和线索。

(一) 依法行政的发展历程

1. 依法行政的概念和要求

依法行政是指执法主体必须根据法律法规的规定设立、取得和行使其行政权力,并对其行政行为承担相应责任的原则。[①] 依法行政是法治国家的普遍准则,是依法治国的前提和基础,也是市场经济体制条件下对政府活动的基本要求。它的内涵包括合法行政、合理行政、程序正当、高效便民、诚实守信和权责统一。

2. 依法行政的历史发展

依法行政的产生伴随着资本主义的发展。从 1689 年英国君主立宪制开始,英国普通法院适用普通法审理行政案件,是依法行政的

---

① 张春富:《试论依法行政的理论与实践》,《当代司法》1997 年第 8 期。

发端。① 到了18世纪中叶，资产阶级的力量随着资本主义商品经济的发展而日益壮大。他们要求政治上的平等权利，提出了"分权与制衡""民主与法治"等政治主张。在英国宪章运动、法国资产阶级革命、1787年美国宪法颁布等一系列事件后，权力与法律的支配关系在主要资本主义国家发生了转换，法律代表民意、赋予权力并监督权力的依法行政观念从此发生、扩散，茁壮成长。

与有着深厚法治传统的西方依法行政不同，我国的依法行政是在经济、政治和行政管理体制改革的过程中产生，逐渐形成了一系列具有中国特色的具体运行制度。依法行政是现代政府社会管理方式的一项创新变革，更是现代政府管理模式的一场深刻革命。依法行政理念包含了两层含义：一是执法机关要以法来管理国家事务，保障行政相对人权利，对违法行为依法追究法律责任；二是执法机关必须依法自我约束，在法律授权范围内按照法定程序和要求行使行政职责。在依法行政理念下，执法机关要遵循合法行政、合理行政的原则，做到有权必有责、用权受监督、违法受追究、侵权须赔偿，保证法制的统一性、权威性和行政管理的连续性、稳定性，从而实现服务型政府和法治政府建设的目标。②

3. 依法行政的发展阶段

（1）起步阶段：1978年至1989年

国家和人民大众经过"文革"之后，深刻认识到建立健全民主法制、推进依法行政的重要性，法律法规开始大量制定。1978年，邓小平同志提出"有法可依、有法必依、执法必严、违法必究"的方针，重新确立了法律的地位。1982年的国务院组织法确立了职权

---

① 苏仲庆：《两大法系行政法的比较及其启示》，《盐城师范学院学报》（人文社会科学版）2008年第1期。

② 郭廷晖：《社会主义法治理念指导下的依法行政工作》，《法制与社会》2016年第1期。

法定的观念，对国务院和各级人民政府的组织、职权进行了规范。1982年《中华人民共和国宪法》贯彻了民主与法治原则，规定了一切国家机关都必须在法律范围内活动，任何组织和个人都没有超越宪法和法律的特权，执法机关受权力机关和公民的监督[①]。1982年9月，党的十二大确立了宪法和法律在社会管理中的最高地位。1987年10月，党的十三大从宏观上提出了改革开放背景下加强社会主义法制建设的任务，强调"法制建设必须贯穿于改革的全过程"，"国家的政治生活、经济生活和社会生活的各个方面，民主和专政的各个环节，都应做到有法可依、有法必依、执法必严、违法必究"。此外，1979年的《中华人民共和国刑法》、1983年的《民事诉讼法（试行）》、1986年的《民法通则》和《治安管理处罚条例》等法律法规也相继出台。这表明了我国依法行政已开始起步，同时树立了职权法定、法律面前人人平等、违法要担责等法治观念，我国开始从依政策办事和依领导指示办事逐步向依法办事转变。

（2）确立阶段：1989年至1999年

1989年，《行政诉讼法》出台。1993年11月，党的十四届三中全会通过《中共中央关于建立社会主义市场经济体制若干问题的决定》，第一次正式提出了各级政府都要依法行政、依法办事的要求。1997年9月，党的十五大明确提出了"依法治国，建设社会主义法治国家"的治国方略，并指出一切政府机关都必须依法行政。1999年3月，依法治国基本方略被载入宪法，依法行政作为执法机关行使权力的基本准则也逐步确立起来。此外，《国家赔偿法》（1994年）、《行政处罚法》（1996年）、《行政复议法》（1999年）等一系列规范政府共同行为的法律逐步建立，标志着现代法治意义上的依

[①] 王霄雯、刘行一：《树立宪法权威建设法治国家》，《法制博览》2017年第23期。

法行政观得以初步确立，政府对经济社会事务的管理行为进一步走向制度化、规范化、法制化。

（3）全面推进阶段：1999年至2011年

1999年11月，《国务院关于全面推进依法行政的决定》对全面推进依法行政做了部署。2000年至2001年，为适应加入WTO的需要，我国对法律、法规、规章和规范性文件进行了全面清理。2003年3月，《国务院工作规则》将依法行政正式确立为政府工作的三项基本准则之一，明确规定依法行政的核心是规范行政权力。《行政许可法》于2003年8月公布，2004年7月1日正式实施。这部法律集中体现了阳光政府、诚信政府、责任政府等现代法治理念，对于提升我国全民的法治意识和政府的依法行政能力，进一步深化行政审批制度改革，加快政府职能转变，形成行为规范、运转协调、公正透明、廉洁高效的行政管理体制都产生了积极的推动作用。2004年3月，《国务院全面推进依法行政实施纲要》确定了今后十年全面推进依法行政的指导思想和具体目标、基本原则和要求、主要任务和措施，正式确立了建设法治政府的目标，标志着我国依法行政进入了全面建设法治政府阶段。

（4）全面深化阶段：2011年至今

2011年3月10日，十一届全国人大四次会议宣布，一个立足中国国情和实际、适应改革开放和现代化建设需要、集中体现党和人民意志的，以宪法为统帅，以宪法相关法、民法商法等多个法律部门的法律为主干，由法律、行政法规、地方性法规等多个层次的法律规范构成的中国特色社会主义法律体系已经形成，国家经济建设、政治建设、文化建设、社会建设以及生态文明建设的各个方面实现了有法可依，我国改革开放和创新实践有了坚实的法制根基和保障。

从我国依法行政的历程来看，其间经过了几个转变：（1）从依政策办事到依法办事；（2）从"官告民"到"民告官"；（3）从

"落实政策"到国家赔偿；（4）从只注重行政实体逐步向注重行政程序转变；（5）从无限政府逐步向服务政府、诚信政府、责任政府转变。主要体现了以下几个特点：（1）中共中央、国务院的倡导与推动；（2）与市场经济相适应的政府管理理念的转变；（3）行政管理基本法律制度逐步健全；（4）行政管理体制改革和政府职能转变[①]。

（二）行政审批制度改革历程

1. 探索阶段：1949年至1992年前后

这一阶段还在摸索"统"到"放"的经济体制改革，对行政制度的改革也处于探索之中。在农村联产承包责任制影响下，我国推行工资制度改革，企业获得一定的自主权。中央进行了财政体制改革，开始下放企业管理权和社会管理权，赋予地方政府较大的自主权，提高其积极性。逐步减少对企业生产经营活动的审批，把分配权和生产经营管理权下放给企业是当时经济改革的主要内容。在1987年8月，国务院发布的《城市个体工商户管理暂行规定》应当是我国第一个商事登记的法律规定，踏出了行政审批和依法行政的第一步[②]。

2. 转轨阶段：1992年到1997年前后

随着党的十四大上建立社会主义市场经济体制目标的提出，政府在市场经济中的角色定位进一步明确，需要减少对微观事务的管理，加强宏观调控功能，实行政企分离、政社分离。1992年7月，

---

① 吴楠：《关于政府行政体制改革问题的研究》，《"如何建立科学决策机制理论研讨会——决策论坛"论文集（下）》，中国武汉决策信息研究开发中心、决策与信息杂志社、清华大学经济管理学院，2015年。

② 徐颖、赵晖：《中国行政审批制度改革的由来与展望》，《团结》2014年第2期。

《全民所有制工业企业转换经营机制条例》提出"企业转换经营机制的目标是：使企业适应市场的要求，成为依法自主经营、自负盈亏、自我发展、自我约束的商品生产和经营单位，成为独立享有民事权利和承担民事义务的企业法人"，[①] 确立了企业独立的法人地位，赋予了企业生产经营自主权。1993年，《公司法》出台后，掀起了国有企业改组浪潮。这一时期的改革开始从行政体制之外来审视政府的审批权，把理顺政府和企业的关系、政府和社会的关系提上了日程，国有企业法人财产使用权与国家所有者权益的关系开始重新界定，政府对企业的行政审批从所有者对其财产的直接控制，转为公共事务管理者对市场主体的宏观管理。

3. 地方改革阶段：1997年到2001年

随着市场机制作用的显现，行政审批与市场经济体制的矛盾越来越突出，为了加速区域经济发展，吸引和留住外部投资，各地政府采取了一些临时措施以克服行政审批制度的弊端，如领导督办、相关部门集中办公、限时完成审批，或者省略有关部门的审批环节、事后补办手续等办法，试图突破行政审批制度的障碍，从1997年开始行政审批制度改革逐步在全国各地铺开。[②] 总的来看，这一阶段的改革取得了更大的成效。一是在行政管理理论上有所突破。二是大幅度削减了行政审批项目，改革了审批方式和监督措施。三是把行政审批制度改革与党风廉政建设相结合，作为改善投资环境、提高地方综合竞争力的重要措施。

4. 全面推进阶段：2001年至2013年

随着市场经济体制地位的确立和市场机制作用的显现，行政审批这种管理方式与市场经济体制不相适应的矛盾更加突出，全面改

---

① 《全民所有制工业企业转换经营机制条例》，2011年4月28日，中国政府网。
② 赵保胜：《突破行政审批制度改革瓶颈的治理路径》，《法治研究》2013年第10期。

革行政审批制度被提上议事日程。① 2001 年 9 月，国务院成立国务院行政审批制度改革工作领导小组，部署全面推进行政审批制度改革。同年正式加入 WTO 给原有的行政审批制度带来了直接的冲击，调控市场经济的行政管理尤其是行政审批制度必须与 WTO 规则保持良性互动。WTO 的透明公开原则、诚实信用原则、程序公正以及保障司法审查的原则要求我们必须建立阳光行政、依法行政的责任型和服务型政府，进行改革行政审批制度，加快管理方式变革。2004 年 7 月 1 日，《行政许可法》是我国行政审批走向制度化、规范化和法治化的重要标志和里程碑。但行政许可法本身太过原则，对一些重要问题界定不清，国家层面也没有总体推进方案，给审改乱象的产生埋下了隐患。

5. 全面深化阶段：2013 年至今

（1）行政审批改革进行中

这个阶段的特点是改革的持久性、连续性和力度越来越大，涉及的广度和深度也正在加大，全国各地各部门都在积极贯彻国务院的决策部署，开拓创新，扎实推进。

（2）依法行政在加强

2014 年 6 月，国务院下发了《关于促进市场公平竞争维护市场正常秩序的意见》，要求坚持放管并重，实行宽进严管，完善市场监管体系。

2015 年 10 月，国务院下发了《关于"先照后证"改革后加强事中事后监管的意见》，明确了"谁审批，谁监管，谁主管，谁监管"的市场监管原则，初步构成了事中事后监管新模式。

2016 年 8 月，国务院批复同意将政府监管信息统一归集到"全

---

① 阎华：《经济发展方式转变与行政审批管理改革》，《现代经济信息》2012 年第 4 期。

国一张网",并对外公示,加强信用监管。

2017年1月,国务院发布《十三五市场监管规划》,提出了市场监管新理念,确立了六项监管原则,为市场监管工作描绘了宏伟蓝图。

2017年8月,国务院发布《无证无照经营查处办法》调整了监管查处范围,明确了监管部门的职责。[①]

(3)改革在进行

2017年3月,为了推动市场主体准入和退出全程便利化,国家工商总局公布在全国范围内实施企业简易注销登记改革。

2017年10月,在全国范围内实行"多证合一"改革。

七 结束语

随着社会主义市场经济建设的不断完善与发展,充分发挥市场机制在资源配置中的基础性作用、激发市场的活力显得尤为重要。商事登记制度作为适应我国市场经济发展要求的新形式,其历经探索与实践,逐步由"先证后照"发展为"先照后证"阶段。与我国政府职能转变、法治政府、责任政府等要求相对应,探讨我国依法行政与行政审批制度改革的发展历程,厘清改革与法律二者之间的关系较为关键。而我国商事登记制度改革先"破法",后"立法"的做法,一定程度上违背了我国法律既定的程序,不利于我国法治建设的完善与发展。因此,在行政审批制度改革过程中,政府应如何坚持在依法行政的原则下进行审批制度改革,需要我们深入思考与研究。

---

① 《商事制度改革大事记》,《中国工商报》2017年9月9日第1版。

思考题

1. 新的商事登记制度改革举措对事后监管只有原则性规定，在法律和制度衔接上，如何部署和转变？如何对行政审批人员和监管执法人员的人数进行调整，能够保证事前、事中、事后的力量均衡？

2. 如何彻底改变传统"挤牙膏"式的改革、放权方式？改革不仅仅只是删减一些项目、程序，应该深入思考还需要做什么？改革政策落实的效果如何体现或观察？

3. 改革与法律之间的关系是什么？

4. "很多改革其实就是要改法"，你如何看待这一说法？改革与法律的边界如何确定？

5. 行政审批制度改革以法律为准绳，还是以政策为标准？地方政府，特别是市县政府，如何处理好依法行政与制度改革的关系？

6. 台州商事登记制度改革对我国地级市行政审批制度深化改革如何"破题"有何启发？你对地级市行政审批制度改革继续向纵深发展并打通"最后一公里"有何"破题"之策？

案例说明书

行政审批制度深化改革如何"破题"
——由台州商事登记制度改革引发的思考

黄建伟　尹　璐　卢春林

一　课程准备

1. 登录百度搜索引擎,搜索当前商事登记制度、行政审批制度改革以及依法行政的有关概况,了解当前三者的发展状况,探讨行政审批制度改革与依法行政之间的关系。

2. 提前布置阅读案例材料,以4—6人划分小组进行讨论。

3. 提前布置观看商事登记制度发展进程的相关视频或文字材料,了解案例选取的背景及案例发展中存在的问题。

4. 登录知网,浏览有关行政审批制度改革与依法行政的期刊、论文、专著等,思考如何正确处理行政审批制度改革以及依法行政之间的关系。

5. 复习公共管理、公共行政、公共政策以及法学的相关理论,尝试探究行政审批制度改革的未来发展路径。

二 教学目的与用途

1. 适用课程：行政管理学、公共行政学、公共管理学、政府管理学、行政法、行政改革、地方政府管理、公共政策等。

2. 适用对象：MPA 专业学位研究生、行政管理专业和公共事业管理专业高年级本科生、硕士研究生。

3. 教学目的

（1）通过案例认知，引导学生通过观看视频或阅读文字资料的方式了解政府行政审批制度执行方面的问题，把握新时期下公共政策执行的要求，让学生准确地描述与理解问题。

（2）通过案例剖析，引导学生归纳和分析当前商事登记制度下的行政审批制度存在的突出问题，帮助学生掌握相关的分析方法与技能，让学生透过现象准确分析问题的本质。

（3）通过案例诊断，引导学生通过案例讨论，对处理行政审批制度与依法行政之间的关系提出有效的政策性建议。

三 启发式思考题

1. 怎么看待改革与依法行政的关系？
2. 行政审批制度改革与法治关系难题的关键之处是什么？
3. 如何发挥社会组织在行政审批制度改革中的作用？
4. 台州商事登记制度改革对我国地级市行政审批制度深化改革如何"破题"有何启发？你对地级市行政审批制度改革继续向纵深发展并打通"最后一公里"有何"破题"之策？

四 分析思路

以下四条分析思路可以用来回答以上四道思考题。

1. 改革有可能要突破一些已有的法律法规，这就难免要面临如何正确处理改革与依法行政的关系之难题。① 比如台州市在商事登记制度改革和投资项目并联审批改革中，将后置改为前置或并列，这可能更符合现实要求和改革精神，但却和法律条文的直接规定不一致。政策要求市级尽量下放行政审批事项，包括省级下放市级的项目，实现市县同权，但这与行政许可法不得再委托的规定是有出入的，这必然会涉及省下放市的行政审批事项再下放的合法性问题。还有浙江省目前在大力加强便民服务中心建设，很多项目被下放到乡镇便民服务中心、基层站所甚至村级便民服务中心，但这些机构都没有相应的法定职责，或者缺乏必要的监管力量，出现了很多不规范的现象。

由于法律具有稳定性，同时也不可避免地显示出一定的滞后性，因此有时就难以跟上当前迅速变革的步伐，无法满足改革的法制需求，一些探索性的创新举措也面临法律问题。改革与法制的关系及边界还不明确，法制无法同改革并驾前行的矛盾还无法破解，并且在一定程度上有所加剧。对于所谓的合法是指符合法律条文，还是指符合法律精神或符合自然法则等基本问题还没有形成统一的认识。目前关于行政改革与依法行政、行政审批与行政执法、简政放权与加强监管之关系等重大问题的研究还不足，缺乏对法律、政策（包括审批规制）的系统性、针对性的评估，导致法制不统一。法律没

---

① 宋功德：《正确处理好行政改革与依法行政的关系——以广东省为例》，《行政管理改革》2010年第11期，第50—54页。

有修改，改革就会寸步难行。台州以及其他地区对改革与依法行政的关系很困惑，对改革充满疑虑，从而影响了改革信心的提升和改革思想的统一。

从依法行政上来说，各审批部门都是根据现有的法规、规章、上级文件确定审批项目条件和时限、流程。部门审改工作受上级要求影响大，下动而上不动，地方改革容易陷入两难境地。如果上级没有改变或不认同，即使台州市政府有改革的要求，部门也没有动力去改，也难以落实改革要求。改革必然涉及深层次的体制机制问题，必然会涉及法律问题，部门对审改带来的责任和风险顾虑很大。[①] 如何正确处理改革与依法行政的关系，是深化地市级政府行政审批制度改革的首要难题。如果此问题不解决，改革的深度和广度将无法推进，很难实现打通"最后一公里"的目标。

2. 在我国历史上，由于中央政府与地方政府的权限划分标准比较模糊，集权与分权的关系处理问题也就变得难以处理，成为一个"合久必分，分久必合"的循环难题，集权、分权、再集权、再分权的"路径依赖"一直在持续，给经济建设和社会发展带来了极大的消极影响。我国的行政审批制度改革从最先的地方先动到目前的全国统筹，可以说逐渐步入了正轨。但由于我国幅员辽阔，如何实现全国统一性和各地差异性的有机衔接，如何处理必要集权与适度分权的关系，是一个需要长久研究的重要课题。

当前通过加强各级政府权限划分的法治化建设来保持权限划分的动态平衡从而为各级政府的行政审批制度改革界定边界成为深化行政审批制度改革的必须考虑的问题。总体上说，随着经济政治的发展，逐步扩大地方的自主权，充分发挥地方的自主性和创造性成

---

① 卢春林：《我国地市级行政审批制度改革个案研究》，硕士学位论文，江西农业大学，2015年。

为一种必然的趋势。从有利于激发社会活力和发挥地方的积极性和自主性的角度而言，实现各级政府权限划分的法治化、明确中央与地方的权力分级是破解地方行政审批制度深化改革难题的有效举措。具体而言，需要修订政府组织法、立法法，制定行政程序法，以法治来规范中央与地方的权限及其行使，从宪政上对可能发生的中央收放权的随意性和地方突破法律行为的冲动性进行规制。在立法方面，全国人大已经做出了很大调整，包括完善行政法规制定程序、规范规章权限、加强备案审查，实现立法和改革决策相衔接，推进科学、民主立法等[1]，同时赋予了设区市的地方立法权。这对台州改革来说是极大利好，必将能激发改革的积极性和主动性。但同时需要明确市级立法的权限和范围，实际上就是为其今后的行政审批制度改革界定权力边界，避免因设定不明而造成更大的混乱。台州市要积极主动向省级人大报告，争取支持、放权，早日取得地方立法权。当然，在中央放权的同时也要完善垂直监督机制。在提高地方自主性的同时，要健全中央对地方的监督措施，完善监督机制，形成程序化、规范化、法制化的监督模式，以维护全国的整体利益和中央权威。要强化中央监督的权威性、系统性和独立性，改革监督手段和方式，注重采取法律监督、财政监督、司法监督、行政监督相结合的方法。[2]

3. 目前的改革是在政府的主导下进行的，是政府的主动行为和自身完善，但是加强简政放权，推进行政审批制度改革关乎整个国家、整个民族，它不只是政府的事，不应该单纯将其界定为政府的

---

[1] 新华社：《十二届全国人大三次会议举行第二次全体会议听取和审议全国人大常委会工作报告听取立法法修正案草案的说明》，2015年3月9日，中国台州网（http://paper.taizhou.com.cn/tzrb/html/2015-03/09/content_607430.htm）。

[2] 卢春林：《我国地市级行政审批制度改革个案研究》，硕士学位论文，江西农业大学，2015年。

一场"自我革命"。因为这样的改革思路，最终还是归因于政府，还是政府本位的，而不是以公民或社会为中心的，更无法达到服务型政府的要求和标准。如果不进行开门改革、大众改革、万众改革，那么没有社会参与、一头热的改革终究是改不好的，如果说政府主导是改革成功的关键，那它也必将成为失败的源头。

作为市场主体之一的中介机构等社会组织也是改革的对象之一。将政府的干预逐渐转向市场自治，将部分政府职能转由中介服务机构承担，是行政审批制度改革的一个发展趋势，在发达国家也得到了实践检验。有人说，中国改革开放三十年，最主要的成就和最成功的原因是政府放开了市场[1]，那么中介机构等社会组织的成长、壮大也是其成就和原因的一部分。但在这个过程中，由于我国基础差、底子薄，企业的自生、自治能力还不足，经常会出现一放就乱，一管就死的现象。一方面，中介机构提供中介服务，必然收取相应的服务费用，相对于由政府承担职能来说，这很大可能性上会增加服务对象——企业或个人的成本负担。另一方面，转移职能能够遏制权力寻租现象的发生，但从政府"审批"到中介机构"收费"这一"透明化"过程并不能完全避免腐败寻租现象或不法行为。毕竟，目前我国的中介机构服务行业还存在重登记审批、轻培养，独立性不强，人员素质不高，服务和收费不规范，法律体系不完善等问题[2]。所以台州市在改革过程中需要注重职能转变的过程和方式，循序渐进，逐步增强中介机构的承接能力，需要更细致地分析、讨论，更实证地调研、探索。

为了给政府职能转移打好基础，台州市需要在培育壮大中介服务行业和市场上下功夫。首先是要强化行业协会建设，促进行业自

---

[1] 韦森：《大转型：中国改革下一步》，中信出版社 2012 年版。
[2] 王振海：《公共职位论纲——政府职位的属性与配置机制》，河南人民出版社 2010 年版。

律，规范行业行为。其次是要提升社会组织活力。通过财政补贴、税收优惠、政府奖励等经济手段和社会评价、表彰肯定等荣誉手段，提高社会组织的积极性和主动性，提高企业信誉度和公众信任度。再者是要建立健全社会整体信用体系。对社会组织的各种执业行为进行有效的记录、公布、监督，把社会组织的事交由社会来评判、裁定，以社会的力量促进社会组织的规范化运行，促进中介机构形成正常、守信的良好市场秩序。最后是要加强执业监督。加大执法力度，完善投诉举报制度，严厉打击违法行为和不正之风，切实维护服务对象的合法权益，促进守法、尊法法治环境的形成。[①]

4. 启发和破题之策。

（1）启发

台州商事登记制度改革的案例说明，如何继续全面深化台州市行政审批制度改革，是其新一轮行政审批制度改革的题中应有之义，如何"破"这个"题"的关键，实际上是找准其需要继续深化改革的关键环节和部位。地级市在全面深化行政审批制度改革的"破题"要依赖于对以下改革难题的解决成效。

一是如何正确处理改革与依法行政的关系；二是如何对相关概念从法律上进行统一定义与清晰分类；三是如何以精细"服务"来超越简单"服从"；四是如何提高中介审批服务机构的市场化程度和自治能力；五是如何提升行政审批、政务公开的信息化水平。

（2）破题之策

既需要在顶层设计上做文章，也需要在自身建设和自我管理上下功夫。结合台州等地市实际，深化地市级政府行政审批制度改革"破题"之策需多策并举，其"主策"如下：

---

① 卢春林：《我国地市级行政审批制度改革个案研究》，硕士学位论文，江西农业大学，2015年。

一是通过修改行政许可法而为改革清除障碍。通过修改行政许可法而为改革清除障碍是深化地市级政府行政审批制度改革"破题"之关键，行政许可法的修改要从以下几个方面着手：扩大调整范围，根除延续的混乱根源；开展定期评价，改变行政审批事项清理方式；增强法律条文的柔性和适应性，为地方改革创新留有余地；二是通过加强各级政府权限划分的法治化建设来为改革界定边界；三是通过提高人员素质和形成良好的行政文化来为改革培育法治信仰；四是通过依法大力培育中介机构来为改革增添活力；五是通过依法加快推进网上审批来为改革提升效率。

五 课堂安排

根据学生特点，合理而有序地展开教学，为提高学生学习兴趣，更好实现教学目标，本案例通过面对面建立微信讨论群辅助课堂教学，在相应的课程教学中以4学时（45分钟/学时）进行设计，共计180分钟。因此，针对不同案例学习讨论群体，对案例学习讨论做如下课堂安排。

方案一：针对具有实际工作经历及经验的MPA学生，应提前一个星期布置课前阅读任务并要求课前再集中阅读案例正文至少达半个小时，这一类学生课前预习不一定完成得很好，因此需要将小组讨论也安排在课堂讨论之中进行。

具体安排：

1. 案例分析导入

首先对学生课前阅读情况进行抽查和了解，如对行政审批制度改革与依法行政历程的了解情况，其次播放商事登记制度发展进程的相关视频或呈现相关文字资料，了解案例选取的背景。（20分钟）

2. 案例阅读

要求每位学生认真阅读案例主体，完成案例思考题并初步形成自己的观点，教师需对相关术语做必要的说明。（20分钟）

3. 小组讨论

将学生随机分成若干小组，每小组4—6人，学生以小组为单位进行讨论，最后形成小组共同观点，并准备好集体讨论发言大纲并选出小组发言人。（30分钟）

4. 班级讨论

各小组发言人可利用板书或PPT进行发言，形成班集体讨论发言的整体观点及解决方案。（每小组发言10分钟左右，共计60分钟）

5. 梳理总结

教师结合相关课程对讨论发言尤其是班集体讨论发言进行点评及知识梳理，并将学生讨论观点进行归纳总结。（20分钟）

6. 回答解疑

对学生提出的疑问及案例所涉及的相关理论知识问题进行集中回答。（20分钟）

7. 案例学习延伸

问答之后要求学生根据所学习讨论的案例，结合相关课程（如公共管理学、公共行政学、公共政策学及法学课程），课后自己编写一个有关案例。同时教师为学生提供相关文献目录或文献内容作为案例学习的延伸。（10分钟）

方案二：针对公共事业管理及行政管理专业在校高年级本科生及全日制行政管理专业研究生，应提前半个月要求其课前阅读相关资料和文献，并自由组合成若干小组（每组人数控制在4—6人），将小组讨论布置在课外进行，要求小组讨论时长至少1小时，因为这类学生实际工作经验少，因此在课堂上需要教师引导和解析的内容要相对较多。

具体安排：

1. 案例分析导入

首先抽查学生课前阅读情况，如对行政审批制度改革与依法行政历程的了解情况，其次播放商事登记制度发展进程的相关视频或呈现相关文字资料，了解案例选取的背景。（20分钟）

2. 案例阅读

要求每位学生认真阅读案例主体，完成案例思考题并初步形成自己的观点，教师需对相关术语做必要的说明。（30分钟）

3. 班级讨论

将学生随机分成若干小组，每小组4—6人，学生以小组为单位进行讨论，最后形成小组共同观点，并准备好班集体讨论发言大纲并选出小组发言人。各小组发言人可利用板书或PPT进行发言，形成班集体讨论发言整体观点及解决方案。（每小组发言10分钟左右，共计60分钟）

4. 梳理总结

教师结合相关课程对讨论发言尤其是班集体讨论发言进行点评及知识梳理，并将学生讨论观点进行归纳总结。（30分钟）

5. 回答解疑

对学生提出的问题及案例所涉及的相关理论知识问题进行集中回答。（30分钟）

6. 案例学习总结与延伸

答疑结束后，要求学生课后对本案例中涉及的相关理论和知识点进行总结，并对行政审批制度改革的未来发展路径提出建议。（10分钟）

六　其他教学支持

1. 配备无线电脑、无线网络等设备：主要进行多媒体案例网络教学或利用微信进行群体在线互动和交流或小组讨论。
2. 多媒体设备支持：主要用于播放行政审批制度改革的相关视频短片及相关图片展示。
3. 能自由移动的课桌椅，便于教学分组讨论。

案例 4

一个警务便民和社会管理创新的网上公安局*

童 昕 黄建伟 詹国辉**

摘 要 随着中国电子信息化的不断深入发展,当下社会发展已然进入了智能社会,发展电子警务是现代警务治理变革的迫切需要,是应对传统警务管理挑战的有力手段,更是提升公安形象的有效途径。本案例讲述了浙江省台州市公安局积极应对警务挑战,在信息网络的阵地上不断拓展网络平台,创新性构建了"台州市网上公安局",实现了最大化主动服务群众、维护社会稳定、营造和谐警民关系的目标,成为新时代公安社

---

* 由于全省的统一要求,目前台州市网上公安局大部分的网上办事功能已转移到浙江省政务服务网。台州市网上公安局实体警务网络化、智能化的便民举措走在全国甚至全省的前列,其为建立全省统一的政务服务平台打下了扎实的基础,为消除政务服务数据碎片化、孤岛化做出了应有的贡献。

** 作者简介:童昕(1989—),女,汉族,浙江金华人,公共管理硕士,曾任浙江省台州市路桥公安分局民警,现任职于浙江省台州市路桥区纪委;黄建伟(1977—),男,汉族,江西南康人,南京财经大学政府管理研究中心主任、研究员,公共管理学院教授,博士,硕士研究生导师,主要研究方向为政府治理与公共政策分析;詹国辉(1989—),男,汉族,江西婺源人,南京财经大学政府管理研究中心主任助理、研究员,公共管理学院讲师,博士,主要研究方向为政府治理与公共政策分析。

会管理创新的先进典范。

关键词 线上政府；数字治理；电子警务；公共服务；社会治理创新

引 言

当下社会的发展已然进入全域智能化时代，智能化网络模式下的新媒体已成为社会生活的重要组成部分。因此，借助新媒体的力量让传统警务工作插上智能化翅膀，更好地为广大人民群众提供高质量公共服务，提高执法有效性和公信力，是公安机关在推进社会治理创新方面的有效路径之一。①

一 应对挑战，改变势在必行

根据中国互联网络信息中心发布的统计数据显示，2013年，我国互联网普及率为45.8%，网民规模达6.18亿，全年共计新增网民5358万人。截至2018年12月，我国网民规模为8.29亿，全年新增网民5653万，互联网普及率达59.6%，较2017年底提升3.8个百分点。②（具体情况详见图1）

截至2018年12月，我国手机网民规模达8.17亿，全年新增手机网民6433万；网民中使用手机上网的比例由2017年底的97.5%提升至2018年底的98.6%。

---

① 陈棉权:《把麻烦留给自己把方便让给百姓——台州市网上公安局建设调研报告》,《公安学刊》（浙江警察学院学报）2011年第5期。

② CNNIC:《2019年第43次中国互联网络发展状况统计报告——网民规模》, 2019年2月28日, 互联网数据资讯网 (http://www.199it.com/archives/839693.html)。

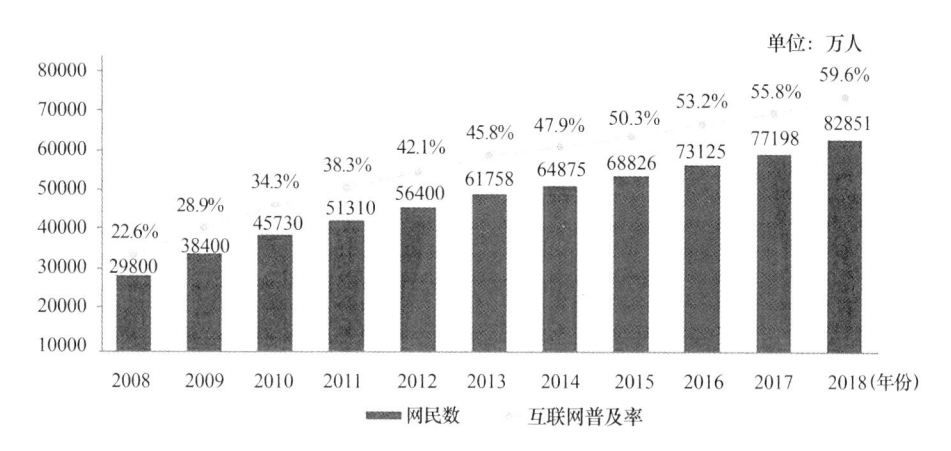

图1 网民规模和互联网普及率

数据来源：CNNIC 中国互联网络发展状况统计调查。

在这一社会信息化的大环境下，警务工作模式也急需随着信息化、网络化的发展而进行深刻性变革。[①] 而且，现在已经进入"全民皆微"的时代，在以微博、微信为代表的新媒体网络环境下，"每个人都可以是新闻发言人、每个人都是新闻中心"。其打破了传统信息在时间、空间上的传播局限，传播速度以几何方式增加，很容易引发虚假信息的煽动和快速传播，这也对警察公共关系提出了新的挑战。

台州市公安局提出将"网络为我所用"的想法，早在2008年就创建了台州市公安政务网，大胆开通网上咨询、网上恳谈等互动功能，网上警务开始被广大网民所接受，这也是台州市网上公安局的雏形。[②] 但是，随着网络信息化的不断发展，传统的公安网站已经无法满足群众特别是广大网民的需求。

---

① 闫蒲：《超越"连接"：社会学视角下的农村互联网》，《互联网天地》2016年第5期。

② 詹肖冰、郑灵江：《网络警务的绩效分析与发展研究——以台州市网上公安局为样本》，《公安学刊》（浙江警察学院学报）2012年第4期。

图 2　台州网上公安局首页

注：网站截取时间 2019 年 9 月 30 日。

因此，台州市公安局党委决定继续主动应对挑战，在充分调研、反复论证的基础上，将原来的门户网站拓展、升级为网上公安局（见图2）。台州市公安局网上公安局建设作为社会管理创新的一号工程，由局主要领导担任网上公安局建设攻关小组组长，全面指导、协调网上公安局建设，从上至下形成"一把手"项目，硬件建设投资500多万元，软件开发投入200多万元。同时，坚持"问题切入、破题导出"理念，采取"传统+科技""人脑+电脑""专家+行家"的建设模式，举全局之力，将网上公安局这一顺应大势、服务民生、推进管理、提高效率的创新工程做好，实现新形势下警务工作的转型升级。①

2011年6月7日，台州市网上公安局正式上线运行，具有网上认证、网上支付、网上预约、网上互动、网上办事、网上服务、网上咨询、网上查询、网上管理、网上宣传十大功能。在架构设计上，形成1个集群，6大板块，76个栏目的网络架构。台州市公安局坚持"让数据多跑路、让群众少跑"，努力实现警务内容全覆盖；坚持便民、惠民、利民的原则，最大限度将现实警务移植到网络；坚持"一体化运行、集约式办事"，全力确保网络运行维护无阻碍（网站建设大事详见附件1）。

从此，无论是台州本地人还是流动人口，网民只要通过实名登记的手机号便可以到网上公安局注册认证。认证后，在网上公安局上就拥有了一个身份，可以享受网上办事、查询、支付、预约等各项权利。台州市网上公安局可谓是真正打造了"一站式服务、一体化办事、一键式管理、一网通互动"的网上管理服务新平台，推进实体警务网络化，切实提高公安机关治安管理和服务水平。

---

① 陈棉权：《把麻烦留给自己 把方便让给百姓——台州市网上公安局建设调研报告》，《公安学刊》（浙江警察学院学报）2011年第5期。

二 主动服务，构建便民服务"主平台"

（一）打破瓶颈，全国公安首创在线支付平台

如何为群众提供更便捷的服务，如何实现网上在线支付功能，网站建设者在思考。网上支付平台是网上公安局建设中存在的最大技术难题。因为要开通这一平台，绝不仅仅是公安一家的事情，需要财政、银联、银行等多部门的通力合作。在网上公安局开通网上支付平台，财政部门需要为此打通财政渠道，成立专门账户；银联为此要进行技术对接和系统管理，但对于财政、银联等部门来说费时费力，却没有任何的附加收益。网站办林副主任说："退一步来讲，网上支付平台不开通，财政不会少一分钱，该罚的钱、该收的费，最终还是上缴财政。但网上支付的的确确方便了广大群众，所以要开通网上支付平台，需要顶层设计，需要一把手落实制，多部门才能实现通力合作。"为此，台州市委、市政府统一协调，多次召开专门工作会议，得到了财政、银行等各部门的支持，专门为网上公安局开通账户，并打通了公安、银联、银行、财政等部门资金流转通道，当时在全国公安系统尚属首创。

自从台州公安网上支付功能开通后，广大群众积极借助现代通信技术快速办理各类支付事项，显得非常便捷。这种支付与当今流行的支付宝商业平台类似，假如某群众要办理出入境证件，只要登录该平台填表提交，就能够借助网络支付缴纳各类费用，这里最重要的一点是当前各类银联卡都能进行快捷支付，只需明确缴费金额就能从容办理。此外，其他的行政性缴费（如车辆违章罚款、行政治安罚款等）均能进行网上平台支付，此举大大方便了群众办事。

比如，黄岩的蔡先生由于停车违章，接到了相关部门的罚单。以前，这种情况他只能到指定银行缴纳罚款并到交警队进行处理。

现在他只需借助手机登录台州网上公安,借助移动支付缴 50 元罚款就可以了。"跑银行至少要一个多小时,现在最短只要 3 分钟就可以处理完毕。"蔡先生给予这项服务高度赞誉。

(二) 网上预约,开通便民服务通道

能实现网上预约是这个网站的又一亮点,(见图 3) 这个功能又可以进一步分为对事和对人两种预约。对事预约通俗来说就是需要办事的人在网上进行提前办理事项预约,并按时到相关部门窗口进行办理,可以最大限度减少等候的时间;对人预约一般是指办事者在网上直接预约具体警员,双方互动并进行事项流程办理。目前,该网站已经开通了多个预约事项,比如车辆年检、民警预约等。市局下属的各派出所各级工作人员都在网站上公布了照片和职能供群众选择,这好比群众到医院诊疗一样,如果群众咨询的民警无法解决问题,可以进一步咨询其他民警或在网站留言寻求帮助。后台收到留言会综合研判,工作人员会及时和相关民警沟通,并主动与办事者进行沟通,在约好时间后再进行相关事项办理。双方不必见面,后台会及时回复,网民可以查阅相关结果。

(三) 网上办事,优化行政审批流程

这是网上公安局优化审批服务的又一举措。[①] 网上公安局对公安系统的核心业务进行了进一步流程梳理和优化,进一步缩短办理时间,尤其是对异地群众的办理事项,最大限度在网上办理,实在无法全程网上办理的就实行提前告知和一次办理等办法,最大限度降低群众往返次数,有效节约了社会成本。此外,网站还对实名认证

[①] 傅冰钢:《论公安行政审批管理机制的改革与创新》,《山东公安专科学校学报》2003 年第 5 期。

图3 网上预约界面

用户开放其他办理事项，比如证照申领和补领、行政处罚、缴纳罚款等。由于网络审批服务不受时空限制，一些身在境外的人也能登录台州"网上公安局"进行相关事项的办理，大大方便了群众。

2012年夏天，温岭辖区的居民蔡先生要更换二代身份证。然而，他此时正在迪拜从事鞋类生意。生意正处于关键时期，他根本无法脱身返回，此外往返的费用大约需要2万多元，这也让他犯了难。好在，横峰派出所的民警了解到这个情况后，引导他到"网上公安"进行办理，在蔡先生提交了相关资料和申请后，通过官方QQ进行了审核。几天后，蔡先生在迪拜就拿到了新的二代身份证。这一消息在海外传开，成为一段佳话。2012年11月，台州公安还推出了面向港澳群众的网上受理以及往返快递等服务。申请人在网上申请再次签注后，公安部门会借助邮政EMS服务进行上门取资料，在事项办理后再由 EMS 快递送达群众手中,让行政服务便捷省心。

三 促进交流,打造警民沟通"高速路"

(一)网上恳谈,拓展警民沟通平台

警民恳谈是台州公安的原创,2006 年 9 月,时任台州市公安局局长陈棉权提出要大力推行警民恳谈制度,即每月的 6 日,民警都要下村居、下社区、进企业、进学校,与群众百姓就警务工作满意度、治安状况安全感等开展讨论活动,提出警民恳谈要把群众呼声作为公安工作的第一信号,把化解广大群众的正当合法诉求作为基层公安工作的主要任务,把广大人民群众的满意度作为公安工作的根本指标。当时,这项活动也得到上级领导的专门批示和充分肯定,并在台州各级党政机关和全省各级公安机关中推广。[①]

随着网络的发展,台州市公安局依托网上公安局这个平台,不再局限时间和空间的束缚,在保留原有恳谈模式的基础上,将警民恳谈拓展到了网上,公安机关以网民的身份和群众进行"原生态、全开放"的实时、平等交流,包括局长面对面、民警恳谈室、主题式恳谈,以及局长信箱、恳谈贴吧等一些子栏目。例如路桥区委常委、公安分局郑局长就围绕"平安路桥"在网上公安局开展恳谈活动:"各位网民,大家晚上好,非常高兴今天能够借我们台州市网上公安局这个平台,跟大家一起聊聊天,做一些沟通跟交流,听听大家的一些意见和建议……"这就是郑局长的开场白,简单明了平易近人。当晚,"恳谈室"里热闹非凡,上百名网友集聚在此,通过网络阐述自己的意见,畅谈自己的心声。许多网友提出了有关户籍政

[①] 徐镇强:《对警民恳谈制度的点滴解读》,《公安学刊》(浙江警察学院学报)2009 年第 5 期。

策、窗口服务、打击违法等问题,有的网友反映路桥四号桥一带销赃现象屡禁不止;有的提问开放式小区安全隐患高,居民该怎么防范;有的说公安机关就像万金油,哪里出现问题就擦哪里,等等。高峰时期有109名网友同时在线参与互动,有拍砖也有点赞,郑局长在现场一一解答了网友们的提问,由于网友热情高涨,原计划为时一个半小时的恳谈会,足足持续了两个小时,网友们依然热情不减。2017年11月1日晚,路桥区委常委、公安分局郑局长再次开展网上恳谈活动,这已经是连续第六年开展了。当晚19时许,郑局长来到台州市公安局网上恳谈室,首先通过网络介绍了今年以来路桥公安工作的成果,接着与一百余位热心网友围绕"守护平安·你我同在"主题展开交流,对网友们关心的居住出租房屋消防安全整治、交通事故预防整治、黄赌毒整治、最多跑一次改革、电动自行车安装物联网 e 防盗举措以及管制刀具携带等问题,都一一予以详细解答,并诚挚欢迎广大网友对路桥公安工作提出宝贵意见和建议,获得了网友们的纷纷点赞。(见图4)

图4　警民网上恳谈界面

（二）网上返赃，赢得百姓称赞

为进一步方便社会民众认领在各类刑事案件中被盗抢或者被骗的东西，台州公安进一步探索建立了"网下追赃、网上返赃"新运行体系，在网上开设了"网上返赃"专栏，让受害者在家中就可以认领被盗抢或者被骗的财物，这一举措深受辖区民众的高度评价。各办案机构在查缴各类赃物后，都要拍成图片及时在网上公布，并详细介绍赃物的具体信息，公布案件信息及民警电话。失主可以自行联系民警，并核对相关信息，如果属实可以直接领回本属于自己的物品。

有不少群众通过"网上返赃"栏目找回了失窃的东西，家住路桥路北街道的张先生无意间点击"网上公安局"网站，惊喜地发现自己被盗的手机照片居然公布在"网上返赃"栏目中，张先生赶紧拨打了警方联系电话，就到派出所进行了实物认证及信息核对，很快就领回了一个月前被盗的手机。另外，从上海来台州临海旅游的王女士不幸遭遇抢劫，虽然没有人员伤亡，但是被抢的金项链是她的结婚礼物，损失近万元。王女士在派出所报案时还唏嘘不已，对台州的治安状况很不满。半个月后，警方通过视频导侦、技术勘查等方式成功破获此案，抓获盗抢犯罪团伙3人，并追回部分涉案财物。办案民警联系王女士，得知其已经回上海，民警就通过网上公安局返赃栏目向王女士进行赃物辨认。王女士通过网络向民警递交结婚照片，照片显示其佩戴的项链正是民警所追回的其中一条。很快，王女士就通过网上公安局办理了赃物领取手续，被抢的项链失而复得。王女士称赞道："台州公安神速破案，还把侬的结婚项链给追回来了，阿拉上海人佩服。"

四 反哺实战，拓宽警务工作"新战线"

（一）在线自首，打消在逃人员顾虑

根据我国的法律规定，犯罪嫌疑人如果投案自首就可以从轻或者减轻处罚，但是很多逃犯出于恐惧或者其他种种原因，总是在自首和逃亡之间徘徊，台州市公安局推出的网上"在线自首"这一平台确实可以解除不少逃犯的心理顾虑，而这一做法在全国也是首创。

在该网站上，开设了一个"在线自首"栏目，主要是敦促在逃人员通过现代通信技术进行自首的（见图5）。在逃者无论在什么地方，都可以通过网络预约台州警方进行咨询或直接自首。黄岩公安缪利民说，事实上，一些在逃人员想来自首，可是往往在路上被抓，被抓时又无有力证据表明他要来自首，因此无法准确认定他是来进行投案的。有了该平台后，只要到网上表达自首意愿，即使路上被抓也可认定其为自首，因此无形中减轻了在逃人员的心理负担，打消了其内心的疑虑。

按照网站上面的提示，在逃人员无须进行实名认证就能登录相关栏目，在按照提示填写自己的姓名、证件号码、个人情况后，就可以提交自首申请。网站安排了专人全天候不间断盯守，民警会第一时间对其进行反馈。不过，我们注意到，"在线自首"只是台州公安鼓励在逃人员自首的一种形式，必须按照约定准时投案方可落实。台州公安网办公室林副主任说："认定投案自首必须以事实为基础，一是在逃人员主动来投案，二是还要把自己的主要问题向公安干警讲清楚。网上自首平台只给在逃人员提供了一个沟通意愿的渠道，使他们放心投案。"

2011年5月26日，公安部召开的电视电话会议决定，从即日起至2011年12月15日，全国公安机关将开展为期约7个月的网上追

逃专项督察"清网行动",以"全国追逃、全警追逃"的力度缉捕在逃的各类犯罪嫌疑人。① 台州公安在"清网行动"6个多月来,共抓获各类网上逃犯3640人,逃犯下降率达到85.93%,超过了公安部和浙江省公安厅下达目标近36个百分点。其中,通过"网上公安局"受理的"在线自首"逃犯278人。公安部一位副部长表示,"要大力推广浙江台州市局创新的模式,在全国利用媒体加以宣传"。

图 5 在线自首界面

---

① 章剑:《"网上追逃"的法律问题研究》,硕士学位论文,南昌大学,2013年。

(二) 远程会见，实行人性监管理念

吴某是四川南江人，在 2019 年的 11 月，他由于入室盗窃而被法院判刑。当时，他的家中孩子只有三个多月，妻子要照顾孩子未曾探望。吴某非常想念家人。民警了解到这一情况后告诉他，可以借助网上视频和妻子聊天。当天下午，在民警的帮助下，吴某终于借助网络视频系统与妻子进行了远程见面。虽然天各一方，但浓浓的亲情让吴某非常开心。在视频那头，妻子抱着孩子问他过得怎么样？他激动地说，"我还好，你好好照顾孩子，我争取早点回家……"夫妻二人视频约 20 分钟，进一步坚定了他争取宽大处理的决心。徐警官认为，一些服刑人员的家属由于多种原因不能及时探监，这对他们来说是个巨大的心理考验，天长日久不利于他们安心改造。统计显示，在台州看守所中约七成服刑人员是外地人，其家属不远千里来探监的并不多，这主要是旅途费用过大，网络视频系统很好地解决了这一问题。

此外，当地公安局还创新推出远程视频功能，凡想和在押人员进行视频的家属，可以通过网络联系当地公安部门，或者在网站上相关栏目提出正式申请，当地的看守所在接到相关信息后会在 5 个工作日内进行回复。而服刑人员也可自主申请，并由民警协助进行网络连线，一般每次视频控制在 30 分钟以内。民警严格按照相关政策组织视频会面，服刑人员家属通过网络形式，和服刑人员实时互动，并对他们进行心理疏导，这对他们的积极改造和家庭和谐有很大作用。（见图 6）

(三) 阳光警务，促进公开公正执法

启动网络形式的阳光执法平台，是台州公安进一步推动"主动警务"的措施之一，当地公安把执法过程和结果以网络形式进行公

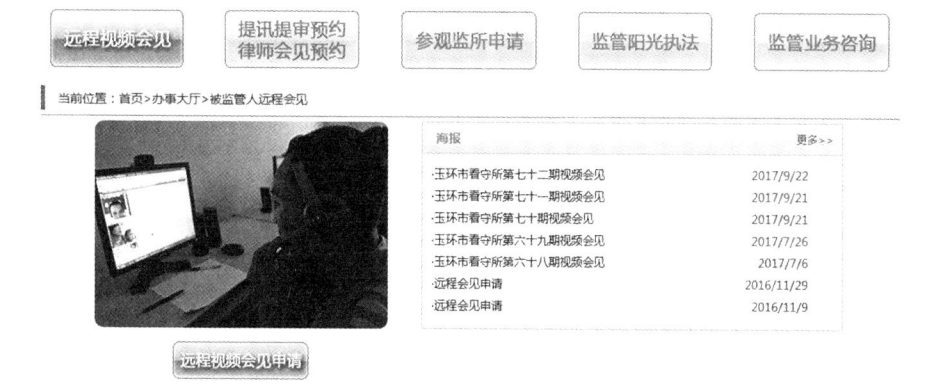

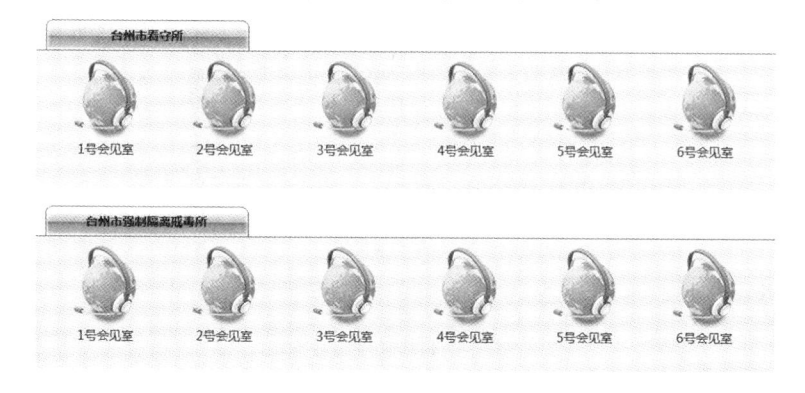

案例4　一个警务便民和社会管理创新的网上公安局　　115

图6　远程会见界面

开,在公安系统内掀开了公正执法新热潮,它有力推进了民警公正办案,而且在一定程度上促进了执法公开、公正,深受群众好评。工作中,当地警方将处罚、损伤鉴定、业务咨询等业务在网站上公开,在宣传普法、接受咨询的基础上,也推进了社会监督工作。同时,当地进一步整合社会资源,构建了包括境外、流动人口管理,危爆物品管理等各类业务在内的综合平台,相关企业、个人可远程输入相关信息,对平台信息进行修改或查询,公安内部工作人员也可通过平台筛选相关信息，从而进一步提升工作效果。① 公开公正执法，不仅能让公众更好地了解和监督相关部门的运作，而且能够增强公众自主参与和自主决策的能力，从而提高公安部门的工作效率。

例如，何女士在开发区某超市无故遭无业人员洪某殴打，当地警方接报后迅速行动，将双方带至派出所调查。此后，当地公安干警告知何女士，可在网上及时了解案件进展，并可以查询结果。第二天，何女士就从网上看到了洪某被处罚的结果。网络不仅让她及时掌握了事件进展，而且让她体会到执法快速和公正。此外，当事人可借助网络查询案件受理、处置情况及结果。如果对处罚结果不满意，可通过网络提交复议申请，进行复议。这种互动，在一定程度上保障了普通民众的知情权、监督权，让普通群众以网络形式体验司法改革成果。

五　与时俱进，融入"微警务"实现
网上向掌上的延伸

近年来，以智能手机、平板电脑等为终端的移动互联网爆发式增长。《2017 中国互联网络发展状况统计报告》显示，截至 2017 年 6 月，我国手机网民规模达 7.24 亿，较 2016 年底增加 2830 万人。网民使用手机上网的比例由 2016 年底的 95.1% 提升至 96.3%。②，手机作为第一大上网终端的地位更加巩固。③

据中国传媒大学统计，眼下我国共有政务微信约 2600 个，其中

---

① 詹肖冰、郑灵江：《网络警务的绩效分析与发展研究——以台州市网上公安局为样本》，《公安学刊》（浙江警察学院学报）2012 年第 4 期。

② 《2017 中国互联网络发展状况统计报告》，http://www.sohu.com/a/162404995_790657。

③ 张凯：《浅谈手机图书馆》，《无线互联科技》2014 年第 8 期。

公安系统开设的 813 个,占比约为 31.27%。[①] 2016 年,台州公安在自己的政务微博中共发各类信息 1482 条,拥有粉丝人数高达 53 万;在自己的政务微信公众号中,发布各类信息共计 1370 条,拥有粉丝量竟然高达 22 万人。[②]

(一) 快捷主动与群众互动

针对当前我国网民进一步增加,移动通信高速发展的情况,微警务有效发挥自身优势,打破电脑局限实现了警方和群众的即时互动。台州公安进一步挖掘"微警务"的特性和优势,开发出了群发推送、自动回复、信息转载、一对一交流等功能,逐步实现了由被动管理型向主动服务型转变,有效提升了警民互动效果,和谐了双方的关系。

结合当地的实际,台州公安利用自己的政务微博、微信把普法、防盗抢、防骗等知识、信息向当地的群众进行重点推送,以图文并茂的形式,更加直观地进行宣传,进一步提高了群众的防范意识。

同时,将网上公安局已经成形的车辆年审预约,重名查询等多项特色服务移植到微信公众平台上,打破网上公安局原有的时间界限。开发自动回复功能,通过"机器换人"解放警务生产力。收录"改名字""办护照""闯红灯""查违章"等 200 多条咨询概率较高的热词,纳入自动回复"关键字库",做到共性问题自动回复,个性问题人工应答。目前,已经成型的固定服务项目有:交警业务(机动车违法查询、驾驶员积分查询、车辆年检预约、停车被挡交警专线、常用违法处罚规定),查询预约(网上公安局、重名查询、所属

[①] 《微警务与新媒体发展研讨会在京举行》,中国警察网(http://old.cpd.com.cn/n10216060/n10216144/c18755049/content.html)。

[②] 《台州市公安局 2016 年政府信息公开年度报告》,台州市网上公安局(http://www.tzga.gov.cn/news/ArticleDetail.aspx?id=100002445935)。

单位信息)、重要公告(城区限行规定、城区单行线路图、燃油助力车规定、交警监控点位)。

(二) 及时有效引导公共舆论

微警务的另一个功能就是积极主动应对网上"杂音",去伪存真,还原事实真相,正确引导公共舆论。特别是当发生重大警情、炒作涉警舆情时,台州公安充分运用微博核裂变爆炸式传播的特点,成为信息发布的第一媒体,但凡有此类相关信息出现,均在第一时间通过官方微博进行发布,使官方微博成为警方的网上新闻发言人,让广大群众从中获取权威的官方信息,特别是对网络不实案、事件的信息,及时核实,快速回应,消除影响。①

例如,在某月8日夜,台州经开区某小区内出现一起凶杀案,一家酒店女老板在居所门口被杀。事件发生后,网上谣言四起,一度引发当地群众恐慌。台州公安在开设的政务微博上主动发声,介绍了案件情况及侦破进展,直到案件告破。当地群众在网上积极回应:台州警察好样的。又比如,某月15日,黄岩院桥一中学发生一起斗殴事件,该事件最终造成3名学生不同程度受伤,其中2名学生抢救无效死亡。②该事件在社会上引发强烈反响,有人说是考试压力造成的,有人说是因情而起,台州警方立即成立专案组进行调查,并通过微博、微信公布案件进展,利用网络打击谣言,及时掌控了局面,为当地稳定做出了贡献。

面对日益增长的网民,政务微博、微信难免遭遇不同声音。台州公安微博刚开始运行时,就有人在网上提问:自古天下警匪一家,

---

① 王方林:《"黄岩公安"微博的实践与思考》,《公安学刊》(浙江警察学院学报) 2013 年第 5 期。
② 罗巧飞:《初中校园学生暴力的学校原因及对策研究》,硕士学位论文,华中师范大学,2012 年。

你们对这句话怎么解释？台州公安工作人员耐心回复，公安队伍数量庞大，主流是好的，但也有个别成员因徇私枉法，在一定程度上影响了行业形象，网民将把进一步加强队伍建设视为第一要务，请您监督并支持我们的工作。台州公安负责宣传的工作人员认为，政务新媒体转变作风杜绝"打太极"，及时、准确地反映辖区内的各类社会问题，快速在线下解决各类社会问题，在形象宣传上发挥了举足轻重的作用。

（三）强化动态接处警能力

通过进一步加强微博、微信建设，台州警方逐步构建了群众骨干、积极分子为核心的粉丝群体，各地民众主动参与"警民e家"发起的互动活动，搭建警民交流互动平台，实现随时随地的互动交流。作为台州警方，也能随时掌握群众思想动向，从而精准开展各项治理活动。微警务可借助现代化通信平台及时推送图文、音视频，为群众提供喜闻乐见的警务信息，进一步拓宽了服务渠道，通过建立"警民e家"，搭建平台实现了警方和群众的交流互动，群众只要通过移动网络提供线索，警方就可以在第一时间掌握可视、图文信息，进一步增强了公安系统的运行效率。

比如，某月22日夜，一名粉丝向"黄岩公安"微博提供信息，说他的一个朋友要自杀。微博值班人员迅速和指挥中心联系，并及时联系了当地的民警、报料粉丝。经多方协调，成功救下了这名自杀女子。又如，某一天，有网友反映当地某小区有大量陌生青年聚集，无论昼夜都大声喧哗，且人数众多，希望当地公安部门进行查处。第二天，台州公安就回复该粉丝：当地派出所已出动大批警力进行了调查处理。经查这些人是传销组织，已对他们进行了驱散遣返。

这样的案例并不少见，台州民警及时收集群众提供的违法线索，通过专业人员的分析研判，及时和网民互动沟通，形成"点面结合"的新运行机制，为集中优势警力精准打击各类违法犯罪行为提供了支撑。

六 收获肯定，前行脚步更加坚定

（一）台州市网上公安局得到公安部和省公安厅的肯定

2011年12月16日，公安部委托浙江公安召开验收会，对台州开创的"网上公安局"项目进行评估，来自浙江省经济信息中心、浙江省办公厅电子政务处、浙江大学、杭州电子科技大学、浙江广播电视集团、浙江省电子技术研究所等等单位的专家齐聚杭州，对项目运行情况进行评估。专家组充分肯定了台州网上公安局项目在网站建设、运行方面取得的成就，同时肯定了其在便民服务和社会管理等方面的创新举措及效果。验收组一致表态，项目通过了验收审核，其水平位居国内同类前沿地位。当年7月，该平台软件V2.0被我国公安部列入推荐目录，并在全国部分地区试用。

2012年6月，该项目被列入"应用创新计划"项目。专家认为该项目初步实现了多项网络应用，实现了网站建设创新，进一步发挥技术优势，创新管理模式，大大推进了信息化、社会化运行效果，进一步提升了警民互动效果，提升了社会管理水平。验收组还对该项目进一步提出了改进建议，要按照有关网络安全规范全面升级安全措施，在公安系统多点实施应用。

（二）台州市网上公安局得到网站专业机构的认可

2011年11月，全球信息技术主管大会在我国改革开放前沿深圳市成功举办，大会组委会组织了IT价值联盟中国最具价值CIO颁奖仪式，来自我国内地、港澳台等地区的50人获得表彰。经浙江省相关部门大力推荐,台州市网上公安局项目的运行团队位列其中,这是该奖首次颁给公安部门,台州市公安局网站办主任代表项目组出席大会并上台领奖。

2011年12月,由中科院与国脉网站评测中心共同组织的2011年度特色政府网站评选互动在我国首都北京举行,本次评选活动以"整合提升公共服务能力,分享政府网站最佳实践"为主题,致力于创新发展,全面提升我国政府网站的综合运行效率。互动邀请国内专家担任评委,从数百个政府网站中评出年度特色网站。在本次评选互动中,台州市网上公安局荣获用户体验奖,获得首都组委会表彰,同时它也是本届评选活动中唯一获得此奖项的公安系统运行网站。

(三)台州市网上公安局得到各级媒体的宣传

台州市网上公安局自2011年6月7日正式上线以来,短短2天时间内各大媒体、网站均对此做了报道。省级的报纸有:都市快报;市级的报纸有:台州日报、台州晚报、台州商报;全国各大网站有:(1)凤凰网资讯:《台州开出全省首个网上公安局》;(2)台州数字报—台州晚报、台州汽车网:《台州市公安局全省首创网上公安局系统》;(3)和讯网:《台州网上公安局正式上线运行,警务向网络延伸》;(4)中国台州网、椒江新闻网、玉环新闻网、三门新闻网、温州网、中安在线、互联星空—浙江、和讯网、新民网、重庆晨网:《台州网上公安局开通:繁琐业务一键办理》;(5)平安杭州:《台州网上公安局运行》;(6)浙江在线:《台州·网上公安局正式上线运行,警务向网络延伸》。

(四)台州市网上公安局成为全国地市级网上公安局建设样板

2011年6月,宁波公安组团到台州市公安局调研考察,主要查看了解了台州网上公安局建设情况及运行情况；当年7月，省公安厅新闻办组织业务人员专程到台州市公安局考察"网上公安局"项目运行情况，市局领导向考察团详细介绍了该项目的设计理念、主要组织架构、功能运行情况、服务模式等，受到考察团的高度评价。此后，舟山、嘉兴、湖州、绍兴、宁波、衢州、丽水等省内地市级公安机关纷纷到台州学习考察网上公安局建设。陕西、湖南、西藏、山西、新疆、江西、上海、四川、宁夏、山东、青海、广东、内蒙古、河北、湖北、河南等外省（市、自治区）的地市级公安机关先后来台州考察调研网上公安局建设，湖北省荆州市公安局派驻民警到台州市网上公安局进行跟班学习。

（五）网上公安局得到群众的广泛认可

据统计数据显示，在"万名群众评选满意机关"活动中台州市公安局连续六年位居同类机关首位，被广大市民评为人民满意机关；自从微博、微信等新媒体运行以来，当地的群体性事件、刑事案件的发案率和交通、消防事故量大幅下降，当地的多项工作位居全省前列。据不完全统计，近一年来台州市公安局共获全国先进40项，全省第一36项。

七 结束语

在信息化、网络化、智能化的今天，来自社会的各种创造力都被有效地激发，公安机关借用信息系统，利用数字化的信息技术积极实践社会管理创新，为公众提供更迅速、简便、周到和智能化的服务，探索和积累了一大批各个层面实体警务工作的经验和成果，从台州市公安局创建的网上公安局便可窥见一斑。台州市公安局将公安实体警务工作嫁接于互联网上，打造"网上公安局"，实现开放式"互联网警务",始终以提升群众安全感和满意度为着力点,不断创新民生警务工作机制,为老百姓提供更加快捷和智能化的便民服务,这些必将助推台州市公安向着亲民利民便民的目标大步迈进。

思考题

1. 结合服务型政府、数字治理理论相关知识,分析台州市公安局构建电子警务服务民生的必要性?

2. 谈谈台州市网络公安局的建设经验,以及对其他地方政府数字治理的实践借鉴?

3. 结合案例和政府数字治理相关研究以及对人工智能技术的了解,您对未来社会的"人工智能(AI)警务"有何愿景?

4. 谈谈您对"线上政府"和"线下政府"的看法。

5. 根据案例学习并结合各自的工作实际,谈谈台州网上公安局在便民服务社会管理方面有哪些创新,哪些经验值得地方政府或自己单位借鉴?

案例说明书

一个警务便民和社会管理创新的网上公安局

黄建伟　詹国辉　童　昕

一　课前准备

1. 提前布置阅读案例材料，以4—6人为单位划分好小组。

2. 复习公共管理学、行政管理学、电子政务、数字治理的相关知识，了解电子警务和数字治理的相关概念、政府职能理论、服务型政府理论、"线上政府"和"线下政府"的相关研究，选择合适的视角进行分析。

3. 登录台州市网上公安局，并在此注册登录网站，快速了解并细致辨别网站的页面板块、栏目设置、模块与功能、各大分链接内容。

4. 登录台州市网上公安局，了解网站建设的历史大事记，对建设过程及主要事迹，掌握重要事件的时间节点。

5. 关注浙江台州公安微博、微信公众号、App，查看历史信息，浏览发布的内容。

6. 思考阅读过程中存在的疑惑，提前提出一些相关问题，并试图通过互联网工具搜索得到解决。

二 适用对象

1. 全日制 MPA 专业学位研究生。
2. 全日制行政管理硕士研究生。
3. 全日制行政管理与公共事业管理专业高年级本科生。
4. 党政机关、行政部门主要领导干部、新闻发言人、公安系统政治处及警察公共关系科民警。

三 教学目标

1. 通过案例认知，理解、掌握电子警务的概念内涵、内在多维要素、整体内容框架。
2. 通过案例分析，让学生加深对服务型政府、政府数字治理、线上政府和线下政府等理论或概念的理解。
3. 通过案例学习，使学生结合工作实际合理借鉴台州网上公安局在便民服务和社会管理方面的创新之举。
4. 通过案例探讨，结合政府职能理论与服务型政府理论，分析线上政府和线下政府的关系。
5. 通过对国外电子警务以及国内政府数字治理和智慧社会发展状况的分析，展望未来我国"AI 警务"的发展前景。

四 要点分析

为学生回答案例正文文末的思考题提供理论指导，引导学生思考相关问题，但不提供对应的标准答案，让学生在宽松而有序的环境下对案例进行开放式的讨论。

(一) 相关概念

1. 电子警务

电子警务是借助现代化信息网络和通信技术，在网上推动各类警务活动开展的一种方式，它有如下显著特征。

一是操作电子化。如今，公安业务和常规事务办理，大约 9 成是靠网络开展的，传统管理模式也要在一定程度上借助网络操作才能顺利实施，因此电子化程度越来越高。

二是信息高度共享。电子警务是按预先设定的业务流程来处理信息，且信息资源的运行和管理主要靠网络，各部门原来的封闭状态被彻底打破，初步实现了信息资源的全面共享。

三是畅通警务流程。电子警务运行新模式将业务结构和流程进行了重新架构，上下级之间、各警种之间的关系借助现代化网络实现了有效"连接"，初步实现了依托网络的新型"流水化"作业。

四是警务信息公开。对于那些不涉密的信息，借助网络公开运行更为恰当，一方面可向广大人民群众展示公安系统的具体工作，另一方面还可以及时与群众互动，有效化解来自社会的各方面危机，进一步提升舆论引导能力。

五是服务群众办事。电子警务运行新模式在对外服务上绝非仅是信息公开，更重要的是变革办事流程，将服务进一步转移到网上，彻底打破时空制约，可实行全天候为广大人民群众提供服务。

2. 政府数字治理理论

从理论层面分析，数字治理理论的产生是历史发展的必然，它不仅和新公共管理运动有深层次关系，更和现代信息技术高速发展密不可分，是社会发展大背景直接成就了该理论的大发展。

第一，新公共管理时期应对各类挑战的必然选择。如图 1 所示，"＋"表示管理制度的革新对区域民众自治及解决各类问题能力的积极影响,"-"表示制度革新带来的消极影响。

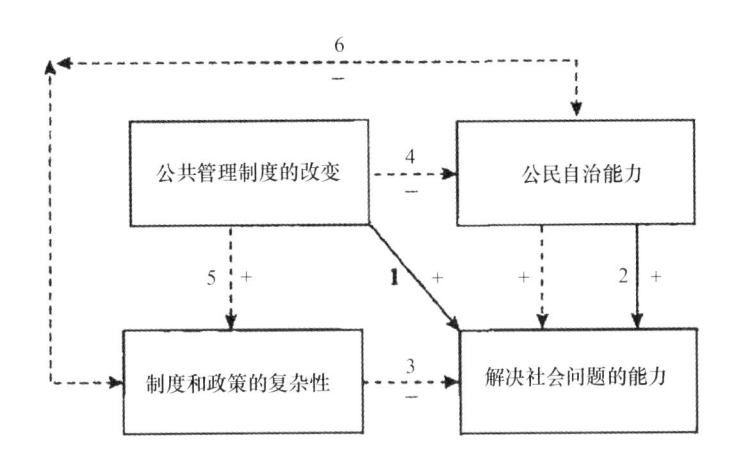

图1 新公共管理运动的直接和间接影响

第二,信息技术的发展。在现代通信高速发展的时代,治理变革意味着颠覆式的整体变革,而其核心是技术的发展和对各类信息分析处理能力的全面提高,现代化技术通过影响作业流程,进一步改变公民的参与方式,从而全方位影响整个进程及结果,如图2所示。

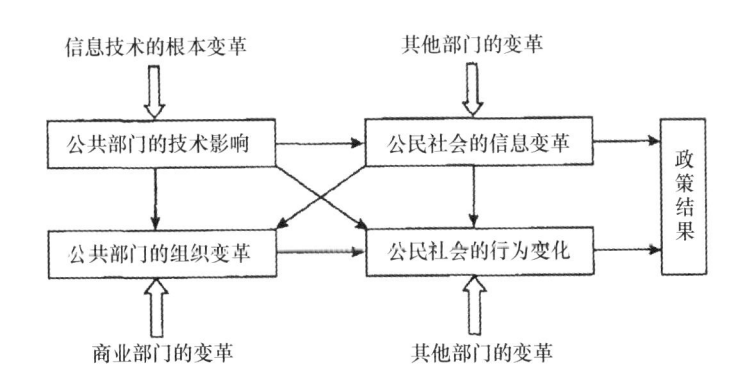

图2 信息技术变革的主要作用

在实际工作中,数字政府是现代技术和治理理论的深层次融合,它综合了政府、群众和企业各方资源和优势,是一种现代技术支撑的新型治理模式。然而,数字治理并不是完全等同于数据治理,它们之间有内在的联系和区别。

表1　　　　　数字治理与数据治理的内在联系和主要区别

名称	治理基础	针对问题	主要目标	治理核心	核心内容	适用范围
数字治理	依托最先进的技术、资源及数据库	数据本身、城管、公共服务等各个方面的突出问题	资源共享、服务提速,社会发展和问题处置智能化	以群众为中心,治理主体提供总体架构	资源数字化、各类信息的管理与利用、官方和群众的积极互动	各个领域
数据治理				以政府为中心,全社会共享信息资源	数据的持续维护和管理、利用、信息的开放和大范围共享	科学和人文领域

3. 线上政府和线下政府①②

众所周知,线下政府,即,传统社会意义下的传统政府。这已然是被社会所熟知,那么对于面向网络社会的线上政府,则可以依此内涵进行类比推及。所谓的线上政府,是指政府构建基于网络社会的客观需求、政府职能面向网络社会、政府辖区辐射网络社会空

---

① 陈国权:《线上政府:从线下治理到线上治理》,《北京日报》2017年7月17日第14版。
② 陈国权、孙韶阳:《线上政府:网络社会治理的公权力体系》,《中国行政管理》2017年第7期。

间、治理内容为网络相关性工作、依赖以网络信息技术为工作方式,从事线上治理的目的,旨在能够维护网络社会运行秩序的政府架构。

在此需要重点审视的是线上政府与线下政府概念之间的同与异。具体来说:其一,线上政府同线下政府的本质是一样,仍然是"实体之政府",而非"虚拟之政府";其二,线上政府与线下政府在政府结构上,仍然属于是"统一的政府形制",而非"割裂的碎片化政府形制"。

基于此,有必要对线上政府与线下政府的特征对比分析,如表2所示。

表2　　　　　　　　线上政府与线下政府的特征对比

	线上政府	线上政府
治理场域	网络社会	传统社会
治理对象	网民	公民
治理结构	网络关系结构	条块关系结构
组织结构	横向扁平矩阵制	纵向科层制
治理边界	网域	行政地域
治理机制	多中心	单中心
法治原则	硬法与软法之治协同	硬法之治为主,软法之治为辅
治理职能	网络安全保障、网络市场监管、网络公共服务、网络秩序管理	宏观调控、市场监管、公共服务、社会管理、环境保护

线上政府和线下政府的概念及相关研究详见脚注①和②的参考文献。

(二) 电子警务存在的必要性

1. 是现代警务改革的最终选择

当今社会,政府自身形象得到进一步转变,它从原来的资源分配者、政策规制者和公共财物唯一的提供者,进一步变成各方利益的协调者、发展的推动者。① 从新公共管理理论分析,政府应是社会发展的掌舵人,它可以为社会发展掌握方向,而不是仅仅划桨。② 时代在不断发展,人们的传统生活方式悄然改变,群众的生活、学习和休闲方式也在革新中,社会发展要求警务服务也必须及时跟进,在网上为群众提供方方面面的便捷服务。

2. 电子警务是践行群众路线的重要载体

要构建服务型政府,就必须探索构建新的评价机制,它不再将内部评价视同唯一考核标准。③ 传统政府的运行,主要是靠层级指挥实现的,政府运行绩效主要看上级领导的满意度,这种封闭机制,无须对社会上的不同声音做出反应,甚至可以忽略人民群众的利益需求。④ 因此,台州公安从群众满意度出发,通过网络倾力打造了全新的服务平台,把服务群众当作最终出发点,借助网络进一步提升了机关工作效率、全面提升群众的满意度。⑤

3. 台州网上公安局的主要经验

(1) 顶层设计、综合规划

电子政务建设,是借助现代化通信技术,强力推进政务改革的一项伟大创新工程。⑥ 台州公安把网络建设视为提升社会管理水平的

---

① 姚楠:《论政府职能转变及其目标选择》,硕士学位论文,北京邮电大学,2008年。

② 毛静:《社团组织在构建服务型政府中的地位》,《社团管理研究》2008年第3期。

③ 郭理湘:《顾客导向型政府绩效审计的增值价值研究》,硕士学位论文,湖南大学,2009年。

④ 吴平:《营销理论视角下的中国服务型政府建设研究》,硕士学位论文,郑州大学,2008年。

⑤ 范如意:《构建服务型公安机关的理论与实践探索——以山西省公安机关为例》,《山西警官高等专科学校学报》2013年第4期。

⑥ 王红梅:《电子政务建设与构建服务型地方政府》,《贵州民族学院学报》(哲学社会科学版) 2006年第5期。

"一号"工程,组织各方资源和力量,全力推进平台建设。市公安局抽调业务骨干,成立了专门的攻关小组,确保了该项工作的持续推进。同时,由市领导亲自和省银联、市财政、三大运营商、邮政等单位沟通,确保了各方对网上公安项目的支持和配合,市财政局把网上公安局建设当作自己工作的重点,积极配合,全额保障资金供应,确保了项目的顺利开通。

(2) 抓住核心,明确理念

台州公安在实际网络建设中,综合运用了现代通信、数据传输等技术,将自身的管理和服务职能进一步整合,在网络平台上实现协调运行,彻底破除了时空制约,为社会各界提供了现代化平台环境下的高效、便捷一体化管理和服务。[①] 在实际运行中,台州网警综合运用了三种理念:一是"主动服务"理念。提出主动服务理念,想在群众之前,办在群众需要之时,努力实现足不出户完成办理。二是"民意导向"理念。将民意放在第一位置,做到各项措施围着群众需求开展,实现百姓满意。三是"阳光执法"理念。凡是不涉密的内容一律在网上公开,全面接受社会各界的监督,其中群众不仅可以在台州公安网站查询各类证照办理、税费缴纳情况,还可以咨询或提意见,真正做到了平台在手,警务无忧。

(3) 统筹处理,找准定位

当年,台州网上公安局运行还处于起步阶段,作为一种全新的治理工具,要综合协调好各方关系,找准自己的角色定位,方能发挥最大效能。第一,协调好"自我革命"和"民意导向"之间的关系,要进一步围绕群众的需求,立足自身职能,最大限度利用现代化网络技术提升公安服务能力和水平。这一方面最忌讳的是闭门造

---

① 吴承澄:《电子政务背景下的县级行政服务中心发展对策研究》,硕士学位论文,华中师范大学,2012年。

车，要最大限度满足各界群众的需求，实现全方位、贴心服务。第二，协调好"公安行家"和"技术专家"之间的关系。一般来说，行家懂业务，专家懂技术，但双方又有一定的片面性，因此必须启动"行家+专家"新模式，让双方融合在一起，齐心协力攻克难关。第三，协调好"实体警务"和"虚拟警务"之间的关系，进一步探索健全各类运行机制，实现网络与现实紧密对接，互相补充相得益彰。第四，协调好"安全运行"与"畅通运行"之间的关系。网站承载着海量信息，一旦受到攻击泄密后果严重，因此要高度重视前沿技术，进一步提升安全等级，确保安全运行。

（4）机制健全，资金保障

通过整合各方面的资源，台州公安研究设立了运行维护机构，进一步完善了一体化网络维护机制。根据市局安排，市县两级迅速成立了网站办，专门负责网上公安局的管理和保障工作，由中层干部担任主任，全方位协调运作。同时，从市局到区县都明确了网站分管领导及专门工作人员，负责网站的日常管理和运行维护等工作。在广泛研究的基础上，出台了台州市网上公安局《运行维护管理规定》《文字、图片、视频发布规定》等制度，进一步细化职责分工，完善业务流程，出台科学的考核机制，提高了网站运行的效率。另一方面，为了进一步强化经费保障，台州市公安局把网上公安局作为重点项目，拨付专项资金，确保了其稳定运行。

（5）人才培养，宣传发动

人才是电子政务运行的重要问题。[①] 当前，我国此类人才十分缺乏，在一定程度上影响了其健康发展。[②] 因此，必须尽快建立电子政务人才培养和提升体系，进一步加大培养力度，提高广大从业者的

---

① 丁荣：《我国西部地区县级政府电子政务建设》，《商》2016年第18期。
② 孔杰：《地级市电子政务建设的思考——以淄博市为例》，《郑州航空工业管理学院学报》（社会科学版）2009年第6期。

应用技能。① 台州市局多次组织业务培训，把网上公安局作为主要课程纳入培训计划，每批培训都要安排网络相关内容。进一步强化了宣传推广，通过举办警营开放日、定制宣传海报、发放相关资料、在媒体上推广等形式，广泛开展大规模的宣传活动，进一步提升了其知名度和影响力。

五　课堂安排

第一步，学习案例，提出问题

1. 观看台州市网上公安局建设PPT。通过多媒体展示网上公安局的建设情况，让学生对台州市网上公安局的基本情况和建设历程进行认知。（15分钟）

2. 通过登录台州市网上公安局网站，让学生对网上公安局的网页设置、项目板块、各项功能有个深入的了解，为第二步深入讨论做好铺垫。（15分钟）

第二步，深入讨论，分析问题

1. 在认真阅读案例的前提下，登录全国其他地市级公安机关网上公安局的主页，进行对比了解。（30分钟）

2. 小组讨论。将学生随机分成若干组，每小组4—6人，以小组为单位进行讨论（围绕案例正文文末的思考题进行讨论），准备好小组讨论发言大纲，最后形成小组共同观点。（30分钟）

3. 班级讨论，头脑风暴。在小组讨论时形成发言大纲，每组选出一名代表并辅助于板书或PPT进行班级讨论发言，形成班级整体

---

① 杨泽：《提高公务员队伍的电子政务应用能力》，《电脑知识与技术》2011年第3期。

观点及解决方案。（45 分钟）

第三步，总结梳理，形成共识

1. 教师点评，回答疑问。教师对每组代表的发言进行点评，对学生在讨论过程中存在的问题及案例所涉及的相关理论知识进行集中回答。（35 分钟）

2. 总结发言，学习延伸。教师对本案例及知识点进行归纳总结，要求学生结合自身学习工作实际，关注电子警务、电子政务、数字治理、智慧政府、智慧社会的发展进程，形成文字材料。（10 分钟）

六　其他教学支持

1. 配备无线电脑、无线网络等设备：主要进行多媒体案例网络教学。

2. 多媒体设备支持：主要用于播放关于网上公安局基本情况的视频短片及相关图片展示。

3. 能自由移动的课桌椅，便于教学分组讨论。

附 件

附件 1

台州市网上公安局建设大事记

2010 年	2010 年 9 月 1 日，台州市公安局成立网上公安局建设攻关小组并开展项目建设筹备阶段调研工作。
	2010 年 10 月 11 日，攻关小组组织"专家+行家"就网站相关需求项目开展论证，确定业务需求方案，并重点对页面建设方案进行讨论。
	2010 年 11 月 15 日，攻关小组召开会议讨论实名认证和网上支付。
	2010 年 12 月 6 日，攻关小组召开碰头会，商量网上公安局市县两级联动问题和运行机制，同日下午再次召开攻关小组碰头会，对各个栏目进行细化，并商量服务器问题。
2011 年	2011 年 1 月 10 日，攻关小组召开碰头会，讨论解决网上公安局办事大厅交警业务衔接事宜，并确定县市区由黄岩、玉环的网上公安局做样板。
	2011 年 2 月 10 日，攻关小组召开碰头会，商讨市局网站办的组织架构及试运行方案、宣传方案、新闻发布方案等事宜。
	2011 年 3 月 8 日，召开网上公安局推进会，征询网上公安局考评办法、运行规定等意见，并决定成立市、县两级网站办，常设挂靠单位。
	2011 年 3 月 15 日，台州市网上公安局内外网数据交互正式开通。
	2011 年 4 月 22 日，台州公安网全面改版升级，更名为台州市网上公安局并于上午 9 时对外上线试运行，域名为 http://www.tzga.gov.cn。

续表

2011 年	2011 年 4 月 27 日，台州市网上公安局与银联、交通银行签订三方合作协议，正式启动网上支付项目建设。
	2011 年 5 月 12 日，台州市网上公安局开通使用行政处罚公开功能。该功能使公安机关行政处罚案件通过网上公安局向相关当事人公开，当事人实名认证后可以查询行政案件处罚结果。这是台州公安 2011 年实行的阳光执法的重要部分。
	2011 年 5 月 28 日，台州市网上公安局开通车辆违法网上银联缴款支付功能。
	2011 年 6 月 7 日，市公安局隆重举行台州市网上公安局运行启动仪式。
	2011 年 6 月 23 日，制定台州市网上公安局考核办法，对各县（市、区）网上公安局的运行情况加强制度考核和监督，以此健全、完善网上公安局建设。
	2011 年 7 月 11 日，市县两级网上公安局推出警民 e 家亲系列 QQ 群，以此增强网上公安局与注册会员间的互动效果，进一步推进网上公安局的知名度和美誉度。
	2011 年 7 月 12 日，台州市网上公安局访问量自正式上线运行以来首次突破一万大关，访问 IP 达 10438。
	2011 年 7 月 28 日始，全省车辆违法查询系统在台州市网上公安局试运行，用户通过该系统可以查询车辆在浙江境内高速公路和普通道路行驶的违法记录。
	2011 年 8 月 11 日，台州市网上公安局正式起用百度统计，有效助推网上公安局的影响力。
	2011 年 10 月 18 日，台州市网上公安局开通了港澳再次签注网上受理、港澳商务单位网上备案、出入境证件办理等出入境网上业务办理功能，进一步提升了网上预约功能。
2012 年	2012 年 1 月 18 日，台州市网上公安局开通官方 QQ（QQ 号为 800016110）。该官方 QQ 以"沟通"为核心，致力于搭建广大网民与网上公安局之间的愉快沟通桥梁，为更好地提升网民的服务、办事体验提供方便、快捷、有效的"互动平台"。
	2012 年 3 月 30 日，市公安局网站办举办了第一届台州市网上公安局"网网合作"论坛。中国台州市政府门户网站、台州气象网、台州 19 楼、台州信息港、中国台州网、台州在线、台州网等论坛成员单位应邀参加此次论坛。
	2012 年 5 月 11 日，市局网站办会同科技处、交警支队组织召开了网上公安局技术会议。讨论网上公安局二期需求规划进度，征询如何进一步健全完善交警网上缴罚款系统的意见和建议。易通公司、交警系统诚道公司、交通银行等相关人员参加此次会议。

续表

2012 年	2012 年 6 月 3 日，新版网上派出所正式上线。新版网上派出所页面更加简约、功能更加便捷，从预约办事到预约民警个人，网友可以直接找到辖区责任民警或者案件的经办人，增进沟通，提高效率，进一步深化网上公安局的服务功能。
	2012 年 7 月 2 日，台州市网上公安局新版上线。新版网上公安局以"我"为中心，更加注重用户体验，打造了预约中心、咨询中心、查询中心和防范中心四大中心，将办事大厅置于最显要的位置，突出办事服务、互动交流、阳光执法等与群众密切相关的功能。
	2012 年 7 月 11—12 日，全省公安机关"网上办事大厅"建设现场会在台州召开。会议回顾了全省公安机关"网上办事大厅"建设情况，交流经验，分析问题，并对下一步建设工作进行动员部署。市局党委副书记、常务副局长许德佳介绍"网上公安局"建设经验做法。
	2012 年 7 月 11 日，台州市网上公安局（软件）系统 V2.0 被公安部科通局列入《2012 年公安科技成果试用推荐目录》，并在全国 2—3 个地市级公安机关推广试用。
	2012 年 12 月 24 日，台州市网上公安局（软件）系统 V2.0 被公安部列入《2012 年公安科技成果推广引导计划》。
2013 年	2013 年 4 月 25 日下午，全市网上公安局现场推进会在玉环召开。会议回顾了全市网上公安局建设情况，交流经验，分析问题，并对下一步工作进行再动员、再部署。
	2013 年 6 月 28 日、7 月 16 日，天台县网上公安局分别在宁波和上海设立"驻甬便民服务点"和"驻沪便民服务点"，方便在宁波和上海的天台人办理网上公安业务。这是网上公安局第一次走出台州为在外台州人提供服务。
2014 年	2014 年 3 月 2 日，网上公安局为群众提供现场实名认证，并开展"防电信诈骗全城总动员"的活动，反应热烈。服务内容包括网上公安局、出入境、交警、安全防范超市、消防等公安业务方面的现场咨询活动。
	2014 年 5 月 29 日，台州市网上公安局开通银联无卡支付功能。
2015 年	2015 年 1 月 26 日，网上公安局在本网站和"微警叔叔"微信平台发布一条警方悬赏通告，引起多方关注。中国警察网微信平台以及其他省份的公安微信平台在第一时间向网上公安局获取信息，于当日发布该条警方悬赏通告。
	2015 年 8 月，台州市网上公安局开始进入与浙江省政务服务网对接准备阶段，以拓宽机动车违法网上缴款的支付渠道。

续表

2015 年	2015 年 9 月 21 日,台州市网上公安局手机客户端（App）安卓版正式上线。
	2015 年 11 月 9 日,台州市网上公安局手机客户端（App）ios 版正式上线。
	2015 年 12 月,台州市网上公安局阳光执法栏目新增"行政复议决定书"查询栏目。
2016 年	2016 年 1 月 26 日,台州市网上公安局新版页面正式上线。
	2016 年 5 月 19 日,台州市网上公安局车辆缴款系统已正常接入浙江省政务服务网,车主可以使用网银、银联、支付宝等支付车辆违法缴款。
2017 年	2017 年 1 月网上公安局 App 内测。
	2017 年 3 月门户网站全面改版。
	2017 年 6 月网站新版首页正式上线。网站全部办事服务功能对接政务服务网。
2018 年	网上公安局微信公众号开通。
	网上公安局 App 正式上线服务开通。
	网站新版首页增加"美丽警英"板块开通。
	网站新版首页增加"最多跑一次——台州公安网上办事大厅"链接开通。
2019—2021 年	全国一体化政务服务平台整体上线试运行。为贯彻落实党中央、国务院关于深入推进"放管服"改革的重大部署,加快推动实现政务服务在全国范围内"一网通办、异地可办",从即日起整体上线试运行。企业和群众通过全国一体化在线政务服务平台进入网上公安局。

附件 2

台州市网上公安局运行维护管理试行规定

第一章 总则

第一条 为加强台州市网上公安局(以下简称网站)的管理、使用与维护,确保网站安全、高效运行,促进网站健康发展,根据《中华人民共和国计算机信息网络国际互联网管理暂行规定》《中华人民共和国政府信息公开条例》《浙江省政府网站12类信息发布规范》《中共浙江省委、浙江省人民政府关于在全省县以上行政机关全面推行政务公开制度的通知》等有关规定,制定本规定。

第二条 网站在台州市公安局的直接领导下开展工作,并接受台州市人民政府信息中心和省公安厅新闻办的业务指导。

第三条 网站是在现有公安门户网站的基础上,将现实公安警务最大限度移植到网络进行快捷处理的互联网电子政务平台,是公安机关优化为民办事服务、拓展警民恳谈、打造阳光警务、展示警营文化的重要载体。其目的是通过网站更好地服务党委政府中心工作,方便群众办事,增加群众对公安工作的满意度,促进社会和谐稳定。

第四条 网站坚持"科学规划、便民高效、内外有别、安全保密"的原则,必须遵守国家法律、法规、规章和相关政策,既保留政府门户的严肃公正，也体现服务平台的活泼便民。

第五条　网站管理、维护严格执行《中华人民共和国保守国家秘密法》《中华人民共和国计算机信息系统安全保护条例》《计算机信息系统安全保护等级划分准则》《公安计算机信息系统安全保护规定》等相关法律、法规。严格执行公安部关于"一机两用"有关规定。严禁涉密信息和暂不宜向公众公开的事项上网，严禁连接互联网计算机处理、存储涉密信息。凡发生网上泄密事件和有害政治信息扩散的，实行考核"一票否决"，并严肃追究分管领导和直接责任人的责任。

第六条　网站由台州市公安局统一负责，各县（市、区）公安（分）局和市局各部门共同参与维护管理。台州市公安局成立网站运行维护领导小组，由市公安局局长任组长，其他党委成员任副组长，各县（市、区）公安（分）局长、市局机关各部门主要领导为成员。领导小组下设办公室，由分管办公室的局领导兼任主任，市局办公室、宣传处、网警支队、信息通信与科技处主要领导兼任副主任。各县（市、区）公安（分）局应参照市局建立相应的网站运行维护领导小组。市县两级公安机关成立网站运行维护办公室（以下简称网站办），作为常设挂靠单位，专门负责网站运行维护工作。

第七条　市县两级网站办设专职主任1名，兼任挂靠单位副职或享受中层副职待遇。市局网站办另配备民警2名，文职人员2—3名（技术人员）。各县（市、区）网站办专职工作人员不得少于3名，其中民警或职工1人，文职人员2名以上。上述配置人员数量为最低标准，应根据实际工作需要适时增加。市局机关各部门应明确分管领导和网站管理员，主要业务警种要有专管员。

第八条　网站在国际互联网上注册的域名为：www.tzga.gov.cn，中文域名为"台州市网上公安局"。台州市网上公安局建立市局、县（市、区）局、所队三层级的公安立体型网站群，市局内设机构和各县（市、区）公安（分）局及其下属部门均不得再重新申请其他域名建立网站，确需建立子网站的必须向市局网站办提出申请，经批准后方可建站。网站将统一分配给十个县（市、区）公安（分）局二级域名建立子站。

第九条　网站实行会员注册制度，注册会员分普通会员和实名认证会员，两种会员享有不同层次的权限。实名认证会员可参与网上公安局网上预约、办事、支付等项目。实名认证分手机认证和见面认证。全市各派出所要开设网上公安局实名认证专用窗口，负责群众见面认证工作，进行相关信息采集，并报送本局网站办进行网上确认。见面认证工作可延伸到社区、村居，进行上门认证，方便服务群众。

第十条　网站应确保不间断运行，确需暂停部分栏目功能的，必须提前3个工作日公告社会，并提供备用访问路径。遇不可预见原因致使网站不能正常访问的，应做好解释工作。

第十一条　网站每年运行、维护、培训、监督检查及考核评估所需的经费应统一列入地方财政预算。

第二章　网站办的职责

第十二条　市局网站办职责：负责台州市网上公安局的规划建设、功能定位、栏目设置、公共栏目管理及整体运行维护等工作；负责与省厅、市政府官方网站工作的对接；负责对各县（市、区）公安局网上公安局的业务指导；负责制定网站运行、监督、考核等制度；负责对县（市、区）和市局有关部门网站运行情况进行考核，并将监督、考核情况通报全局；负责牵头协调相关部门召开网站建设与维护管理工作协调会和研讨会、经验交流会等相关会议，不断完善网站建设。负责召开网民会议，促进与网民线下沟通，及时收集网民信息为公安实战服务。

第十三条　各县（市、区）公安（分）局网站办职责：及时处理网民通过网站提交的各类申请、咨询、投诉、建议等事项；接受市局网站办和各县（市、区）人民政府信息中心的业务指导，负责与市局、县（市、区）政府官方网站业务对接，配合市局网站办完成规定栏目建设，完成市局网站办交办的各项网上业务工作；负责创新栏目的规划建设和维护管理；负责各自网站的安全、高效运行。

第十四条　市局机关各单位的职责：及时处理网民通过网站提交的各类申请、咨询、投诉、建议等事项；接受市局网站办的业务指导，配合市局网站办开展网站运行维护和管理工作，完成市局网站办交办的各项网上业务工作。宣传处要加大网站的宣传策划工作，提高网站的知名度和关注度。信息通信与科技处提供网站技术支持。网络警察支队提供网站安全保障。

第十五条　网站管理人员职责：按照有关规定和程序处理网民提交的申请、咨询、投诉、建议等信息；负责与上级业务部门的沟通协调，保证政令畅通和网上业务顺利流转；保管好自己的用户名和密码，应定期或根据情况及时更新，防止泄密或被他们盗用；发现网站被病毒、黑客攻击或发现网络运行不正常，应及时向技术部门报告，由技术部门处理；完成领导交办的其他工作。

第十六条　网站管理人员不得从事下列危害计算机信息网络安全的活动：未经允许，进入计算机信息网络或计算机网络资源；未经允许，对计算机信息网络功能进行删除、修改或增加；未经允许，对计算机网络中存储、处理或传输数据和应用程序进行删除、修改或增加；故意制作、传播计算机病毒破坏性程序；其他危害计算机信息网络安全的行为。

第三章　信息发布与处理

第十七条　按照"公开为原则，不公开为例外"的原则，在不涉及国家秘密和警务秘密的前提下，网站应主动向社会公开发布警务信息。

第十八条　在网站发布的信息内容必须符合国家法律和法规，不得含有下列内容：

（一）违反宪法所确定的基本原则；

（二）危害国家安全，泄露国家秘密，煽动颠覆国家政权，破坏国家统一；

（三）损害国家的荣誉和利益；

（四）煽动民族仇恨、民族歧视，破坏民族团结；

（五）破坏国家宗教政策，宣扬邪教、封建迷信；

（六）散布谣言，编造和传播假新闻，扰乱社会秩序，破坏社会稳定；

（七）散布淫秽、色情、赌博、暴力、恐怖或者教唆犯罪；

（八）侮辱或者诽谤他人，侵害他人合法权益；

（九）法律、法规禁止的其他内容。

第十九条　严格执行信访举报工作纪律，对网民通过网站提交的涉及个人隐私或重要举报投诉信息，答复前要作加密或内容屏蔽处理。

第二十条　信息处理按照"业务归口办理"的原则进行分类处理。参照《政府信息公开条例》和《信访条例》等规定，一般信息于3个工作日内答复，复杂疑难信息可先行告知受理情况并在15个工作日内答复。因侦查工作需要或保密要求等不宜答复的应向举报人解释说明。对于涉及多部门的疑难问题可以填写网民信息处理表报请局领导审批。对不属于公安机关管辖的应及时告知网民并可给予协助。

第二十一条　信息处理实行单位领导负责制，严格执行审批制度，网站信息的发布与更新、网民信息的处理回复、网上办事服务事项的办理等必须经主管领导审核无误后方能上网发布。处理信息应当做到依法、严谨、准确、及时，互动信息答复网民需经本单位领导审核无误方能在网站上发布，必要时呈报市局领导审批。发布的信息内容应完整、准确，文体格式符合相应要求，语言应通顺简洁，用字用词必须符合有关语言文字规范。

第二十二条　信息处理流程。

自主发布的信息：

第一步：收集信息。网站管理人员应按规定及时收集有关信息；

第二步：编辑加工。将信息进行适当编辑加工，并做好保密审查等工作；

第三步：提交审核。网站公共栏目的信息由市局网站办审核，各县（市、区）公安（分）局搜集的信息需市局层面答复的，提交市局网站办审核，其他信息由各县（市、区）公安（分）局网站办审核。市局机关各单位对口负责栏目的信息提交该单位领导审核。涉及全局工作的重要信息和敏感信息须依次提交网站办领导审核、市局领导审批；

第四步：发布信息。信息经审核通过后，在1个工作日内上网发布。

向网民反馈的特定信息（包括局长信箱、警务咨询、110举报、110求助、警方协查、网上派出所、申请信息公开等互动信息）：

第一步：接收信息。网民通过网站相关栏目递交信息；

第二步：流转信息。明确到各相关业务部门后台的由业务部门直接予以流转，没有选择业务部门或者填写部门有误的由市局网站办予以重新流转，涉及多部门或者疑难敏感问题可以填写网民信息处理表呈请领导审批处理；

第三步：答复信息。责任单位对网民信息予以答复；

第四步：提炼信息。对常见问题予以提炼编辑，对有价信息进行提炼汇总提供领导参阅。

第二十三条　警民恳谈流程为：

第一步：恳谈预约。职能部门提前与恳谈的领导、业务部门和民警预约，排出全年网上恳谈计划，根据年度工作重点有序开展恳谈；

第二步：发布公告。告知网民恳谈的时间、主题，介绍参加恳谈的局领导、业务部门负责人或民警情况；

第三步：网上恳谈。邀请局领导、业务部门负责人或民警上线与网民进行网上互动；

第四步：恳谈汇总。对在恳谈中已经答复的内容，整理汇总后及时在网上发布。对尚未答复的网民建议和意见，恳谈组织单位汇总分发给各相关部门处理，并在一个月内将处理意见通过恳谈平台进行反馈。

第二十四条　办事大厅项目流程：

第一步：外网受理。受理网民申请，并自动将申请同步到内网，由责任部门从内网受理；

第二步：内网办理。通过内网对申请事项按规定进行流转审批；

第三步：外网反馈。将办理结果反馈给网民。

第四章　栏目管理与维护

第二十五条　网站由新闻发言人、办事大厅、在线服务、阳光警务、警民恳谈、走进警营六大板块构成，各板块细分栏目和系统共同支撑网站整体构架。

第二十六条　网站将根据发展需要制作英文版本和繁体字版本。网站提供站内搜索服务，借用第三方进行流量统计，在网站相关位置设立"关于本站、联系我们、网站地图、版权信息、隐私保护声明、法律责任、网站致谢"等辅助栏目。

第二十七条　网站根据全局工作和部门业务需求设计栏目，各栏目分别由相关业务部门负责维护，公共栏目由市局网站办负责协调，各县（市、区）网站由各地自行维护管理。

第二十八条　市局机关职能部门和各县（市、区）公安（分）局应制定相应的网站信息处理和办事服务流程等具体程序规定，并报市局网站办备案。

第五章　考核工作

第二十九条　网站的建设、运行、实效等情况纳入年度市局对各县（市、区）公安（分）局综合考评，并给予一定的分值比例。纳入市局对机关相关责任部门绩效考核，并给予业务工作考核一定的分值比例。年终开展网上公安局工作优秀单位和个人评选，对先进单位和个人通报表扬，对表现特别突出的给予立功嘉奖。

第六章　附则

第三十条　本办法由台州市公安局网站办负责解释。

第三十一条　本办法自发布之日起实施。

案例 5

"盘点花费不怕累,精打细算财会美":
义务教育成本管理改革的中国经验

汪 栋[*]

摘 要 为了更好地回答教育资源配置的相关问题,提高我国义务教育成本管理能力和效率,并为现实中亟待解决的教育财政政策议题提供分析工具,在参照美国教育经费统计体系的基础上,由北京大学中国教育财政科学研究所牵头,自2010年开始,浙江省五个县(区)先后开展义务教育成本管理改革的试点工作。在试点过程中,各县(区)梳理了不同类型学校的支出结构,开发完善了《中小学校教育支出功能分类科目设置实施办法》等改革方法,并生成了各级各类学校的财务支出功能分类的数据。2015年,试点改革工作得到教育部和财政部的认可,并开始向河北省辛集市等中西部地区拓展,各试点县(区)积极对义务教育成本管理模式进行了系统性改革,并对中小学校教育经费的绩效评估进行了深入探索,提供了非常宝贵的中国经验。

---

[*] 作者简介:汪栋(1987—),男,汉族,安徽滁州人,南京财经大学公共管理学院院长助理、副教授,博士,硕士研究生导师。主要研究方向为教育财政和公共政策分析。

本案例描述了各试点学校教育成本管理改革的过程，细数了各试点区域各具特色的改革措施及其成果。分析并探究了中国义务教育阶段的支出功能分类改革、财务管理改革之路。

关键词 义务教育；教育支出；成本管理

一 改革开放以来我国学校财务管理制度改革

为了积极应对我国经济体制改革所面临的新形势和新问题，根据新修订的《中华人民共和国预算法》《国务院关于深化预算管理制度改革的决定》（国发〔2014〕45号）等有关法律、政策精神，我国将在2020年之前建立起具有中国特色的政府会计准则体系和权责发生制政府综合财务报告制度。在此背景下，我国公共事业单位的财务管理经历一系列制度变革，为建立健全教育事业单位科学化、精细化的成本核算方法带来新的契机。自改革开放以来，我国学校财务会计制度先后经历了四次改革：

（一）学校财务资产负债管理制度改革与建立（1988—1995年）

1988年，财政部制定并发布了《事业行政单位预算会计制度》取代了1966年发布的《行政事业单位会计制度》，由于改革开放之后，事业行政单位收入来源多元化、财政预算外资金大幅度增加，新会计制度将事业行政单位分为三类：全额预算管理单位、差额预算管理单位和自收自支预算管理单位。但这种会计制度的主要目标是为政府进行预算管理提供信息，因此只要求事业行政单位编制资金活动情况表和经费支出明细表，并没有提出编制资产负债表的要求。公办学校作为事业单位，也遵循这一会计制度。

（二）学校财务会计记账管理制度改革与完善（1996—2012年）

1996年，财政部发布经国务院批准的《事业单位财务规则》，从 1997 年开始实施。新的会计制度规则将事业单位财务管理规则与行政（政府）单位的财务管理规则加以分离，对原有的管理制度进行了较大的改革。财政部、国家教委根据《事业单位财务规则》和有关法规并结合各类公办学校的特点，制定了《中小学校财务制度》和《高等学校财务制度》，从 1997 年 1 月 1 日起在全国公办中小学和高校实施。《中小学校财务制度》对公办中小学校财务管理体制、预算管理、收入管理、支出管理、结余及分配、专用基金管理、资产管理、负债管理，以及财务清算、财务报告和分析、财务监督进行了规范。1997 年，财政部颁布了《事业单位会计准则（试行）》和《事业单位会计制度》，并于 1998 年开始在全国实行，1988 年的《事业行政单位预算会计制度》同时废止。1998 年，财政部和教育部根据《事业单位财务规则》《事业单位会计准则（试行）》《事业单位会计制度》和《中小学校财务制度》，结合公办中小学校会计核算的特点，制定颁布了我国第一部《中小学校会计制度（试行）》，并于当年 1 月 1 日起在全国实行。《中小学校会计制度（试行）》规定了学校会计的任务、原则、核算基础、记账方法和会计报表的格式、内容，确立了学校会计核算的新模式，对全面真实地提供学校的财务信息、提高学校财务管理水平具有重要的意义。这次会计改革的主要内容有：明确会计主体，全部资金纳入统一核算，确立新的会计要素与平衡公式，完善核算基础；规定学校会计核算基础是收付实现制，但经营性收支业务和实行内部成本核算的勤工俭学收支采用权责发生制。学校事业活动收支和经营活动收支采用不同的核算基础，有利于对经营活动进行成本核算。改变记账方法和规范会计报表。

（三）学校财务会计核算管理制度改革与强化（2013—2016 年）

2013 年的改革随着公共财政体制的完善及《国家中长期教育改

革与发展规划纲要（2010—2020年）》的实施，包括学校在内的行政事业单位财务管理的制度环境发生了很大的变化，如实行了部门预算、国库集中支付、政府采购、非税收入管理、政府收支分类等大量改革，财务管理的内容、规则和信息需求发生了很大的变化，原有的财务制度和会计制度已不能适应各方面的要求，需要进行修订。2012年，财政部根据财务会计制度环境和业务内容的变化，修订了《事业单位财务规则》《事业单位会计准则》和《事业单位会计制度》，并于2013年开始实施。同年，财政部和教育部对1997年制定的《中小学校财务制度》进行了修订，修订后的制度在2013年开始实施。新的《中小学校财务制度》有七个方面的变化，对各级学校的会计核算和会计信息等方面提出了新的要求：完善了预算管理制度；调整了收入和支出分类与口径；增加了收支管理的内容；完善结转和结余管理的规定；强化资产管理；建立健全财务风险控制机制；完善财务监督制度。2013年，财政部修订颁布了《中小学校会计制度》，对公办学校会计制度进行了进一步的改革，并于2014年开始实施。这次改革大幅度调整和增加会计科目，改革了会计报表的格式与内容。

（四）学校财务会计核算管理体系构建与深化（2017年至今）

2017年10月24日，财政部发布了《关于印发〈政府会计制度——行政事业单位会计科目和报表〉的通知》，新制度统一了现行各项单位会计制度，构建了新的政府会计核算体系和模式，于2019年1月1日起施行。新会计制度构建了政府预算会计和财务会计适度分离并相互衔接的政府会计核算体系，新建了双体系、双基础、双目标的核算模式，会计核算具备财务会计和预算会计双重功能的双体系，实现了财务会计和预算会计适度分离和相互衔接，财务会计实行权责发生制，预算会计实行收付实现制，全面、清晰反映单位财务信息和预算执行信息。本制度统一了行政、事业以及行政事业单位会计制度，基本实现了会计科目统一、核算内容和报表统一，为各级政府财政部门编制权责发生制政府综合财务报告和各部门、各单位编制财务报告及进行成本核算奠定了坚实的会计核算基础。同时新的会计制度确立了"3+5要素"的会计核算模式，设置预算收入、预算支出、预算结余三个预算会计要素和分类科目，设置资产、负债、净资产、收入、费用五个财务会计要素和分类科目。既要反映预算执行情况，也要反映资产负债情况，还要反映收入费用情况。在2013年、2014年"基建并入大账"的基础上，再进一步，直接要求"不再单独建账"。大大简化了单位基本建设业务的会计核算，有利于提高单位会计信息的完整性。对于教育系统来说，新的会计制度将适用主体扩大。规范范围覆盖了中等职业学校以及各类在国家资助下办学的幼儿园。学校总账统一包含了基建账以及食堂账。对各类基建项目实施独立核算，但应每月将基建项目并入在建工程这一新增科目。同时，要对学校食堂实施独立核算，并将其并入学校报表。

自改革开放以来，伴随着我国学校财务管理制度改革四个阶段的改革，我国中小学资产负债等财务制度得到进一步的完善，会计核算模式也逐步由收付实现制向权责发生制过渡，为义务教育成本管理改革提供了政策基础。

二　中国义务教育成本管理改革范式

教育是国家的立国之本，而义务教育一直是中国教育改革和发展的重中之重。长期以来，我国公共事业单位的财务核算体系是以收付实现制会计准则为基础的。随着经济社会的发展，中小学现行的财务核算体系已经无法科学、全面、准确地反映其资产负债和成本费用,不利于强化中小学资产管理、降低教育成本和提升经费支出绩效等方面的要求。

(一) 中国义务教育成本管理改革的背景

2010 年,通过借鉴美国公立教育系统财务会计制度中将教育支出进行功能分类的先进经验,北京大学中国教育财政科学财政所与浙江省财政厅合作在浙江省五个县启动了教育支出功能分类改革试点研究。自 2015 年 1 月开始,在教育部和财政部的大力支持下,河北省辛集市、湖北省恩施市、陕西省安康市汉滨区、云南省建水县先后启动了"义务教育支出功能分类改革"的试点工作,力求深入推进中小学财务管理制度改革和教育成本管理的研究,探索在权责发生制基础上形成中国义务教育成本管理的改革范式。

(二) 中国义务教育成本管理改革的阶段

本次改革试点工作自 2010 年开始实施,大致经历了三个研究阶段:(1) 教育成本管理改革初始探索阶段 (2010—2014 年);(2) 教育成本管理改革扩展阶段 (2014—2015 年);(3) 教育成本管理改革深化阶段 (2016 年至今)。

1. 教育成本管理改革初始探索阶段 (2010—2014 年)

自 2010 年以来,北京大学与浙江省财政厅合作在浙江省五个县(区)[包括绍兴市绍兴县(现柯桥区)、湖州市吴兴区、嘉兴市南湖区、丽水市遂昌县、舟山市定海区] 开展了教育成本管理改革研究。涉及的学校包括学前教育、中小学以及中等职业教育阶段的各类学校。各试点县(区)在维持现有教育支出经济分类不变、会计核算办法不变的基础上,按学校教育功能进行支出分类方式新增一个独立平行账套,对学校的教育成本情况进行了详细的测算。该项试点工作强化了学校财务管理意识,提升了学校教育成本管理水平。

特别对于中职学校来说，有助于中职专业结构调整，加强学校专业设置和建设。此外，在鼓励社会力量办学的情况下，准确、科学地反映学校办学各项支出情况，对确定政府购买服务的价格等政策改革都具有现实意义。

2. 教育成本管理改革扩展阶段（2014—2015年）

在浙江试点的基础上，改革试点向中西部地区扩展。2015年，北京大学受教育部财务司委托，在中西部地区开展义务教育成本管理改革的研究工作。科学测算教育成本需要建立在教育支出的合理分类基础之上，在财政部教科文司与教育部财务司的领导和支持下，项目组2015年将浙江省的试点经验推广到中西部四个试点，包括河北省辛集市、湖北省恩施市、陕西省安康市汉滨区、云南省建水县。自2015年5月7日后，各试点地区的工作已经在样本学校全面铺开，并于2016年3月将各试点的功能分类数据归集成教育成本数据库。

3. 教育成本管理改革深化阶段（2016年至今）

根据国务院《关于批转财政部权责发生制政府综合财务报告制度改革方案的通知》的相关政策精神，我国将于2020年前建立具有中国特色的政府会计准则体系和权责发生制政府综合财务报告制度。教育部财务司于2015年11月底向作为试点的河北等四省正式下发关于参与开展"权责发生制下教育费用功能分类改革"试点的通知，进而深入推进中小学财务核算体系的构建和完善，探索在权责发生制基础上的教育成本管理制度改革。因此，从2016年春季学期起，在中西部四个试点地区正式开展"权责发生制下教育费用功能分类改革"试点工作，各试点县（区）通过网络视频会议、现场会的方式共同商讨并草拟权责发生制下教育成本管理的试点方案，包括框架的搭建、中小学固定资产折旧与摊销问题的讨论等。

(三) 中国义务教育成本管理改革的主要进展

2016年，根据各试点地区的实际情况，北京大学中国教育财政科学研究所采取了灵活的方式进行试点实施工作，在条件尚未成熟的地区采取调账的方式将教育支出功能分类的数据转化成教育费用功能分类财务数据，采取这种方式的地区包括：湖北省恩施市、陕西省安康市汉滨区、云南省建水县。在条件成熟的地区完全采取权责发生制下的会计记账的方式生成教育费用功能分类财务数据，目前由河北辛集市采取此方案，并构建教育成本管理财务软件平台，如图1所示。

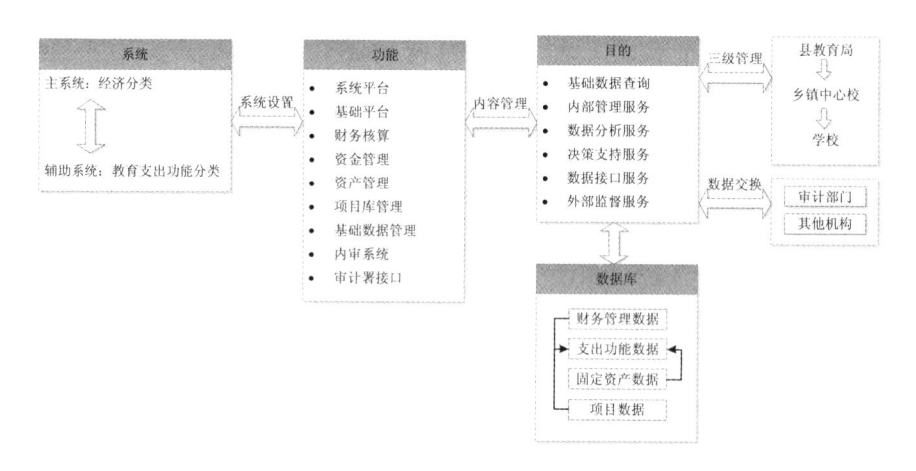

图1 教育成本管理财务软件平台功能

在义务教育成本管理改革过程中，诸多试点地区根据教育业务的主要特点，将教育功能科目细分到课程与年级，力图反映教育内部的运行特征，切实为学校内部成本管理提供数据服务的职能，直接成本和间接成本的概念，从根本上测算学校学生培养成本，各学科课程成本以及年级成本。

三 中国义务教育成本管理成果例证

多个试点改革地区经过几年的教育成本管理改革之后,逐渐摸索出中国义务教育成本管理的一些经验和创新,为我国中小学的资源配置提供理论和现实依据。

(一) 成本管理的模式选择与创新

完成对于教育成本管理模式的改革,首先,要实现从收付实现制到权责发生制的转变,完成固定资产折旧系统和存货管理系统的搭建;其次,要建立权责发生制下教育费用功能分类科目框架;最后,要形成教育费用功能分类财务报表系统,最终实现对教育成本的核算。

1. 构建新型会计报表

为了推进公办中小学会计改革,探索利用会计报表提供更多有助于使用者问责、决策和管理的有效信息,拟在部分学校进行费用功能分类改革试点。试点的目的,是探索在权责发生制基础上,通过会计核算和报表这一载体,相对方便快捷地得到按功能分类和经济(用途)分类的费用成本信息,然后与收入信息相配合,编制出中小学收入费用表、费用功能分类明细表、功能分类费用和经济分类费用的明细表(对照表),以及学校成本表。通过费用功能分类改革,还可将学校的资产、负债和净资产等项目进行核算,形成权责发生制基础上的资产负债表。即通过费用功能分类改革和会计制度改革形成四张表——收入费用表、费用明细表、学校成本表和资产负债表。

2. 收入费用表的设计改革

通过费用功能分类改革,目的是得到费用功能分类的信息、收入信息和资产负债等相关信息,并以简洁的表格形式加以呈现。根据《政府会计准则——基本准则》《中小学校财务制度》和《中小学校会计制度》,并参考国际公共部门会计准则和其他国家会计准则,设计中小学校收入费用表、费用明细表和资产负债表,如表1为中小学校收入费用表。

表1　　　　　　　　　中小学校收入费用表

	本期数	上期数
一、收入		
1. 财政补助收入		
2. 上级补助收入		
3. 事业收入		
4. 附属单位上缴收入		
5. 经营收入		
6. 捐赠收入		
7. 其他收入		
二、费用		
1. 教学费用		
2. 学校管理费用		
3. 支持性服务费用		
4. 非教学服务费用		
5. 学生资助费用		
6. 离退休福利费用		
7. 对附属单位补助费用		
8. 经营费用		
三、结余		
1. 事业结余		
2. 经营结余		

教育成本管理改革,能够提供利益相关者所需要的财务信息,实现与政府会计改革的对接,以灵活的教育费用功能分类框架来适应实

际政策目标或者管理目的的调整，满足了不同的地区特色的需求。

基于教育费用功能分类科目生成财务数据及其报表，财务报表主要为了满足外部使用者的需要，同时也为进一步实现成本核算提供了数据信息。不同试点地区采用了不同的方式来获得教育成本管理数据。第一种是通过会计记账的方式来生成相关数据，主要借助计算机软件直接生成教育费用功能分类财务数据。这种做法需要按照权责发生制的要求，对现有的财务软件系统进行改进升级，才能实现自动数据生成另一种方式是在收付实现制的基础上，通过调帐的方式得到教育费用功能分类财务数据。其优点在于，无需更新现有的财务软件系统便可生成相关财务数据。

3. 教育成本核算路径创新

教育成本核算的路径可以概括为：（1）划分计入成本与不计入成本的费用；（2）划分计入当期成本与不计入当期成本的费用；（3）区分直接成本和间接成本；（4）将归集到各成本池的成本按照成本动因分配到成本对象，计算出不同对象的成本。（见图2）以辛集市某城区学校的成本核算为例，辛集试点采用的功能分类科目基本框架的特点在于，在教育费用的直接费用中将二级科目分为：核心课程、非核心课程和综合实践。在核心课程中区分国家标准课程、地方课程，将体育课程归入非核心课程。综合实践课程以及其他综合实践归入综合实践科目。为了获得准确的课时量数据，试点学校要提供本校详细的事业数据、学年的任课表、课程表。

在辛集的科目设置中，已经将教学课程区分为核心课程和非核心课程。直接费用中的专用耗材可以直接归入相应的课程中。教学通用耗材的使用分配通过建立库存管理系统，将每一笔耗材领用的消耗情况，计入相应学科的成本之中，按照课时数量进行归集。而直接人工成本（教师工资）归入各学科课程的步骤如下：首先需要确定教师的在职工作人数。由于基层学校普遍存在借调的情况，一些调离人员继续在本学校领工资,而调入人员的工资还在原单位发放,并没有计入调入学校的教师工资账目。此外,义务教育阶段代课教师的工资一般没有被纳入工资账目,而是计入学前班的开支中,因此需要把代课教师的工资重新归入到义务教育阶段的教师工资账目中。在进行上述调整之后,按照学校的课程表和教师任课表计算出每个课程的课时比例,将教师工资按比例计入各个学科的成本。在教学费用中,还有一些费用可以直接按照每门学科的课时量进行按比例分配。教师培训等间接费用分配到学科课程成本中。

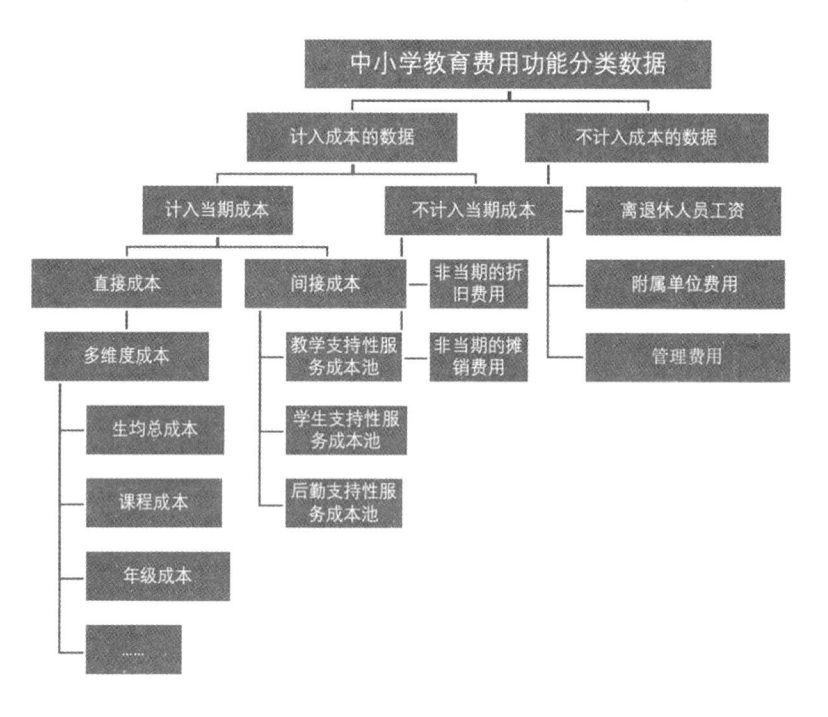

图 2 基于教育费用功能分类科目的成本核算路径

(二) 素质教育成本管理的探索与尝试

在几个试点地区中,陕西省安康市汉滨区自 2016 年起依照中共中央关于义务教育阶段加强德智体美教育改革和经费保障的要求,对教学支出按照"德育支出、智育支出、体育支出、美育支出、通用技术与实践支出、其他教育支出"6个子科目进行分类核算,切实完善学校财务会计核算方法、细化教学支出的明细科目,从而努力推动实现各级各类学校德智体美教育成本管理的合理性和科学性。

依照《义务教育支出功能分类科目设置》,汉滨区通过归集和分配教育费用,按照各项费用的功能,将学校经常性会计成本划分为8个一级科目,27个二级科目,并在教育支出科目下设置"德育支出、智育支出、体育支出、美育支出、通用技术与实践支出、其他教育支出"6个子科目进行分类核算。强化了德智体美支出充足性的要求,满足了德智体美支出公平性的要求,为提高德智体美支出效率提供了科学的量化指标,同时也为测算德智体美教育成本提供了信息支持。

2016年,汉滨区25所试点学校教学支出共计5858.15万元,其中德智体美支出合计5308.63万元,约占教学支出的90.62%,教育事业总支出的34.31%。作为中小学校教学环节的重要组成部分,汉滨区两个试点地区的德智体美支出占教学支出的比重均稳定在88%以上,如表2所示。

表2 汉滨区德智体美支出统计表 单位:万元

功能支出类型	合计	A镇	C办
教育事业支出	15471.82	4619.40	10852.42
教学支出	5858.15	1987.22	3870.93
德育支出	651.55	165.91	485.64
智育支出	4193.59	1435.30	2758.29
体育支出	229.90	85.03	144.87
美育支出	233.59	76.51	157.07
德智体美合计	5308.63	1762.75	3545.87
德智体美占教学支出	90.62%	88.70%	91.60%
德智体美占总支出	34.31%	38.16%	32.67%

(三) 成本管理新工具的开发与应用

为了提高工作效率，更好地完成义务教育成本管理改革，各试点地区也推出了新的成本管理工具。

1. 固定资产管理软件的开发

在成本管理新工具的开发与应用方面，河北省辛集市研发了"固定资产管理系统 V1.0"软件，并获得国家计算机著作权登记证书。该软件在固定资产内控建设上取得了六项创新：一是与财政部开发的固定资产管理软件实现了信息导入上的无缝对接，可以将现有提交财政部门的信息导入新开发的软件系统，从而进行有针对性的管理。二是支持县、乡、学校三级管理权限划分，管理部门随时可以查阅下属单位的固定资产。三是支持灵活设置固定资产折旧年限，可以查询任意月份折旧后的报表信息。四是各单位各房间存放固定资产信息实现了一键查询，为定期盘点固定资产节约了时间；每个建筑的每个房间进行编号，便于盘点。五是设置了折旧超限预警功能，堵塞了固定资产提前报废造成浪费的漏洞。六是所有固定资产均可实现二维码生成打印，便于固定资产日常管理。从而可以为学校预算的编制提供精确的数据分析，使学校成本管理更加科学、合理。

2. 教育财务软件的更新升级

在成本管理新工具的开发与应用方面，云南省建水县积极探索利用软件平台实现功能分类的路径。建水县教育系统财务核算软件依托"系统平台""基础平台""财务核算""资金管理""资产管理""项目库管理""基础数据管理""内审系统"以及"审计署接口"的功能，实现了建水县教育系统财务信息的"基础数据查询""内部管理服务""数据分析服务""决策支持服务""数据接口服务"以及"外部监督服务"的目的。教育系统中涉及的事业支出、工资福利支出、商品和服务支出、资本性支出的相关数据，汇总到由主系统和辅助系统构成的数据库系统中，最终可以形成一套可以囊括所有数据的教育成本管理数据。

（四）教育成本管理的革新与展望

第一，以费用功能分类改革为突破口推动义务教育财政拨款体制改革，经济下行，政府收支压力增高，政府债务规模增大，从满足财政收支平衡的投入保障管理向满足教育实际投入需求的成本绩效管理方向发展。

第二，尽早建立统一与规范的义务教育生均标准成本科学管理方法。教育生均标准成本问题在学界和政界讨论多年。有一种观点：当前预算是"增量"预算，制定经费标准应多考虑财力承受能力，采用确立一个较低基准定额而后逐年适度增加的"渐进"模式。

第三，对城乡不同规模学校实施更加科学的成本补偿政策。学校规模对教育成本的影响巨大，2015年《国务院关于进一步完善城乡义务教育经费保障机制的通知》，要实现中央补助经费随人走，落实农村不足100人学校按100人核定公用经费的政策。该项教育成本管理改革的试点工作的开展，有助于构建更加科学和完善的成本补偿方案。

四　结束语

随着公共财政体制的变革和即将到来的权责发生制政府财务报告制度改革和政府会计改革，公办中小学校的财务会计制度又将面临一次较大幅度的改革，以利于政府相关部门的经济决策并对学校运行绩效进行有效的管理和监督，满足不同财务会计信息使用者的需求。

从浙江省五个县以及西部地区拓展进行权责发生制下教育费用功能分类改革试验点的初步成功中,我们可以深刻意识到义务教育成本管理改革的必要性和紧迫性。今后,我国将进一步依托财务软件创新的工作思路,科学实践,深入研究,为教育经费管理科学化、精细化探索更多途径,建立具有中国特色的政府会计准则体系和权责发生制下政府综合财务报告制度。

思考题

1. 当前我国教育成本核算有哪几种模式?各自的优缺点在哪里?

2. 在义务教育成本管理过程中,中国经验突出表现在什么方面?哪些经验可以进一步延伸应用到其他事业单位或政府部门?

3. 在教育事业的发展过程中,从"经费短缺不足"到"经费绩效管理",教育事业发展从"充足"到"效率"维度的革新,经历了怎么样的变迁和改革过程?在未来普及高中教育的过程中,从成本管理的角度而言,有哪些行之有效节约成本的办法?

案例说明书

"盘点花费不怕累,精打细算财会美":义务教育成本管理改革的中国经验

汪 栋

一 课程准备

1. 阅读相关文献,了解改革开放以来我国学校财务会计政策的变迁,以及2019年最新改革措施。

2. 收集整理我国学前教育、义务教育、高中教育和高等教育阶段的教育成本管理改革范式。

3. 提前布置学生阅读案例材料,要求学生进行案例相关资料的阅读。

4. 案例教室布置及多媒体设备、无线网络等。

二 教学目的与用途

1. 适用课程:《社会研究方法》《公共管理学》《教育经济学》等。

2. 适用对象:本案例主要供"公共事业管理"教育学本科生使用。此外,也可以用于公共管理类、教育类研究生的专业课程。

3. 教学目的

（1）了解义务教育成本管理的政策基础，及我国学校财务制度改革的四个阶段。

（2）通过对中国义务教育改革范式的学习，了解各阶段不同地区具体的改革措施与进展。

（3）对义务教育成本管理成果进行例证，并对进一步革新进行展望。

（4）增强义务教育经费管理科学化、精细化的能力，学习深入研究、科学开展义务教育成本管理改革的现代化途径。

三 启发式思考题

1. 当前我国教育成本核算有哪几种模式？各自的优缺点在哪里？

2. 在义务教育成本管理过程中，中国经验突出表现在什么方面？哪些经验可以进一步延伸应用到其他事业单位或政府部门的成本管理之中？

3. 在教育事业的发展过程中，从"经费短缺不足"到"经费绩效管理"，教育事业发展从"充足"到"效率"维度的革新，经历了怎么样的变迁和改革过程？在未来普及高中教育的过程中，从成本管理的角度而言，有哪些行之有效的节约成本的办法？

四 分析思路

以下四条分析思路分别对应以上三道思考题：

1. 以提高教育资源配置效率为切入点，分析并探究中国义务教育阶段的支出功能分类改革以及财务管理改革之路。

2. 通过纵向数据的分析，回顾改革开放以来我国学校财务管理制度四个阶段的改革进程，财务管理制度的变革为义务教育成本改革打下政策基础。

3. 分析各改革阶段以及相应试验点的具体改革措施，了解教育成本管理的创新模式以及所应用到的创新工具。

4. 从功能分类改革试验点的初步成功中总结中国经验，建立具有中国特色的政府会计准则体系和权责发生制下政府综合财务报告制度，完善义务教育成本管理体制。

五　理论依据

（一）作业成本理论

美国会计领域专家 Eric Kohler 最先提出这一理论，该方法扩大了成本计算的外延，使计算出来的成本更准确真实，其指导思想是："成本对象消耗作业，作业消耗资源"。在对义务教育学校进行教育成本核算时，直接成本可以直接计入核算对象，而对于间接成本，应当按照这一理论，将其通过分配计入相关成本对象中。具体计算流程见图1。

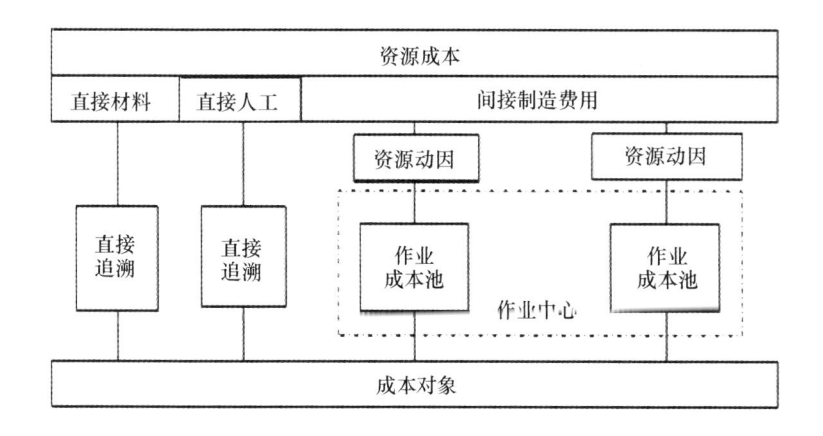

图1　作业成本核算方法流程图

（二）公共物品理论

社会总产品分为公共物品、私人物品和准公共物品。一种服务或一种产品是否属于公共产品，就要看它是否具有以下两个特征：即非排他性和非竞争性。非排他性是指只要有人提供了公共产品，那么其他人都可以消费该产品，不能因提供者的意愿而排除其他人的消费。非竞争性是指增加一个公民或减少一个公民也不会妨碍或影响他人享受该体系的保护。准公共产品是满足公共产品特性中的一个特性，义务教育是介于公共产品与私人产品之间的一种产品，义务教育具有非排他性，也就是说任何一个适龄儿童都有入学的机会，都有享受国家教育资源的权利。但是，义务教育不具备非竞争性的特征，具体表现在办学规模、办学条件和办学质量之间的不同，因此，学界将它视为准公共物品。

（三）教育成本分担理论

教育成本分担理论最早是美国的教育经济学家布鲁斯·约翰斯通在1986年提出来的，该理论认为成本主体分担包括国家、家庭、企业、学校和受教育者个人。因为教育能满足个体的需要，也能满足社会发展的需要。同时，他还提出了两个合理分担的基本原则，即利益获得原则与能力支付原则。约翰斯通的教育成本理论同样适用于义务教育阶段，义务教育的成本需要靠政府、家庭、社会三个获益主体依据利益获得原则与能力支付原则来进行合理分担。

六 案例具体分析

（一）当前教育成本核算有哪几种模式？各自的优缺点在哪里？

目前，教育成本核算从研究层面和事件层面主要形成了实证计量和会计核算两种方法。实证计量方面，主要分为成本函数法、成功学区法、实物消耗定额法和专家判断法等四种核算教育成本的研究方法。其中，成本函数法逐渐发展成熟并占据主流，该方法是基于教育产出与投入的相关客观数据，多运用数据包络和二阶段最小二乘等计量方法进行生均成本的测算；成功学区法方面，Augenblick、Myers（2011）采用示范学校法测算了马里兰州的充足生均教育支出，通过选取59所成功学校，分别测算出小学、初中和高中的平均支出水平；另一方面，从会计核算角度测算生均成本，则可分为统计调查法、会计调整法和会计核算法。例如：付尧、袁连生（2010）对美国地区间义务教育成本调整指数进行评述，对人员成本和非人员成本调整指数的核算方法进行系统总结。

在生均成本的测算方法上，实证计量虽然利用数据包络方法对部分影响因素进行了控制，但大多未采取有效方法消除变量的内生性问题，普遍存在估计偏差与因果关系推断错误的可能，而且使用的数据大多出自当前普通高中学校收付实现制下的会计账目，没有进行必要的会计科目分割和调整；会计核算方法虽然规避了实证计量方法的弊病，但是容易遗漏影响普通高中教育生均成本的诸多因素，在满足效率性的过程中忽略了公平性的问题，且调查的数据同样存在不准确的问题，在教育成本测算过程中也存在进一步完善的空间。

（二）在义务教育成本管理过程中，中国经验突出表现在什么方面？哪些经验可以进一步延伸应用到其他事业单位或政府部门？

在义务教育成本管理过程中，中国经验突出表现在成本管理模式的选择与创新（包括构建新型会计报表、涉及改革收入费用表、核算路径的创新）；素质教育成本管理模式的探索与尝试；成本管理新工具的开发与应用。

1. 成本管理的模式选择与创新

完成对于教育成本管理模式的改革，首先，要实现从收付实现制到权责发生制的转变，完成固定资产折旧系统和存货管理系统的搭建；其次，要建立权责发生制下教育费用功能分类科目框架；最后，要形成教育费用功能分类财务报表系统，最终实现对教育成本的核算。

（1）构建新型会计报表

为了推进公办中小学会计改革，探索利用会计报表提供更多有助于使用者问责、决策和管理的有效信息，拟在部分学校进行费用功能分类改革试点。试点的目的，是探索在权责发生制基础上，通过会计核算和报表这一载体，相对方便快捷地得到按功能分类和经济（用途）分类的费用成本信息，然后与收入信息相配合，编制出中小学收入费用表、费用功能分类明细表、功能分类费用和经济分类费用的明细表（对照表），以及学校成本表。通过费用功能分类改革，还可将学校的资产、负债和净资产等项目进行核算，形成权责发生制基础上的资产负债表。即通过费用功能分类改革和会计制度改革形成四张表——收入费用表、费用明细表、学校成本表和资产负债表。

（2）收入费用表的设计改革

通过费用功能分类改革，目的是得到费用功能分类的信息、收入信息和资产负债等相关信息，并以简洁的表格形式加以呈现。根据《政府会计准则——基本准则》《中小学校财务制度》和《中小学校会计制度》，并参考国际公共部门会计准则和其他国家会计准则，设计中小学校收入费用表、费用明细表和资产负债表，对于教育成本管理改革，能够提供利益相关者所需要的财务信息。实现与政府会计改革的对接，以灵活的教育费用功能分类框架来适应实际政策目标或者管理目的的调整，满足了不同的地区特色的需求。

基于教育费用功能分类科目生成财务数据及其报表，财务报表主要为了满足外部使用者的需要，同时也为进一步实现成本核算提供了数据信息。不同试点地区采用了不同的方式来获得教育成本管理数据。第一种是通过会计记账的方式来生成相关数据，主要借助计算机软件直接生成教育费用功能分类财务数据。这种做法需要按照权责发生制的要求，对现有的财务软件系统进行改进升级，才能实现自动数据生成。另一种方式是在收付实现制的基础上，通过调帐的方式得到教育费用功能分类财务数据。优点在于无需更新现有的财务软件系统便可生成相关财务数据。

（3）教育成本核算路径创新

教育成本核算的路径可以概括为：划分计入成本与不计入成本的费用；划分计入当期成本与不计入当期成本的费用；区分直接成本和间接成本；将归集到各成本池的成本按照成本动因分配到成本对象，计算出不同对象的成本。

2. 素质教育成本管理的探索与尝试

陕西省安康市汉滨区自 2016 年起依照中共中央关于义务教育阶段加强德智体美教育改革和经费保障的要求，对教学支出按照"德育支出、智育支出、体育支出、美育支出、通用技术与实践支出、其他教育支出"6 个子科目进行分类核算，切实完善学校财务会计核算方法、细化教学支出的明细科目，从而努力推动实现各级各类学校德智体美教育成本管理的合理性和科学性。

3. 成本管理新工具的开发与应用

为了提高工作效率，更好地完成义务教育成本管理改革，不同试点地区也推出了新的成本管理工具。

（1）固定资产管理软件的开发

在成本管理新工具的开发与应用方面，河北省辛集市研发了"固定资产管理系统 V1.0"软件，并获得国家计算机著作权登记证书。该软件在固定资产内控建设上取得了六项创新：一是与财政部开发的固定资产管理软件实现了信息导入上的无缝对接,可以将现有提交财政部门的信息导入新开发的软件系统,从而进行有针对性的管理。二是支持县、乡、学校三级管理权限划分,管理部门随时可以查阅下属单位的固定资产。三是支持灵活设置固定资产折旧年限,可以查询任意月份折旧后的报表信息。四是各单位各房间存放固定资产信息实现了一键查询,为定期盘点固定资产节约了时间;每个建筑的每个房间进行编号,便于盘点。五是设置了折旧超限预警功能,堵塞了固定资产提前报废造成浪费的漏洞。六是所有固定资产均可实现二维码生成打印,便于固定资产日常管理。从而可以为学校预算的编制提供精确的数据分析,使学校成本管理更加科学、合理。

(2)教育财务软件的更新升级

在成本管理新工具的开发与应用方面,云南省建水县积极探索利用软件平台实现功能分类的路径。建水县教育系统财务核算软件依托"系统平台""基础平台""财务核算""资金管理""资产管理""项目库管理""基础数据管理""内审系统"以及"审计署接口"的功能,实现了建水县教育系统财务信息的"基础数据查询""内部管理服务""数据分析服务""决策支持服务""数据接口服务"以及"外部监督服务"的目的。教育系统中涉及的事业支出、工资福利支出、商品和服务支出、资本性支出的相关数据,汇总到由主系统和辅助系统构成的数据库系统中,最终可以形成一套可以囊括所有数据的教育成本管理数据。

(三)在教育事业的发展过程中,从"经费短缺不足"到"经费绩效管理",教育事业发展从"充足"到"效率"维度的革新,经历了怎么样的变迁和改革过程?在未来普及高中教育的过程中,从成本管理的角度而言,有哪些行之有效节约成本的办法?

教育事业的发展,从"充足"到"效率"维度的革新大致经历了三个研究阶段：教育成本管理改革初始探索阶段（2010—2014年）；教育成本管理改革扩展阶段（2014—2015年）；教育成本管理改革深化阶段（2016年至今）。

1. 教育成本管理改革初始探索阶段（2010—2014年）

自2010年以来，北京大学与浙江省财政厅合作在浙江省五个县（区）［包括绍兴市绍兴县（现柯桥区）、湖州市吴兴区、嘉兴市南湖区、丽水市遂昌县、舟山市定海区］开展了教育成本管理改革研究。涉及的学校包括学前教育、中小学以及中等职业教育阶段的各类学校。各试点县（区）在维持现有教育支出经济分类不变、会计核算办法不变的基础上，按学校教育功能进行支出分类方式新增一个独立平行账套，对学校的教育成本情况进行了详细的测算。该项试点工作强化了学校财务管理意识，提升了学校教育成本管理水平。特别对于中职学校来说，有助于中职专业结构调整，加强学校专业设置和建设。此外，在鼓励社会力量办学的情况下，准确、科学地反映学校办学各项支出情况，对确定政府购买服务的价格等政策改革都具有现实意义。

2. 教育成本管理改革扩展阶段（2014—2015年）

在浙江试点的基础上，改革试点向中西部地区扩展。2015年，北京大学受教育部财务司委托，在中西部地区开展义务教育成本管理改革的研究工作。科学测算教育成本需要建立在教育支出的合理分类基础之上，在财政部教科文司与教育部财务司的领导和支持下，项目组2015年将浙江省的试点经验推广到中西部四个试点，包括河北省辛集市、湖北省恩施市、陕西省安康市汉滨区、云南省建水县。自2015年5月7日后，各试点地区的工作已经在样本学校全面铺开，并于2016年3月将各试点的功能分类数据归集成教育成本数据库。

3. 教育成本管理改革深化阶段（2016年至今）

根据国务院《关于批转财政部权责发生制政府综合财务报告制

度改革方案的通知》的相关政策精神，我国将于2020年前建立具有中国特色的政府会计准则体系和权责发生制政府综合财务报告制度。教育部财务司于2015年11月底向试点河北等四省正式下发关于参与开展"权责发生制下教育费用功能分类改革"试点的通知，进而深入推进中小学财务核算体系的构建和完善，探索在权责发生制基础上的教育成本管理制度改革。因此，从2016年春季学期起，在中西部四个试点地区正式开展"权责发生制下教育费用功能分类改革"改革试点工作，各试点县（区）通过网络视频会议、现场会的方式共同商讨并草拟权责发生制下教育成本管理的试点方案，包括框架的搭建、中小学固定资产折旧与摊销问题的讨论等。

七　建议课堂计划

本案例适合作为专门的案例讨论课来进行，讨论时间约80—90分钟。

（一）课前计划

提前一周下发案例正文，请学生完成案例阅读，查阅有关中国义务教育成本管理改革文献，并对启发思考题进行初步思考。

（二）课中计划

教师阅读梳理案例内容、理顺逻辑、回顾要点、思考主要问题，为后面课程安排准备。（15分钟）

在提前告知学生思考题的前提下，小组讨论达成共识，并准备好一位代表上台发言，可以辅助PPT进行发言。（10分钟）

各组代表根据讨论的结果发言，组员可以补充；对已发表的观点不重复表述，其他组成员可以质疑；教师可适当插话总结启发引

导。教师同步在黑板或投影上记录发言的核心观点，重点考查学生对案例理解及要点的把握，每组5—7分钟。(30—40分钟)

教师整合大家观点，将案例焦点引导到如何创新性、有效地提出解决问题的思路方案上。(10分钟)

教师对整个案例进行回顾，总结提升，展望变革未来。(10分钟)

(三) 课后计划

请学生利用各种途径搜索关于"义务教育成本管理"论题的相关资料，尤其是最新的研究成果，采用报告的形式进行跟踪研究，或写出案例分析报告（1000—1500字）。如果对"教育成本管理"论题有兴趣，可建议作为硕士毕业论文选题，进行深入研究。

参考文献

[1] 唐正昊:《新政府会计制度下的思考——抓实资产管理与资金管理》,《领导科学论坛》2019年第1期。

[2] 邵泽香:《政府会计制度改革对事业单位的影响》,《现代营销》(下旬刊) 2019年第3期。

[3] 王雍君:《中国的预算改革：引入中期预算框架的策略与要点》,《中央财经大学学报》2008年第9期。

[4] 刘彦博:《中国部门预算改革研究》,财政部财政科学研究所,2010年。

[5] 张利民、任真:《基于财务集中管理的省级水利规划计划项目库建设研究》,《管理视野》2014年第6期。

[6] 梁春鼎:《基于中期财政规划视角的滚动项目库分类管理研究——以某县级地方政府的实践为案例》,《经济研究参考》2015

年第 34 期。

［7］张玉梅：《新会计制度下中小学会计核算的衔接与优化》，《中国总会计师》2017 年第 6 期。

［8］戴笑韫、蔡战英：《医院会计制度与政府会计制度的比较分析》，《卫生经济研究》2018 年第 1 期。

［9］赵鸣骥：《认真学习贯彻政府会计准则制度　加快政府会计改革》，《财务与会计》2018 年第 1 期。

［10］李绍静：《论事业单位财务管理的新思路应用探讨》，《中国市场》2019 年第 11 期。

［11］许真知、乔光辉：《管理会计在事业单位实践意义及方法应用》，《中国总会计师》2018 年第 7 期。

［12］柯秋胜：《新形势下科研院所精细化财务管理探究》，《中国总会计师》2018 年第 10 期。

［13］黄斌：《关于中国地方小学教育财政支出的实证研究》，《教育研究》2009 年第 5 期。

［14］刘亮、胡德仁：《地区间农村小学教育投入差异影响因素的分析——以河北省各县为例》，《清华大学教育研究》2010 年第 2 期。

［15］王蓉、杨建芳：《中国地方政府教育财政支出行为实证研究》，《北京大学学报》（哲学社会科学版）2008 年第 4 期。

案例 6

"幼有所育"的监管之殇："携程亲子园虐童"事件

金志云*

摘　要　近来频发的幼儿园"虐童"事件让人震惊，也加剧了公众对幼儿教育的不信任。2017年11月8日，一则"携程亲子园教师虐童"视频在网上热传，视频中教师对孩童的行为令人发指。"虐童"事件反映了我国学前教育供给与需求矛盾突出，公共财政支出有限，民办机构数量迅猛增长，托幼市场"发育不良"，托育机构监管主体不明，政府对民办托育机构进入标准制度缺失、监管不严以及幼教相关从业人员的职业资格管理机制存在严重漏洞等问题。如何在公平公正的监管条件下，鼓励更多社会力量进入幼教领域，让所有适龄儿童得到更好的养育、教育，解决入园难、入园贵，实现好入园、入好园，正是本案例的目标所在。

关键词　"虐童"事件；民办托幼机构；政府监管；幼有所育

---

* 作者简介：金志云（1976— ），女，汉族，江苏泗阳人，南京财经大学公共管理学院副教授，MPA教育中心常务副主任，硕士研究生导师、全国优秀MPA教师。主要研究方向为社会治理及房地产市场与政策。

引 言

　　让所有适龄儿童得到更好的养育、教育，解决入园难、入园贵，实现好入园、入好园，办好学前教育是补齐民生短板的重要举措。党的十九大报告把"幼有所育"作为保障和改善民生的重要内容。"幼有所育"谁来育、怎么育，已成为公众关注的问题。目前看，由政府全盘托底学前儿童托管和教育福利，可能还不现实，但在公平公正的监管条件下，应该鼓励更多社会力量进入这个领域，既要让那些有办学实力和专业技能、有良好信用记录的机构，能够更好地为孩子提供服务，更要让那些不爱孩子的机构和人员离开这个领域。面对都市白领工作繁忙的处境，不少公司推出自己的育儿机构作为福利来协调员工的工作和家庭关系。携程是极少数兴办了员工子女托儿所的中国企业。为了解决一岁半至三岁半员工子女的看护难题，携程提供800平方米的场地，成立携程亲子园，让员工下一代有一个良好环境，为员工解决后顾之忧。然而，近日，携程委托第三方管理的亲子园发生个别教师严重失职的情况：网上流传的视频显示，教师除了殴打孩子，还强喂幼儿芥末。虐童视频一经发布，立刻引发社会广泛关注。由于第三方机构"为了孩子"学苑是当地妇联下属《现代家庭》杂志的关系又加剧了事态的复杂性，人们习惯于也有理由想象背后可能存在利益输送空间。然而，这只是"虐童事件"所暴露问题的一个层面。更要反思的是，我们的法律制度在学前教育领域健全吗？我们的公共政策给予了成长之初的孩子足够的重视吗？在幼托领域，我们的市场规范且成熟吗？如何构建幼师的筛选与管理机制？

案例6 "幼有所育"的监管之殇:"携程亲子园虐童"事件　181

一 "携程亲子园虐童"视频触目惊心

(一) 携程员工公开视频

2017年11月8日,一则"携程幼儿园教师虐童"视频在网上热传,此次由携程亲子园家长爆出的视频显示,亲子园的多名工作人员在日常工作中疑似存在不同程度的虐待儿童行为。虐童视频有两段,事发时间分别为11月1日早上和11月3日中午。视频显示,11月1日,在上海携程亲子园某教室内,一名身着黄色衣服的女老师把一名刚进教室的小女孩的书包用力扔在地上,并击打小女孩头部,随即又对小女孩进行推搡,致使其头部撞到了桌角上;11月3日的视频中,黄色衣服的女老师还将一管不明物质灌入多名幼儿口中,现场一名身着黑色裤子的小男孩吃完后开始哭泣。而在事后的另一段视频中,亲子园中一位家长询问自己的女儿得知,亲子园中的老师会给不听话的小孩吃芥末。

据公开虐童视频的家长介绍,其儿子于11月3日进入携程亲子园,3日晚即发现耳后出现外伤。在11月6日家长方面向携程人力资源部门投诉后,调看并获取了11月1日至3日的亲子园监控视频,随后发现孩子在入园后三天内存在被恐吓、殴打、关进监控盲区、喂食芥末、喷清洁剂等情况,随即决定将相关视频提取并发布到互联网上。视频一经发布,立刻引发社会广泛关注。

(二) 携程方面回应[①]

11月8日下午,携程方面对此事件进行了回应。携程集团党委

---

① https://www.sohu.com/a/203399463_260204,来源/澎湃新闻、钱江晚报、新民晚报、新闻晨报、南方都市报,部分内容综合自网络。

书记、副总裁施琦在接受媒体采访时透露，两名老师、一名保洁员以及幼儿园园长正在接受警方调查。据施琦介绍，网传视频中的黄衣女子实为亲子园内的保洁阿姨，同时他也证实了黄衣女子喂给多名孩子的不明物质确实是芥末。

11月8日晚，携程 CEO 孙洁也出面回应了此次事件，她表示亲子园将从11月9日起闭园整顿，而亲子园的携程方负责人目前已经引咎辞职。针对部分员工家中无人照看孩子等情况，孙洁表示，公司将给予相关员工家长带薪假期2周。同时，携程公司亦将会安排有资质的医疗机构对事件中涉及的孩子进行体检，并引入心理辅导。在回应中，携程方面亦表示针对此事已于11月7日报警，并将启动相关程序，重新选择亲子园的管理单位，并将会把监控视频安装到家长的手机端。目前，亲子园的每个小班均由携程指派的 HR 员工督促管理。

11月14日下午，携程发布事件内部通报，园方主要责任人郑某被警方刑拘，携程前人力资源副总裁施琦和现任人力资源副总裁冯卫华已停职接受调查。

（三）警方与政府相关部门回应

11月8日，上海市长宁区人民检察院官方微博宣布，该院已于第一时间指派未成年人刑事检察部门提前介入此次事件，引导公安调查取证，依法维护未成年人合法权益。11月9日下午，上海警方对此次"虐童事件"做出了回应：涉事的4名工作人员均被控制，其中3人因涉嫌虐待被监护、看护人罪已被依法刑拘，案件仍在进一步调查中。初步调查显示，被虐儿童为18个月至24个月的幼儿，涉事人员不仅有保育员、班主任，还有保洁人员，此外园长也被认定失职。

11月15日，上海市妇女儿童工作委员会公布了对"携程亲子园事件"的调查情况,认定这是一起严重伤害儿童的恶劣事件,社会影响极坏。上海市妇联对下属单位监管不力,负有监督失察、管理不力的责任。市妇联负责人表示,"携程亲子园事件"后果十分严重,教训十分深刻,市妇联向受害儿童、家长和社会诚挚道歉。现代家庭杂志社领导班子对承接运营携程亲子园项目决策严重错误,对下属单位读者服务部的日常管理和监管严重缺失。经市妇联党组研究决定,撤销纪大庆现代家庭杂志社支部书记、社长、总编辑职务,专业技术岗位等级降低一级;撤销其他相关责任人员职务并进行诫勉谈话,按相关规定、程序办理。市妇联派工作组进驻现代家庭杂志社,责令现代家庭杂志社和读者服务部依法承担法律责任,积极做好善后工作,事件处理完毕后依照有关法律规定注销读者服务部。市妇儿工委表示,"携程亲子园事件"社会影响十分恶劣,对锦霞公司等涉事企业及有关责任人要依法查处。市妇联在承担责任、妥善处置事件的同时,也要深刻反思,积极整改。市教育、民政和卫生计生等部门将跨前一步,联合研究制定与托幼服务机构相关的规范、标准,尽快出台管理办法,加强监管,坚决防止伤害儿童事件的发生,切实维护儿童的合法权益。

二 "携程亲子园虐童"事件背后的故事

(一) 妇联牵头、总工会挂牌,享盛誉而生的亲子园①

2015年底,经长宁区妇联牵头,在携程公司与上海《现代家庭》杂志社旗下"为了孩子"学苑的共同努力下,精心设计打造"妇女儿童之家——携程亲子园"日常托管服务项目,着力解决职工1岁半至3岁左右的孩子在上幼儿园之前家中无人带教的困扰。携程

---

① https://www.sohu.com/a/203077301_120702,来源东方网、新民网等。

公司开辟办公楼一楼800平方米场地，总投资400万元，提供了5间各超过50平方米的幼儿活动教室供幼儿日常生活和游戏活动使用，2间超过10平方米的幼儿专用厕所，另设一间保健室、一间保洁室、一间营养室，以及接待大厅、员工办公室和专用厕所等。

据悉，携程亲子中心是上海市总工会首批挂牌的12家"职工亲子工作室"试点之一。亲子中心每天早上8点半开门，下午6点半前关门，提供早午餐和点心；每位孩子每月管理费1600元，外加28元/天的伙食费，比上托儿所便宜。由于父母们对托育公共服务的需求很强烈，初期的名额很快被抢光。开设之初，除了有关组织的赞誉，携程内部员工也对其非常满意。目前，整个亲子园共有5个班级，125名幼儿。

一间并不缺钱、旨在"解决员工孩子的托育问题，提升员工的幸福感"的亲子园，开业时的热闹尚在眼前（见图1），如今的现状却令人唏嘘。而那些经费短缺和幼师资质频频受到质疑的幼儿园，又会是什么样的情形呢？这大概是此事件引发公众担忧的主要疑虑之一。

图1　携程亲子园剪彩仪式

（二）"为了孩子"学苑的身份乱象

亲子园不是携程公司自主运营，而是委托第三方机构——"为了孩子"学苑管理，而"为了孩子"学苑是现代家庭杂志社下属的。对于携程来说，既没有举办亲子园的资质，也没有相关经验，委托给第三方本身是最好的选择。据携程副总裁施琦表示，他们选择"为了孩子"学苑，很重要的原因是因为长宁区妇联的推荐。而现代家庭杂志和"为了孩子"学苑又和妇联有千丝万缕的关系：该杂志和学苑的主管单位，都是上海市妇联。

携程称亲子园的第三方机构"为了孩子"学苑具备早教资质，但上海市长宁区教育局回应，该幼托所通过了工商注册，但并没有在教育部门备案，不属于正规的教育机构。携程亲子园只是一个内部职工子女的托管点，其第一责任人是妇联，不涉及教育部门。根据相关报道，"为了孩子"学苑作为携程方面委托管理其亲子园的所谓"专业机构"，并没有任何其他托管亲子园的经验。

上海市妇女儿童工作委员会对于"为了孩子"学苑身份做了如下回应：经初步调查，涉事单位上海现代家庭杂志社读者服务部（以下简称读者服务部）是现代家庭杂志社的下属企业，现代家庭杂志社是上海市妇联直属单位，经费系自收自支。据审计，目前未发现上述单位向上海市妇联上缴任何钱款。据调查，2016年1月，长宁区妇联在开展"进家门工程"服务活动中，了解到入驻长宁区的携程计算机技术（上海）有限公司（以下简称携程方）年轻员工多、托幼需求大、企业有意开办针对员工的托幼服务点，遂推荐包括读者服务部在内的三家单位。携程方经过比选，选择了读者服务部承接携程亲子园，后者以"为了孩子"学苑的名称运营。2016年2月18日双方签订合作协议并开园运营。2月25日，携程亲子园因涉嫌对外招生，被长宁区教育局通知停办。后亲子园成为企业内部托幼服务项目。因保育人员短缺，2016年3月30日，读者服务部与上海锦霞教育信息咨询有限公司（以下简称锦霞公司）签订运营服务购买协议，由锦霞公司选派亲子园园长及有关工作人员。锦霞公司时任法人为张葆葆。2017年，锦霞公司法定代表人变更，但张葆葆仍为锦霞公司股东及携程亲子园项目的实际负责人，负责亲子园项目的管理、团队搭建及日常运营。①

同时，虽然携程公司急于与第三方机构撇清关系，但无论如何也难辞其咎。携程公司为员工解决幼托问题的出发点是值得肯定的，但是选择第三方机构的这个环节，携程具体如何操作和实施，我们无从而知，以及后来对第三方机构的监管责任究竟如何划分，也同样值得探究。

（三）枉为"人师"，实则为保洁员

园方为什么会聘用那种手段残忍、人性缺失的所谓"幼师"？

曝光视频中的那位黄衣女子，事后被证明并不是教师身份，只是一位保洁员。她由第三方招聘网站入职，有健康证但没有保育证，却被公开允许成为教师的"替补"介入班级管理，照顾孩子和进行教育。没有资质也没有德行的人却能成为园内的"替补老师"，能每天密切接触这些孩子，园方对师资的管理该存在多大的问题？

这种行为本身就已引起人们气愤，但值得注意的是，视频中还有另外两位女子也在现场，然而她们对此却无动于衷，视若常事。这可能说明监控录像视频中看到的情况不是偶然，也许在这个教室内，虐待儿童是家常便饭。亲子园容纳上百名幼儿，老师和管理人员也有多名。即便是单个老师行为极端，那么众目睽睽之下，其他的老师和管理者是长期没有发现，还是发现后视若无睹，甚至包庇纵容？

---

① 新京报快讯，记者潘佳锟，2017年11月15日。

有家长称，该机构为了提高利润和压缩成本，用极低的年薪招聘幼教老师，甚至不需应聘者提供任何资质证书。而且，该机构也没有按照原先约定的1∶7比例配备老师，如果按此比例，100个孩子至少需要配14名老师，而到现在为止，只配了4名老师。两三个老师对付二三十个孩子的生活成为常态，甚至连清洁工都要上阵帮忙，师生配比严重失调。更雪上加霜的是，他们根本没有接受从事这份工作所必要的培训，也不具备相关技能。

三 "幼有所育"如何实现

（一）幼教机构"虐童事件"频发

这件事的曝光把幼儿机构"虐童"这个词重新带回公众视野，但是如果你平日留意社会新闻，就会发现幼教机构虐待儿童的事情并非罕见。携程"亲子园"发生的这起虐童事件，并非孤立事件。2017年以来，国内相继发生了郑州一家幼儿园老师殴打20多名孩子、河北宝丰一名幼儿园女教师多次针扎20多名3岁左右的孩子、吉林长春麦瑞斯幼儿园一名幼师多次摔打撞击两名儿童等事件，2017年11月23日北京红黄蓝（美股上市）幼儿园（新天地分园）被指对幼儿喂食白色药片及扎针的虐待行为。实际上，从2012年浙江温岭虐童事件之后，此类事件一次次被曝光，一再刺激公众情绪。据统计，从2012年12月至今，媒体报道中出现的幼儿园"虐童事件"达到了惊人的近百起。截至2020年底，在搜索引擎百度中输入"虐童"，得到的相关结果竟有约25100000之多，足见社会对此类事件关注程度之高。

是成年人越来越不喜爱孩子了吗？恰恰相反，人们不是日益忽视孩子，而是日益重视孩子。正因为物质的丰富与文明的进步，人们才更加不能接受孩子受到伤害、欺侮，希望更快地建立起"儿童友好型社会",所以虐童之类的事情更容易浮出水面,更容易发酵成舆论怒潮。越是落后的地方,越能容忍残忍的行为。文明需要物质的滋养,但这个过程不会自动发生,更不会整齐划一地实现。如果说温柔理性地对待孩子是现代文明的一个标志,那么这些"虐童"事件也许会带来一个政策的窗口,加速推进解决儿童照顾的问题。

(二) 全面二孩带来的"入托难"谁来解

"全面二孩政策"的放开,为我国带来了出生人口小高峰。在工作时间谁来照顾小孩,是许多年轻家庭面临的现实问题。党的十九大报告写入"幼有所育、学有所教",足见党和国家对幼儿养育问题的重视。

图2 家长为抢幼儿园名额提前5天搭帐篷排队

我国公立的幼儿教育机构招收的适龄标准为3周岁以上。原本,一些幼儿园开设了针对低龄儿童的带有托管性质的"托班",不过,在 2012 年相关部门发布了《学前教育三年行动计划》，严厉限制幼儿园入园年龄，因此"托班"被大量取消，尤其是在北上广深等管理较为严格的一线城市。在经济体制改革过程中，大量事业单位办的福利性托儿所被裁减。随着二孩出生带来的学前教育资源紧张，很多地方公立幼儿园也陆续取消原本针对两三岁儿童的"托班"，公办托育服务进一步萎缩。托班被取消，学前幼儿托管的需求被大量涌现的社会机构填补。当然在照顾学前幼儿的问题上，除了托班，父母还可以选择找保姆或者由老人照顾。但当照看幼儿保姆的费用不断攀升，一线城市育儿嫂月薪上万是常态，而老人又不具备照顾条件的时候，年轻父母的选择余地就非常有限了。

而同时针对 3 岁以下儿童的托管机构在社会上严重不足，就拿上海来说，在 0—3 岁的 80 万左右婴幼儿中，只有 0.65% 能上托儿所。据权威部门统计，全国婴幼儿在各类托育机构的入托率仅为 4.1%，远低于一些发达国家 50% 的比例。"入托无门"成为很多 0 岁到 3 岁幼儿家长的心病。据上海市妇联 2017 年初的调查，88% 的上海户籍家庭需要托育服务，上海有超过 10 万的 2 岁儿童需要托育服务，而上海市集办系统与民办系统合计招收幼儿数仅为 1.4 万名。在上海、南京等一、二线城市，家长为抢幼儿园名额，提前排队现象屡见不鲜（见图 2）

"过去独生子女政策在一段时期里降低了托儿需求，使托儿所的消失暂时没有呈现出太大影响，但如今随着二孩政策的实施和家庭结构的改变，我国的托育难题急剧显现出来。"中国人民大学国家发展与战略研究院研究员杨菊华说。① 在 2017 年全国"两会"上，国家卫计委主任李斌也公开表示，鼓励女职工集中的单位恢复托儿所。上海市总工会更是把"职工亲子工作室"作为重点工程，帮助解决

---

① http://yuqing.people.com.cn/n1/2017/1113/c209043-29643521.html.

职工的子女托育难题。很明显，政府在政策上是鼓励的，无论是恢复托儿所还是建立亲子工作室，也确实是解决现实问题的可行方法。而携程公司应该也是看到了问题，找到了共识，从而给予员工这样一项"托育"福利。尽管事情的结果不尽如人意，却不能因此怀疑或批评政策的善意和携程公司的诚意。"携程亲子园事件"发生后，也折射出我国3岁以下托育服务供给严重不足的现实。

（三）灰色地带中的托育机构谁来管

庞大的托育市场需求，加上不算太高的资金门槛，托育机构行业发展呈现鱼龙混杂之势，然而托育机构却至今都没有一个明确的监管主体。我国托育市场目前尚无明确的审批和管理部门，多地教育部门称，学前教育从3岁开始，0—3岁的托育不归其主管，早已停止发放托儿所牌照。一些创办者由于拿不到教育许可，转而去工商部门以"教育咨询机构"名义办理营业执照，把托班先开起来。但工商部门明确表示，教育咨询机构不具备提供午餐、全日制托育资格。复杂的创办流程让民办机构望而却步。上海一位退休幼儿园园长陆女士此前被某民办托育机构找来创办托班，但过程却充满曲折。在向教育局申请行政许可未果后，她又陆续找了妇联、卫计委等部门，但均表示不归本部门管，半年过去没有办成。没有部门发证，也没有部门监管，当前想办个托儿所最后不知道该找谁。

现阶段的学前教育机构，多处于灰色地带。它们承担教育功能，但其本质是商业企业。据一位长期从事早教行业的业内人士介绍，国内的早教培训一直有很大的缺口，但由于教育资质的托儿所很难申办，大部分都是走工商登记渠道的企业，其比例超过90%。由于缺乏准入、评定、考核等标准，市场上托育服务的质量参差不齐。在各地都有相当多托育点设置在居民区内，有的有个三居室的单元房就能开班，师资力量有的靠无保育资质的家政保姆。

由资本主导的早教企业，无论是外部纯市场化运营，还是通过与大型企业对接作为员工福利（如携程亲子园），终究都要面临营利要求。投资方都是先谈利润回报率，然后才看客户满意度。即便一些有良知的企业会对从业者制定要求，但在生存压力没有解决的情况下，无疑造就了劣币驱逐良币的市场环境。这些企业的经营行为受工商部门监管，但其教学内容、师资和环境等问题，却没有明确的监管方。在监管缺失的情况下，早教行业的责任心纯属企业自觉。

（四）"幼有所育"谁来育

本次事件也再次引发了人们对幼师行业准入资格的焦虑。当负面事件一次次发生，人们都很想问，到底都是什么样的人在当幼师？如今幼师行业中，可怕的并不是天下乌鸦一般黑，而是良莠不齐、鱼龙混杂，甚至劣币驱逐良币。

当前我国的幼教从业人员整体学历水平偏低，幼儿园院长、专任教师和保育员均以专科及以下学历为主。从2006年到2016年，尽管本科及以上学历的教师占比从7.37%增至21.18%，专科以下学历由47.72%下降至22.45%，但是专科学历占比始终在50%左右。再由于我国目前的职业教育水平远远不够完善，那些经由幼师类中专、职高进入学前领域工作的年轻人，工作的方方面面可能都要受此影响。学历较低当然不意味着做不好幼教工作，但是由于中国的幼教缺口巨大，还存在大量的无证教师。据教育部统计，2016年学前教育在园人数约4400万人，而保教人员（专职教师+保育员）仅约250万人，配备比例为1∶17.7，相比于2011年的1∶20.6，五年的时间比例变化不大。

按照《幼儿园教职工配备标准（暂行）》，全园保教人员与幼儿的配备比例应为全日制1∶7—1∶9，半日制1∶11—1∶13。由此可见目前保教人员需求大，但是供给一直跟不上。（见表1）保教人员供应不足,因此"无证上岗"的现象就很常见了。山东省教育厅此前曾抽查过17个地市194所幼儿园,结果显示,53%的幼儿教师没有取得教育部认可的教师资格证书,17%的园长没有取得园长任职资格培训证书。

好幼师的生存环境已经很恶劣——国家财政对幼儿园、托儿所这类机构的支持很薄弱,干着劳累的活儿,拿着心累的工资;由培养机制导致的固有偏见还导致幼师社会地位一直不高。幼师待遇整体较差,尤其是在缺少补贴的民办园中。竞相压低老师工资,其结果就是优质教师离开,大量素质相对不高的人员"半路出家"填补空缺。这些因素叠加起来,幼师职业更是难以招揽高素质的人才。长此以往,就让这个行业的前景越发不乐观。

表1　　我国学前教育教职工配备比例(2000—2015)

	教职工人数合计	保教人员人数	在园(班)人数	全园教职工与幼儿比	全园保教人员与幼儿比
2000	1144297	856455	22441806	1∶19.6	1∶26.2
2001	861726	546203	20218371	1∶23.5	1∶37.0
2002	903319	571227	20360245	1∶22.5	1∶35.6
2003	973159	612856	20039061	1∶20.6	1∶32.7
2004	1047323	656083	20894002	1∶19.9	1∶31.8
2005	1152046	721609	21790290	1∶18.9	1∶30.2
2006	1238567	776491	22638509	1∶18.3	1∶29.2
2007	1317247	826765	23488300	1∶17.8	1∶28.4
2008	1434211	898552	24749600	1∶17.3	1∶27.5
2009	1570756	985889	26578141	1∶16.9	1∶27.0
2010	1849301	1144225	29766695	1∶16.1	1∶26.0
2011	2204367	1660433	34244456	1∶15.5	1∶20.6
2012	2489972	1888108	36857624	1∶14.8	1∶19.5
2013	2826753	2148021	38946903	1∶13.8	1∶18.1
2014	3142226	2394956	40507145	1∶12.9	1∶16.9
2015	3495791	2683850	42648284	1∶12.2	1∶15.9

资料来源:中国教育统计年鉴。

四　结束语与进一步思考

如何消弭幼儿园中的横蛮与戾气，如何让懵懂的幼童在"人之初"就感受到外界的善待，是一道严肃的课题。学前教育是基础教育的基础，也已经纳入了国民教育体系，党的十九大报告明确指出，要办好学前教育。教育部针对近期幼儿园"虐童"的情况，责成地方有关部门立即启动调查，尽快查清事实真相，并部署开展幼儿园办园行为专项督查。不过目前而言，在学前教育的人、财、物方面，政府教育部门还是没法做到有效地统一管理，专项督查到底能起到多大的作用呢？如何进一步建立、完善和规范公共托幼服务体系，是目前需要解决的重点问题之一。携程亲子园这种托幼模式的本意是好的，对缓解员工的婴幼儿照顾难题是一种有益的尝试，而这起极端个案的处理，会直接影响这一模式的生存前景。从近的来说我们需要更多更规范的托幼机构来平衡工作与家庭；远的来说儿童照料尤其是0—3岁婴幼儿入托，是影响全面二孩政策真正落地的现实问题。大力增加普惠性学前教育资源的投入，发展公共托幼服务，鼓励营建多种类型的托幼机构，是家庭的需要，是每一位家长的需要。

思考题

1. "虐童事件"发生的主要原因有哪些？
2. 政府、家庭、社会、企业在学前教育中应该扮演怎样的角色？
3. 目前实现"幼有所育"的主要障碍有哪些？
4. 托幼服务民营化有哪些风险？
5. 实现"幼有所育"应建立怎样的监管体系，实施怎样的监管？

案例说明书

"幼有所育"的监管之殇：
"携程亲子园虐童"事件

金志云　方　超[*]

一　课前准备

　　硬件准备：小班研讨课教室，可以用环形或马蹄形多媒体教室，课桌椅最好可移动，方便师生、生生交流。案例正文至少上课前一天传送给学生，确保每一位学生收到并能阅读案例，要求学生根据所给网址进行案例相关资料（新闻、视频、大V微博）的阅读。

　　软件准备：师生进行案例教学的心理准备，主要有学习的主动性、开放性；思维准备，具备一定的问题意识、科学研究的逻辑、基于事实（数据）而不是价值的判断；知识准备，相关前置课程知识；能力准备，了解规制及监管的程序与模式。

二　适用对象

　　本案例适用于公共管理类等专业的本科生、学术型硕士生和公

---

[*] 作者简介：方超（1989—　），男，汉族，江苏南京人，南京财经大学公共管理学院副教授，公共事业管理系主任，博士，主要研究方向为教育经济。

共管理硕士专业学位（MPA）学生，另外也可用于干部进修或培训的教学使用。

三　教学目标

（一）知识掌握

1. 教育的公共产品属性。
2. 混合物品供给中的政府提供与市场提供。
3. 公共服务民营化理论。
4. 政府规制。
5. 政府监管。

（二）思维养成和观念转变

1. 关注民生，为民服务的意识。
2. 改革政府在公共物品供给中的角色，思考"灰色地带"监管的体制障碍。
3. 强化服务与监管意识、法制、标准意识。
4. 害人者也是受害人意识。

（三）能力提升

1. 提升公共产品供给中政府的信息（数据）管理能力。
2. 提升公共产品供给中政府的标准建设能力。
3. 提升公共产品供给中政府的监管能力。
4. 提升公共产品供给中政府的法规制度建设能力。
5. 提升综合行政能力、舆情控制能力、调查研究能力。

四 教学内容及要点分析

（一）案例事件过程

2016年2月18日，携程亲子园正式开业。当日，上海市长宁区妇联、现代家庭杂志和携程旅行网等相关人士出席剪彩仪式。

2016年2月24日，携程亲子园因没有取得办学许可证被长宁区教育部门叫停。随后，携程亲子园购买第三方服务"为了孩子"学苑继续经营。携程副总裁施琦表示，之所以选择"为了孩子"学苑，很重要的原因是该机构由上海市长宁区妇联推荐。

2017年3月，上海推出"上海市政府幼托实事项目"，"携程亲子园"位列其中，因此得以再次开业。

2017年11月3日，一位携程亲子园家长发现孩子耳朵红肿、身上有瘀伤，于是向亲子园提出要查看班级监控视频。

2017年11月8日，该家长曝光"携程幼儿园教师虐童"视频。携程亲子园召开紧急家长会议，涉事"教师"被证实为保洁员，该保洁员下跪道歉认错。参会家长的哭诉视频流至网络，舆论进一步发酵。同日，携程发出声明，称此次事件为"个别教师的极端案例"，亲子园所有班级将停课整顿。携程已与涉事人员解除合同，会给孩子及家属进行相关的体检和心理干预，并启动相关程序重新选择亲子园的管理单位。

2017年11月9日，上海市长宁区人民检察院提前介入携程亲子园虐待被看护人案，依法维护未成年人合法权益。3名涉事工作人员因涉嫌虐待被看护人罪被依法刑事拘留。经过进一步调查取证，于11月13日以涉嫌虐待被监护、看护人罪，对携程亲子园实际负责人郑某依法予以刑事拘留。

2017年11月15日，上海市妇女儿童工作委员会公布了对"携程亲子园事件"的调查情况,认定这是一起严重伤害儿童的恶劣事件,社会影响极坏。

(二)案例导入性问题

如果你是家长,你怎么做?为什么?

如果你是携程的 CEO,你怎么做?为什么?

如果你是该区妇联领导,你怎么做?为什么?

如果你是携程亲子园"第三方"负责人,你怎么做?为什么?

如果你是携程亲子园携程方负责人,你怎么做?为什么?

如果你是该区教育部门领导,你怎么做?为什么?

如果你是该区工商部门领导,你怎么做?为什么?

(三)案例讨论要点及调研观点补充

1. 公共托幼服务的责任主体

近年来,我国托育服务供给长期处于"部门缺位、市场失灵、社会失职、家负全责"的失衡状态,当务之急是将托幼服务上升为国家行为。0—3 岁托幼机构的主办者主要包括地方妇联、卫生计生、总工会等部门和团体。

2. 民办托幼服务的统一监管

此番引发巨大争议的事件,某种程度上是监管真空的一种暴发,而要根治问题,显然需要多个政府部门和相关方面,尤其是这些机构组织的培育方、托管方即刻介入,予以根治。监管也是"谁办谁管"。应当明确统一的监管部门,防止出现"都管都不管"现象。应将托育服务纳入国家和地方经济社会发展总体规划,明确具体负责职能部门,利用整合卫生计生、教育、民政、人社、税收、工商等部门资源,为托育服务发展提供良好环境。学前教育不是不能走市场。学前教育因其涉及低龄儿童,又涉及教育,就不能完全依照单纯逐利的简单市场化方式运作，而应当在正常市场监管之外再加入必要的特殊监管，以确保其服务质量。如明确0—3岁托幼服务工作的政府主管部门，明确托儿所的准入标准、运营规范和收费标准，明确托幼师资的培训、认证与管理，明确监督与管理责任，等等。

3. 托幼服务的准入与审核机制

教育主管部门应该就办园资质和幼师资质等建立严格的审批制度，且这一审批不应该是一次性的，不应该只在办园时才审核，建议定期审核办园资质和幼师资质。同时就办园的情况定期进行了解，一旦发现不符合办园资格或者违规情况发生，马上进行制止或者督促整改，以避免类似事件的发生。监管的关键之处，在于对"虐童"幼师采取零容忍的态度，即一旦出现有教师不负责任，或者是体罚虐待孩童的情况，就应立即辞退。相应地，应该建立、完善教师信用体系，构建"零容忍"机制——凡是有过这类污点的教师，今后终身不得进入教育系统。

4. 托幼服务市场规范化与政策支持

应当健全市场，鼓励合格的托管机构进入市场，保证托幼机构之间的公平竞争，让幼儿托管市场更规范，尽早走上"专业化、标准化"道路。引入各方力量办园办所必须杜绝"办而不管"、"没能力办而转包给第三方"以及"没有能力管"，更要杜绝将办园异化为企业利益或部门权力。应明确托幼的公共服务地位，统筹整合管理机制，完善相关政策支持，构建主体多元、性质多样、服务灵活的市场体系，更好地实现"幼有所育"。应鼓励有资质的主体开办托儿所、托育中心、临托服务等，对有条件的企事业单位在自有场地内建托幼设施要给予政策支持。降低准入门槛，公平对待并扶持民营托育机构。幼教不算是义务教育，但也同样需要社会扶助，不能推给"携程们"、推给市场。财政补贴不能只照顾几家体制内的幼儿园、托儿所。扶助的方式除了给钱还有给地，还有税费减免等。只有社会政策到位了，幼儿园和托儿所的供需失衡才会彻底改善。

5. 托幼机构的"自我管理"

本案例中亲子园虽然安装摄像头，但没有按时抽查，疏于监管，这是一种迫于成本—收益核算下的简单粗暴做法。主管部门可树立民办幼儿园的不同标杆，提高服务质量。

6. 学前教育领域的"有法可依、执法必严"

对于民办幼儿托管这一新生事物，应该以此为契机，在管理机构、师资人员的监管以及退出机制等方面建立相应的规章制度，避免此类事件再次发生。幼教市场鱼龙混杂，这方面法律基本滞后。应当完善相关法律法规，加强惩罚力度。我们已有教育法、教师法、教师师德规范和未成年人保护法、侵权责任法等，对教师体罚学生皆有明确规定。针对学前虐待儿童现象，完善相关法律法规，对虐童现象加大刑法力度，量刑从重从严。我国应加快学前教育立法的进程，尽快出台《学前教育法》，才能让学前教育发展得到更有力的法律保障。同时建立社会力量办学"黑名单"制度，除了追究当事人刑事责任外，对存在利益输送等腐败问题和懒政怠政不作为的，应坚决追究惩戒。还要鼓励群众举报虐待被监护、看护人的案件。在生活中如果发现类似情况，认为可能构成违法犯罪的，可及时向司法机关进行举报。司法机关对类似案件在严肃处理的同时，应及时向社会公布，以期达到普法效果，这对其他潜在的犯罪者也是有力的震慑。只有法律的威严和行业监管受到重视，才能从根本上让暴力群体不敢实施犯罪行为，才能以更加严格的法律和制度倒逼教师恪守师德和人性底线。

7. 家庭养育的相关财税政策

当前我国儿童照护主要由家庭来承担，虽然在某些地区给予一定的财政补贴，但比起养育的巨大费用还是杯水车薪。未来要转变

"家负全责"的孩童照护机制,推广财政补贴制度,家庭为单位的个税制度也应该是改革的方向,如果父母任一方暂停工作,可以因家庭实际抚养人口增加而获得税收优惠。

(四) 拓展研讨的问题

1. 我国主要学前教育财政与民间资本投入比较

"虐童"事件之所以屡禁不止,和学前教育的财政投入有限有一定的关系。(见表2)眼下呼吁将学前教育也纳入义务教育的声音不断,如果财政尚且无力担此重任,稳步提升学前教育投入,在地方财政中划出强制性比例,都应尽快提上日程。

表2　　我国财政投入占学前教育投入的比重(2000—2015)　　单位:千元

	学前教育总投入	公共财政预算教育经费	民间资本投入	国家财政投入占学前教育投入比重
2015	202602815	111403285	91199530	54.99%
2014	240385733	84962477	155423256	35.34%
2013	175805370	72220650	103584720	41.08%
2012	148889348	63508248	85381100	42.65%
2011	101857606	35163922	66693684	34.52%
2010	72801425	21874105	50927320	30.05%
2009	24478920	15245433	9233487	62.28%
2008	19884157	12278645	7605512	61.75%
2007	15713892	9549467	6164425	60.77%
2006	12452591	7239877	5212714	58.14%
2005	10455240	6140272	4314968	58.73%
2004	8751621	5146276	3605345	58.80%
2003	7425723	4381856	3043867	59.01%
2002	6758407	3934270	2824137	58.21%
2001	6028406	3440767	2587639	57.08%
2000	5162701	2847709	2314992	55.16%

资料来源:中国教育经费统计年鉴。

2. "幼有所育"相关政策的国际比较

与 OECD 主要发达国家相比,我国学前教育财政投入还很低。OECD 主要发达国家如澳大利亚、美国、德国等国家对学前教育的财政投入方式比较成熟。对学前教育的资金投入,主要来源于两个方面:一是政府财政投入,二是民间资本投入。民间资本对学前教育的投入主要包括家庭承担的学前教育费用和其他民间机构对学前教育的投入。虽然 OECD 主要发达国家对学前教育财政投入的比例有差异,但平均来看,占比还是非常高,以 2011 年为例,OECD 主要发达国家学前教育财政投入占总投入的 80.14%,民间投入仅占总投入的 19.86%,以平均值 80.14% 为界。表 3 列出了财政投入占比高于平均值的国家和低于平均值的国家,其中,高于平均值的国家有 10 个,低于平均值的国家有 6 个。

表 3 OECD 主要发达国家的财政投入占学前教育投入的比重(2004—2011)

(单位:%)

国家	2004 年	2005 年	2006 年	2007 年	2008 年	2009 年	2010 年	2011 年	平均值
卢森堡					98.20	99.40	98.80	99.00	98.85
澳大利亚	68.30	67.50	63.10	40.50	44.50	44.50	55.80	45.00	53.65
法国	95.80	95.50	95.50	94.00	94.00	94.00	94.00	94.00	94.60
丹麦	81.10	80.80	81.40	81.20	81.20	81.20	86.70	90.00	82.95
芬兰	91.10	91.10	90.80	90.60	90.50	90.50	90.10	90.90	90.70
美国	75.40	76.20	77.60	77.80	79.50	79.80	70.90	70.00	75.90
英国	94.90	92.90	92.70	86.10	85.50	84.50	91.90	91.40	89.93
意大利	90.80	91.10	93.50	93.10	93.30	93.30	91.90	91.80	92.34
瑞典	100.00	100.00	100.00	100.00	100.00	100.00	100.00	100.00	100.00
西班牙	82.50	84.90	85.70	78.20	76.70	76.70	73.20	73.20	78.89
挪威	86.30	87.20	90.50	82.60	83.90	83.90	84.60	84.60	85.45
日本	50.00	44.30	43.40	43.80	43.50	43.50	45.20	45.00	44.84
韩国	37.90	41.10	46.30	49.70	45.50	45.50	47.50	42.60	44.51

续表

国家	2004年	2005年	2006年	2007年	2008年	2009年	2010年	2011年	平均值
德国	70.80	72.10	72.20	72.80	73.50	73.50		80.00	73.56
瑞士	100.00	100.00	100.00	100.00	100.00	100.00	100.00	100.00	100.00
新西兰	57.60	62.10	62.40	89.20	91.60	91.60	84.80	84.80	78.01

资料来源：OECD. Education at a glance 2014；OECD indicators，http//dx. doi. org/10. 1787/eag-2014-en.

很多发达国家均采取了退税或减免家庭应纳税额的方式来补贴家庭为孩子支付的学前教育费用。美国政府实施了"依赖型托儿税收减免"的政策（The Dependent Care Tax Credit）来税前抵扣学前教育的学费。该政策由美国财政部负责，规定：只有一个孩子的工作家庭可以获得最高2400美元的补助，如果该家庭有2个以上的孩子，则可以获得4800美元的补助。此外，拥有独生子女的美国家庭最高可以获得720美元的税收抵扣，多子女的家庭则可以获得最高1440美元的税收抵扣。事实上，很少有家庭获得最高限度的税收减免，因为收入很低的家庭不需要支付任何税金，或者没有足够的可抵扣的费用来达到税收的最大减免额。英国政府实施了"工作家庭税收减免"的优惠政策。该优惠政策专门针对英国的低收入家庭，这项政策使得英国三分之二的家庭从中受益。为了享受该项政策，一个家庭如果有0至14岁孩童，父母则必须每周工作16个小时或以上。一个家庭如果有1个正在接受学前教育的儿童，该家庭将会得到70英镑的税收减免，如果有两个正在接受学前教育的儿童，该家庭将会获得105英镑的税收减免。在法国，政府部门也通过税收减免的方式对学前教育进行间接的投入。在法国，家庭每年最高可以获得575欧元的免税，有保姆的家庭每年最高可以获得近3500欧元的税收减免。韩国政府在1991年实施了免税法案（The Tax Exemption Act）和所得税执行法令（The Income Tax Enforcement Decree），主要目的是为在私立学前教育机构有小孩就读的低收入家庭提供间接的财务支持。

向幼儿提供时间长短不一的学费减免政策，如1年免费教育、2年免费教育和3年免费教育。针对主要发达国家的研究表明，义务教育开始于6岁，大部分国家的学前教育开始于3岁。1年免费教育是指幼儿在5—6岁阶段完全享受免费学前教育，主要实施1年免费教育的国家有澳大利亚、加拿大和美国。2年免费教育主要是指接受学前教育的幼儿在4—6岁的阶段，其家庭无须支付任何的学费，学费完全由政府财政承担，主要的代表国家有丹麦、美国和瑞典。3年免费教育是指学前教育学生在3—6岁，也就是幼儿在整个学前教育阶段完全享受免费的教育，家庭无须支付任何的学费。实施这个政策的国家主要有法国、美国、瑞典、意大利和英国。此外，丹麦学前教育机构的收费还取决于家庭的收入，家庭收入低于109700克朗的，将不需要支付任何的学费。

国家给予低收入家庭补贴，以帮助其支付学前教育学费。法国政府实施这种方式对中低收入的家庭给予适当的补贴来抵减学前教育的学费。对于有三岁以下儿童的家庭，如果家庭年收入低于12912欧元，则可以获得203欧元的津贴来抵减学前教育学费。对于家庭年收入在12912欧元到17754欧元的家庭，则可以获得160欧元的补贴。韩国也实行学费补贴的形式来帮助低收入的家庭来抵扣学前教育的各种费用。该政策由韩国计划预算部负责，其规定韩国家庭要想获得政府的补贴必须满足严格的条件，即为家庭人口在5人以上，月收入低于1000美元，家庭总资产不超过20000美元。

政府部门通过政府采购的方式购买一些学前教育机构必需的物资，比如教学设备、教科书、食物等供各学前教育机构免费使用。例如，在芬兰，省级政府和地方政府负责提供免费的伙食、学习资料、健康护理服务和牙齿保健服务给每一位正在接受学前教育的适龄儿童。韩国政府也采用实物援助对学前教育进行支持，如韩国政府的财政投入一个很重要的方向便是对学前教育教学设备的投入。此外，澳大利亚联邦政府对新建立的、非营利性的家庭托儿中心直接拨款，这些拨款主要用于设备和启动资金等，澳大利亚联邦政府同时还鼓励民间资本向这些机构投资。

3. 幼儿教师发展体系建设

幼教教师队伍的流动性强、留不住优秀人才、师资队伍参差不齐等问题的存在，很大程度上是由于没有足够的待遇和体面的收入。因此，也要设定幼教人员最低工资、强制休息时间等，从制度上保障他们的合法权益。同时增强幼教队伍的职业认同和情感劳动意识，让他们有更多的自豪感、安全感和获得感。对于幼教从业人员，应该进行常态化的心理疏导，及时引导疏解幼儿教师的负面情绪。同时，当然，这一经济成本不应转嫁到家长或者幼儿园身上，而应由社会和企业来共同承担这一社会责任。

五 教学安排

（一）课时量安排

按照 MPA 班级规模 36 人左右共 6 小组来安排讨论及发言，共 120—135 分钟。

（二）具体教学环节及步骤

（1）教师阅读梳理案例 10 分钟：阅读案例内容、理顺逻辑、回顾要点、思考主要问题，为后面课程安排准备。

（2）学生归纳梳理案例，教师补充遗漏，15 分钟。

（3）思考题小组讨论 15 分钟。在提前告知学生思考题的前提下，小组讨论达成共识，并准备好一位代表发言。

（4）思考题发言 45 分钟，每组 7 分钟。各组代表根据讨论的结果发言，组员可以补充；对已发表的观点不重复表述，其他组成员可以质疑；教师可适当插话总结启发引导。教师同步在黑板或投影上记录发言的核心观点，重点考查学生对案例的理解及要点的把握。

（5）教师整合大家观点 5 分钟，将案例焦点引导到如何创新性、有效地提出解决问题的思路方案上。

（6）分配各小组角色定位讨论 3 分钟，分别以家长代表、携程管理方代表、妇联、政府各部门代表等，给出解决案例冲突的方案并说明依据。角色采取抢报方式（可适当考虑学员实际工作），先报先得。

（7）各小组讨论 5 分钟，各组分享共 32 分钟左右。

（8）案例引申与进一步思考 40 分钟左右，可以作为（6）（7）的替代方案。主要讨论"幼有所育"的困境，包括政府、妇联、工会、家长的角色问题、托育机构的管理、第三方评估、法律法规的健全、财政补贴税收等其他相关政策，以及如何从体制机制上破解困境，甚至可以讨论"入托难"的性别文化等。

（9）教师总结提升 8 分钟。

六　补充材料及其他

（一）理论依据材料

1. 学前教育供给中的政府提供与市场提供

首先，学前教育是准公共产品。长期以来，人们习惯于把学前教育看作私人产品，认为学前教育提供是个人和家庭的事，但最新的研究却发现学前教育不仅可以给个人和家庭带来巨大的经济收益，而且还具有广泛的利益外溢性特点。学前教育既有私人收益，又有社会收益，具有典型的准公共产品特性。根据传统经济学的分析，对具有外溢性产品的供给如果只由私人来提供的话，当私人收益小于社会收益时，将使按私人边际收益和成本进行决策并追求效用最大化的个人供给量小于社会最优的供给量，从而造成效率的损失，因此政府有必要将幼儿教育纳入公共财政领域，提供财政支持。

当前的学前教育市场并非是一个完全竞争的市场，而是一个层级分化的市场。处于这个市场顶端的是服务于城市中上阶层家庭的学前教育市场，这个市场的特点是家庭对学前教育的价格不敏感，但对幼儿园声誉有强烈要求，这部分家长希望将自己的孩子送到声誉最好的幼儿园，从小接受最优质的教育。处于市场顶端的幼儿园往往具有一定的市场垄断力量，他们通过收取垄断高价或变相的"择园费"来压榨消费者。而处于这个市场低端的则是服务于城市中下阶层或农村家庭的学前教育市场，这个市场的特点是消费者对学前教育的价格非常敏感，但对学前教育质量则比较忽视，并会出现劣币驱逐良币的现象。低端市场的幼儿教育机构往往以家庭为单位来提供，规模小、数量大，以牺牲质量为代价的恶性价格竞争非常普遍，其结果必然是导致幼儿园办园条件差、师资水平低、克扣幼儿伙食等现象普遍存在，严重影响幼儿身心健康，同时也隐藏着各种危机。改变这一现状，需要政府提供基本的法律、规章和标准来规范学前教育市场。

2. 规制经济学与政府监管

规制经济学也称管制经济学，是对政府规制活动所进行的系统研究，规制是政府对私人经济活动所进行的某种直接的、行政性的规定和限制。政府规制是法律授权的政府规制机构，依照一定的法规对被规制者（主要是企业）所采取的一系列行政管理与监督行为，是政府向社会提供的一种特殊公共产品。政府规制缘起于纠正自然垄断、负外部性、委托—代理关系的信息不对称以及部分内部性问题等市场失灵现象。政府规制是政府的一种治理工具，以弥补市场缺陷，矫正市场失灵为目的，但不完全市场和不充分信息的问题无论是在公共部门还是在私人部门都是普遍存在的，政府规制失灵也是普遍存在的。

政府规制失灵是指政府规制未能达到提高市场活力和维护社会公正的预期目的，或造成了负面效应，导致经济绩效和社会福利的净损失。因此，在行政管理体制改革中设计一个完善的、用于规范地方政府官员违纪行为的制度体系是关键，核心思想是通过规则约束、强化监管、经济绩效、政治竞争四种手段来加强对代理人行为的约束与引导，从而限制其寻求非正常收益的"个人理性"。设立不同层级并独立于行政体系的治理结构、加强建立在充分民主政治基础上的民间组织监督是制度创新与建设的可行选择，这几个方面都应作为制度体系建设的重点。此外，还应辅之以公正可行的评价与考核体系，以加强对干部执政能力的有效量化。只有这样，才会真正实现两种改革的相互促进与协调发展，这也是中央提出构建社会主义和谐社会的根本保障。

3. 公共品供给中的寻租与官僚主义

市场失灵为政府干预提供了良好的理由，但需要警醒的是政府不是万能的，政府干预同样存在失败的可能，有时造成的消极影响甚至比市场失灵更糟糕。公共选择理论从理论上分析了政府失败的可能，如官员也是利益人，同样会追求自身效用的最大化，信息不对称不仅是导致市场失灵的重要因素，同样也是导致政府失败的关键原因。如作为代理人的政府官员会利用私人信息优势，追求自身私利，从而导致公共政策和社会公益目标的偏离；公共机构追求预算最大化的动机有可能导致公共机构的不断膨胀；缺乏产权激励，加之公共目标不以效率为唯一准则，都有可能导致政府的非效率行为。此外，政府干预带来的寻租还有可能滋生腐败等问题。

4. 公共财政框架下的学前教育财政制度构建

为了回应公众对学前教育"希望政府承担更多责任,加大投入,保障入园机会和合理分担教育成本诉求",尽快解决"入园难""入园贵"问题,以普惠和质量为基本价值取向,逐步均衡我国学前教育财政投入结构"基础性投入、激励性投入、倾斜性投入"三部分,结合幼儿托育地方性公共品的特点,在当前将学前教育纳入义务教育尚不具备条件的情况下,应通过财政投入着力扩大普惠性学前教育资源,加快普及学前教育,满足老百姓接受普惠性学前教育的需求。

参考文献

[1] [美] 曼瑟尔·奥尔森:《集体行动的逻辑》,陈郁、郭宇峰等译,上海人民出版社2011年版。

[2] [美] 埃莉诺·奥斯特罗姆:《公共事物的治理之道:集体行动制度的演讲》,余逊达、陈旭东译,上海译文出版社2012年版。

[3] 劳凯声:《教育的两难:国家办还是社会办》,《同舟共进》2011年第4期。

[4] 蔡迎旗:《幼儿教育财政投入与政策》,教育科学出版社2007年版。

[5] 邓可斌、丁菊红:《转型中的分权与公共品供给:基于中国经验的实证研究》,《财经研究》2009年第3期。

[6] 丁维莉、章元:《局部改革与公共政策效果的交互性和复杂性》,《经济研究》2009年第6期。

[7] 傅勇:《财政分权、政府治理与非经济性公共物品供给》,《经济研究》2010年第8期。

[8] 佟新、杭苏红:《学龄前儿童抚育模式的转型与工作着的

母亲》,《中华女子学院学报》2011年第1期。

[9] 胡湛、彭希哲:《中国当代家庭户变动的趋势分析——基于人口普查数据的考察》,《社会学研究》2014年第3期。

[10] 熊跃根:《女性主义论述与转变中的欧洲家庭政策:基于福利国家体制的比较分析》,《学海》2013年第2期。

[11] Zhang Yanxia, Maclean, Mavis, "Rolling Back of the State in Child Care? Evidence from Urban China", *International Journal of Sociology and Social Policy*, No. 11-12, 2012.

[12] 满小欧、王作宝:《从"传统福利"到"积极福利":我国困境儿童家庭支持福利体系构建研究》,《东北大学学报》(社会科学版)2016年第18期。

[13] 王桂新、霍利婷:《我国儿童早期照顾政策框架构建——基于资源平等理论视角》,《北京行政学院学报》2020年第2期。

案例 7

贵州毕节留守儿童之殇背后的公共政策实践思考

曾迪洋　张颖聪[*]

摘　要　本案例完整描述了2015年6月9日贵州毕节留守儿童自杀事件的发展经过，并围绕留守儿童的现实问题和政府决策与执行过程对每个阶段中的信息进行梳理，据此透视基层治理中的障碍和公共政策的实践困境。在教学使用手册中透过该案例探讨了留守儿童问题的困境及原因，并对相应公共政策的制度建设进行了一定的探讨。

关键词　留守儿童；政府职能；公共政策；儿童救助与保护体系

引　言

劳动力迁移是21世纪中国最大的运动，这股浪潮从40年前掀

---

[*] 作者简介：曾迪洋（1986— ），女，汉族，福建莆田人，南京财经大学政府管理研究中心研究员，公共管理学院副教授，博士，硕士研究生导师，主要研究方向为公共治理；张颖聪（1989— ），男，汉族，福建泉州人，南京财经大学政府管理研究中心研究员，公共管理学院讲师，博士，主要研究方向为公共治理。

起就从未平息。许多人离开家乡外出打工,他们的生命历程正在经历巨大变化。而他们的身后是无数个形态各异的家庭以及其中无数个尚未成年的孩子,(见表1)这些孩子的命运同样被裹挟,他们的生命历程也随之天翻地覆。2015年6月9日晚,贵州省毕节市某乡4名留守儿童在家中服农药自杀,经抢救无效死亡。事后多方责任主体被相继问责。这一事件的曝光更是将留守儿童问题带到公众视野之中。

表1　　　　　　　　不同时期农村留守儿童的规模

	2000年五普 留守儿童	2005年1%人口抽样 留守儿童	2010年六普 留守儿童
0—14岁	2000万	4849万	5290万
15—17岁	443万	1012万	813万
合计	2443万	5861万	6103万

资料来源:根据《中国2000年第五次人口普查资料》《2005年全国1%人口抽样调查数据》《中国2010年第六次人口普查资料》推测。

一 事件背景

(一)什么是留守儿童

除非经济相对稳定,条件比较成熟,否则成年人外出打工,一般会将小孩留在家乡。在学术上,这样的孩子被称为留守儿童,是指父母双方或一方流动到其他地区,而孩子留在户籍所在地并因此不能和父母双方共同生活在一起的儿童。农村留守儿童高度集中在中西部劳务输出大省。

当前留守儿童的监护类型有三种:由祖辈抚养的隔代监护,由父母同辈人抚养的上代监护(包括单亲监护),以及自我监护。其中近1/3农村留守儿童与祖父母一起居住，有3.37%的农村留守儿童单独居住。双亲任何一方的缺席，尤其是母亲的缺席，会对留守儿童的学业成就、社会行为、身体健康与心理发展产生不良影响。许多研究发现，留守儿童具有偏低的学业成就和认知能力，迟缓的身体发育和较差的健康水平，以及更为消极的心理状态。进一步看的话，留守时间的长短，监护人的养育方式，留守儿童的年龄以及是否与兄弟姐妹生活在一起对留守儿童的成长与身心健康有显著影响。

在留守儿童的社会支持系统中，外出父母的重要性降低，他们主要提供经济支持，但情感支持缺乏。因此，留守经历还会带来亲子关系的疏离，导致儿童家庭责任感降低。这些被留守的儿童也更容易遭受到污名化、人身伤害甚至性侵。他们不仅更容易遭遇危险，同时也更容易制造危险。

（二）为什么是贵州省毕节市

贵州省毕节市某乡是彝族乡，距离城区一百一十多公里，是本地区最远的乡。该村是田坎乡的村级行政单位，也是贵州省的一类贫困村，全村2400多人，少数民族占总人口22%，这其中又以彝族和苗族为主。全村占地7.81平方公里，耕地面积1934.32亩。村里的经济产业为玉米与核桃种植，但主要经济收入来源于成年劳动力的外出打工，村里留守儿童的数量超过20个。

二 事件纪实

（一）事件回溯：生命凋零的深夜

2015年6月9日23时32分左右，村民张某某在听到"咚"的一声闷响后，在距离自家不远处的三层小楼前发现一个男孩儿躺在地上，浑身抽搐。这个男孩是这栋楼里 4 兄妹的大哥，四个孩子的父亲外出打工，母亲早年离家出走，他们无人照料，相依为命，这一情况村里人都知道。张某某看见排行老二的女孩儿趴在窗台上用手电筒照着向下张望，就大声问她："是你把你哥哥推下来的？""没有。"二妹小声地回答。最开始，张某某以为是兄妹几人打架，把哥哥推下了楼，但看到二妹趴在窗口迷离的眼神，他立马感到大事不妙，随即报了警并拨打了120。待当地乡干部、民警和卫生院医生赶到现场时，1 名儿童已经没有生命迹象，另外 3 名有中毒迹象的儿童也被随即送往当地卫生院抢救。不幸的是，2 名儿童在送往医院途中去世，另 1 名儿童也经医院抢救无效死亡。①

根据《中国青年报》的现场描述，事发现场是栋三层楼房，房屋四面贴满了瓷砖，装着铝合金门窗和不锈钢防盗网，并拥有一层地下室。事发现场所处的房间里散落着床垫、被褥、儿童衣物和鞋，可以闻到强烈的刺激性气味，房间正中留有一堆焚烧物。在这些焚烧物中，有一个粉红色笔袋还没有烧尽，有几支自来水笔还残留着外壳，燃烧了一半的英语教材上写着"You call your mother 'mom'？"。在焚烧物旁边的床垫上残留着一堆呕吐物，散发出强烈的农药气味。而在不远处的簸箕里，盛着黑豆和紫皮大蒜。角落里还有一只墨绿色运动鞋，鞋下压着没有烧尽的方格作业纸。（见图1）在这栋楼的露台上摆放着一个木桶、一个炒锅和一个不锈钢盆，木桶里装着玉米饭，炒锅里装着酸菜汤，这应该就是兄妹 4 人最后的晚餐。②

据公安部门调查核实，4 名死者分别为：长子张某刚 13 岁，就

---

① 《毕节官方：4 名儿童系服农药死亡，已获悉父母所在地》，2015 年 6 月 11 日，https://www.chinanews.com/sh/2015/06-11/7338773.shtml。

② 《贵州毕节 4 名儿童死亡事件调查》，2015 年 6 月 12 日，中国青年报（http://zqb.cyol.com/html/2015-06/12/nw.D110000zgqnb_20150612_1-05.htm）。

图 1　留守儿童自杀事件事发现场

图片来源：《中国青年报》。

读 T 小学六年级；长女张某秀 9 岁，就读 T 小学二年级；次女张某玉 8 岁，就读 T 小学一年级；最小的妹妹年仅 5 岁，就读于 T 幼儿园小班。村里人都知道，四个孩子的母亲两年前离家出走，母亲失联后他们的父亲张方某常年外出打工。四个孩子的爷爷奶奶已经过世，外公外婆虽然在世，但是年纪大了，无法进行照顾。临走前他们的父亲只将一张银行存折交给老大，并没有托付其他人来帮着照顾孩子。家庭日常事务主要由长子张某刚承担，4 个孩子平时无人照料，都是食宿自理，并且还要负担家里生猪饲养工作。大儿子张某刚留下了一份令人心碎的遗书，大致内容为："谢谢你们的好意，我知道你们对我的好，但是我该走了，我曾经发誓活不过 15 岁，死亡是我多年的梦想，今天清零了！"

(二) 深度调查：缺爱的家庭与生活的孤岛

事件曝光之初，许多人猜测4名儿童的自杀行为可能与生活贫困有关，但当地村民和官方所披露的信息否认了这一猜测。

虽然张方某一家从2012年第二季度起就已经纳入农村低保，但四兄妹的姑姑说："他们的基本生活肯定没有问题。"根据贵州民政厅通报的情况，张方其一家的生活水平在当地属于中等水平。从2012年4月至今，共领取低保金等民政救助资金6627元。2014年，张方某一家春节杀年猪两头，约400斤，养殖出售生猪五头，收入7000多元。现饲养生猪两头，约300斤。2014年他们家玉米产量约1500斤，目前还有玉米约1000斤，腊肉约50斤。另外家里留有银行存折余额为3586.02元，其中低保金为786.02元。① 四兄妹的姑姑说："孩子父亲外出打工每个月都会给他们寄700元生活费，在村里一大背篓米只卖100元，另外家里都备有腊肉，房子后面还有菜。"警方的现场勘验也表明，在兄妹4人居住的小楼里有两个装着熏制好的腊肉的编织袋，另一间屋子的一半空间堆满了编织袋，袋里装着玉米粒，把玉米粒加工成玉米面的机器立在墙角，一堆玉米棒四散在地上。②

贵州省毕节市是我国的经济贫困地区，村里的年轻劳动力都选择外出打工，因此留守儿童现象普遍。早在2012年，这里就发生过5名留守的流浪儿童冬天在垃圾桶内生火取暖而被闷死其中的事件。事发后，毕节市就宣布每年出资6000万元设立关爱留守儿童基金。在该乡，张方某外出打工后，家里的4名儿童就被列为"留守儿童"，并在乡政府信息库中建立了专门的留守儿童档案，还确定了村

---

① 《贵州民政厅通报4儿童服毒死亡案：生活水平属中等》，2015年6月12日，中国新闻网（https://www.chinanews.com/sh/2015/06-12/7340039.shtml）。
② 《贵州毕节4名儿童死亡事件调查》，2015年6月12日，中国青年报（http://zqb.cyol.com/html/2015-06/12/nw.D110000zgqnb_20150612_1-05.htm）。

支书与包村干部作为一对一帮扶的对象。据村里的其他邻居说："兄妹四人平时是有零花钱的，有时会看到他们在小卖部买零食吃。"但这一切依然没有避免这一悲剧的发生。

了解情况的村民说，大儿子出生后，张方某夫妇就带着儿子一起到海南打工，此后又在海南先后生下三个女儿。2011年，张方某全家回到村里，为三个女儿办理户籍登记手续，这个过程中他向当地乡计生办缴纳了社会抚养费9900元。当地人都知道，张方某夫妻经常吵架。2013年初，夫妻俩因留家照顾孩子和外出打工意见不一致产生矛盾，随后妻子离家出走。根据乡派出所的一份调解记录显示，2014年3月张方某的妻子回家收拾衣物，4个孩子目睹父母二人再次发生激烈争吵和打架，妻子被打伤后送到乡卫生院救治，第二天则再次离开不知去向。兄妹四人就是在这样的家暴环境中成长的，性格异常孤僻。大儿子经常挨打，有次还被父亲殴打至左手臂骨折、右耳朵撕裂。他曾经离家出走过，但后来被找到，为此母亲责罚他脱光衣服在太阳下晒了两个多小时。

四兄妹很少与外人交往，性格孤僻，常有早退和旷课现象。据一位较为相熟的同学描述，大儿子平时很少和同学们一起玩，如果同学中有谁惹了他，他就会毫不客气地大打出手。他平时也会给妹妹们买零食吃，但三个妹妹好像都很怕他。这位同学也去过四兄妹家里，他认为那个家很乱，散发着臭味，根本没法待。

一直以来兄妹四人偶有旷课，也没有长期不到校上课的记录。但从2015年5月8日起，兄妹四人均不再到学校上课。大儿子的班主任因为此事给他们的父亲打电话，却始终没有联系上。班主任觉得兄妹四人的情况反常，便托一位村民上门查看，并转告孩子们5月11日一定要到学校上课。但当日兄妹四人仍然旷课，于是中心小学的教务主任协同兄妹四人的四位班主任一起上门家访。他们在张某刚家门口敲门并大声呼喊，但却无人应答。5月12日，几位老师将家访的情况通过正式书面材料的方式提交给中心小学的校长。校长则随即将情况上报于上级教育主管部门，同时也向乡政府进行了汇报，并与其他老师和乡邻共同寻找四兄妹。5月13日，最小的妹妹在她的幼儿园老师上门查看时终于将紧锁的大门打开了一个缝隙，这时众人才确认兄妹四人并没有失踪，一切的原因都是大哥不让开门，四人躲在家中闭门不见。从那以后，几位班主任老师又家访了4次，小学校长家访了1次，包括其他乡政府和包村干部的家访，家访总数为11次，但均遭遇"闭门羹"。根据村邻描述，自从兄妹四人辍学在家后，他们所居住的三层小楼每天紧闭房门，只有晚上房里的灯亮了，或是在他们看电视发出声音时，才觉得家中有人。兄妹四人与村里人隔绝了，仿佛生活在一个孤岛之中。

三 舆论发酵

2015年6月10日，贵州省毕节市该区政府网站最早对这一事件发布通报，通报中称："6月9日23时30分许，毕节市七星关区田坎乡4名儿童在家中疑似农药中毒，经抢救无效死亡。接报后，市、区立即组织相关部门赶赴现场处置。目前，公安机关对死亡原因展开调查，有关善后工作有序开展。"① 此后，贵州毕节留守儿童集体自杀事件震惊全国，一夜之间高居各大新闻网站头条，引发公众热议。随着事件细节的逐渐披露，舆论也在不断发酵，根据中社网"全国民政网络舆情监测分析系统"采集到的数据分析显示，从6月9日到15日之间，有关"留守儿童问题"的舆情信息共有9117条。其中，新闻4845条、微博3363条、博客105条、论

---

① 《贵州毕节市4名儿童疑似农药中毒》，2015年6月10日，财新网（http://china.caixin.com/2015-06-10/100818059.html）。

坛804条。各方媒体的关注度和公众对事件的评论量也与日俱增。（见图2）许多民众除了倍感惋惜之外，更多的是对事件中父母失责的愤怒和对政府责任的拷问。一时间关于留守儿童问题的各方讨论甚嚣尘上。（见图3）

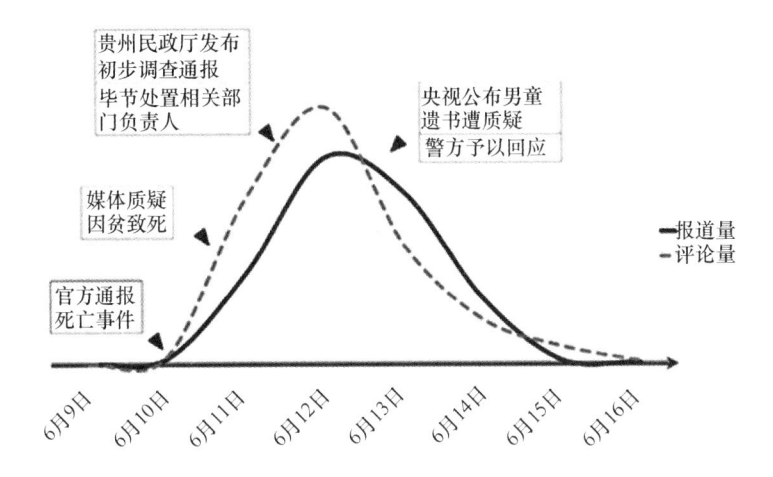

图2 贵州毕节留守儿童自杀事件舆情趋势图

注：图片来源于中社网舆情监测系统。

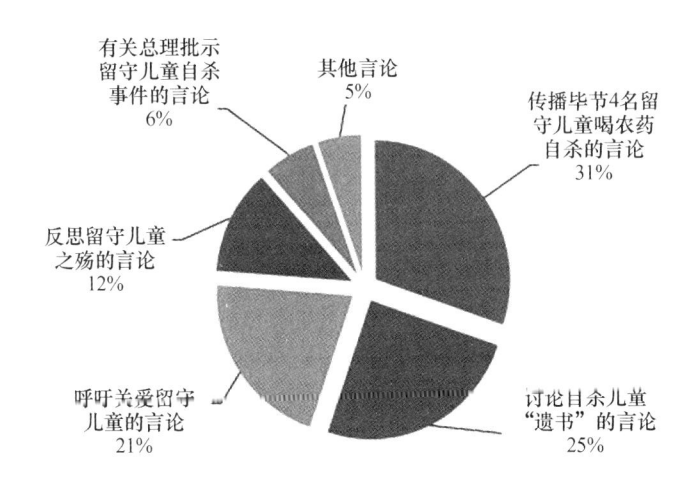

图3 "毕节留守儿童自杀"网民话题分析图

资料来源：蚁坊软件舆情监测系统。

四 事后处置

(一) 事发后的工作处置和责任认定

总理批示: 2015年6月12日,国务院总理李克强在事件发生后十分关切,并作出重要批示,要求有关部门对各地加强督促,把工作做实、做细,强调临时救助制度不能流于形式。对不作为、假落实的要严厉整改问责,悲剧不能一再发生。[①]

事件调查: 2015年6月12日,民政部新闻发言人表示,民政部高度重视4名留守儿童非正常死亡事件,立即责成贵州省民政厅组成专案工作组赴当地对4名儿童的中毒情况、服食农药的来源、抢救过程、死亡原因、家庭状况、入学情况等展开走访和调查。工作组通过实地调查、走访群众、查阅低保救助档案等方式,初步掌握4名留守儿童的家庭状况,已通过贵州省民政厅向社会公布。[②]

解决失联: 针对事件发生后一直未联系上四兄妹父母的问题,贵州省民政厅派出三个小组分头奔赴贵州省贵阳市和广东省佛山市、揭阳市等地寻找死者父母,同时也在当地查找四兄妹的亲属。2015年6月12日,七星关区政府发布通报称已找四兄妹的母亲,已派人将其接回。同日孩子父亲也取得了联系。

事件追责: 2015年6月10日,毕节市委立即召开会议,决定成立联合调查组,并依据调查结果对在该事件中的相关责任人进行追责。2015年6月12日下午,区政府通报了此次事件相关责任人的处理结果。

---

① 《李克强批示贵州毕节4名留守儿童死亡事件》,2015年6月12日,央广网(http://news.cnr.cn/dj/20150612/t20150612_518834336.shtml)。

② 《民政部: 高度重视毕节4名留守儿童非正常死亡事件》,2015年6月12日,中国青年网(http://news.youth.cn/gn/201506/t20150612_6746922.htm)。

(二) 全省排查留守儿童

2015年6月12日，贵州省政府办公厅紧急下发通知，要求贵州各县（市、区、特区）立即组织相关部门和单位，按照属地管理原则对辖区内所有农村留守儿童、辍学儿童进行一次集中、全面、深入、细致的排查，彻底查清留守儿童数量、构成、特点、家庭状况等基本情况。重点排查义务教育阶段辍学、家庭生活困难、监护人缺失、事实上无人抚养、残障等留守儿童。要在6月30日前将辖区内所有留守儿童排查完毕，以村为单位建立农村留守儿童信息台账。

此外，贵州省政府还要求在7月5日前，各市（州）将排查信息汇总后，上报到省教育厅、省民政厅，并建立完善县级留守儿童信息库，以此整合民政、教育、卫计、公安、人社等部门资源。要准确掌握留守儿童的人数、姓名、监护人情况、父母动态、学习状况、生活状况等信息，全面建立留守儿童动态管理机制。要在7月30日之前完成信息库的建设，对在全面排查过程中发现的问题，市、县两级政府必须立即研究解决，明确时间表、责任人，实行一对一的干部包保责任制，限期整改完毕，基层政府和教育、民政等有关部门要明确专人负责，做好留守儿童救助关爱和控辍保学工作。贵州省政府在此次排查中还对留守儿童的家庭主体责任提出了要求，坚决查处对留守儿童不闻不问，甚至麻木不仁、视而不见的监护人。父母外出务工前必须对未成年子女的看护做出可靠安排，确有困难的家庭由当地政府托底。在学校方面，要求学校加强管理、明确责任人，对学生无故旷课2天以上、具体去向明确、学校2次以上劝返未果的，必须报告并启动劝返复学程序。对具体去向不明的，由学校和学生父母或其他监护人共同向所在辖区派出所报告查找下落。对组织劝返2次仍不复学的，要依法敦促学生父母或其他监护人送子女入学。①

(三) 救助体系完善

在进行事件调查的同时，民政部开展社会救助专项督查，重点督查临时救助制度落实情况。同时民政部还会同财政部进一步抓好"救急难"综合试点，帮助群众及时解决生活困难，在提供物质救助的同时，通过社工介入等方式为救助对象提供心理关爱。民政部新闻发言人表示，民政部将继续推动建立健全包括重病重残、事实无人抚养、父母服刑、戒毒人员子女等困境儿童福利保障和社会保护工作，加快未成年人社会保护试点和适度普惠型儿童福利制度试点工作进度，加大试点工作覆盖面。同时将会同有关部门积极推动农村留守儿童关爱服务体系建设，在依托有关部门推进留守儿童关爱服务工作的同时，也充分发挥社区建设、社会组织、社会工作等方面的作用，形成工作合力，推动建立留守儿童关爱服务体系。② 在2015年6月12日的发文中，贵州省政府也强调各地要健全完善政府、家庭、社会三位一体的留守儿童关爱服务体系，建构政府主导、部门联动、家庭尽责、社会参与的工作格局。③

五 结束语

留守儿童实际上身处"拆分型家庭模式"，原本完整的家庭模式被迁移过程拆解为两部分，这种拆解制造了许多家庭的分裂。留

---

① 贵州省政府办公厅：《进一步加强农村留守儿童关爱服务工作》，2015年6月12日。

② 《民政部：立即开展社会救助专项督查 落实总理批示》，2015年6月12日，新京报（https://www.bjnews.com.cn/news/2015/06/12/366942.html）。

③ 贵州省政府办公厅：《进一步加强农村留守儿童关爱服务工作》，2015年6月12日。

守儿童问题不是单纯的迁移所带来的，而是与更广泛、更深层的生活问题相关联。在如今的迁移浪潮的推动下，留守儿童不仅来自农村，也来自中小城镇。这些孩子被裹挟其中，生活境遇令人担忧。贵州毕节留守儿童自杀事件中的4名儿童实际处于一种"事实孤儿"的状态，是儿童福利保障的一个盲区。与物质救助相比，心理上的救助容易被忽视，但却同样重要。事件发生的根源并不在于贫困，而在于社会支持系统的不完整；事件的解决之道不在于留守儿童救助经费的增加，而在于留守儿童救助机制由"问题回应型"向"家庭整合型"的转向。对留守儿童的保护，避免留守儿童成为"事实孤儿"、流浪儿童，应该是社会保障的底线。对留守儿童的救助，是不容推卸的国家责任。

在一部关于留守儿童的纪录片《村小的孩子》中，孩子们被问到长大后想干什么，一个小女孩羞涩地说她想打工。他们的未来似乎隐约中已经被什么东西决定了。可是如何打破其中的桎梏，如何寻找到问题背后的根源，如何改变他们即将重复父辈的命运，对于政府、社会组织和每一个关注这个问题的人而言，都任重道远。

思考题

1. 事件中留守儿童的家庭并不贫困，政府和学校也进行了相应的救助和帮扶，却为什么没有避免悲剧的发生？
2. 基于公共管理视角，当地政府部门应该如何作为才能够最大程度避免悲剧的发生？
3. 舆论在贵州毕节留守儿童自杀事件中起到什么作用？政府该如何在公共事件中应对舆论？
4. 非营利组织在留守儿童问题方面应该扮演什么角色？
5. 政府在救助留守儿童的公共政策上还有哪些改进的空间？

案例说明书

贵州毕节留守儿童之殇背后的公共政策实践思考

曾迪洋　张颖聪

一　课前准备

1. 要求学生提前阅读《贵州毕节留守儿童自杀事件》案例正文材料。

2. 提前了解我国关于留守儿童所出台的政策材料。

3. 准备桌椅位置可自行调节的小型多媒体教室，方便学生的分组讨论。

4. 准备有关留守儿童议题的纪录片，如《村小的孩子》《归途列车》等，供学生提前观看，以增进对留守儿童群体的了解。

二　适用对象

本案例适用于公共管理类的本科生、学术型硕士研究生和公共管理硕士专业学位（MPA）学生。

适用课程《公共管理学》《公共政策》和《非营利组织管理》等课程的教学。

三 教学目标

（一）本案例的核心教学目标

1. 理解和掌握留守儿童问题作为公共管理议题的基本情况和严峻性。
2. 理解和掌握公共组织和非营利组织在留守儿童救助与保护方面的角色定位和职能分工。
3. 理解和掌握公共政策在留守儿童救助与保护方面的核心内容。
4. 理解和掌握公共政策在留守儿童救助与保护方面的制度困境。
5. 理解和掌握留守儿童救助与保护公共政策机制转向的可行性路径。

（二）掌握知识点

1. 政府决策能力。
2. 政府协调整合能力。
3. 政府公共服务能力。
4. 政府舆情应对能力。
5. 政府执行和应急能力。
6. 非营利组织的发展与建设。

（三）思维养成和观念转变

1. 对公共政策失效的再思考。
2. 对公共管理过程各主体角色定位的再思考。
3. 强化公共管理决策导向转换的意识。

四 教学内容及要点分析

(一) 案例事件过程回溯

(1) 事发征兆:2015 年 5 月 8 日,自杀事件中的兄妹四人集体旷课,引起学校老师注意,并试图联系兄妹父母,但没有成功。众人开始以为兄妹四人离奇失踪,但经过学校老师和乡干部的若干次家访后发现,兄妹四人只是躲藏在家里不愿意与他人联系。经过几次劝说,兄妹四人依然无意返回课堂。

(2) 事发当天:2015 年 6 月 9 日晚,兄妹四人在家中服农药自杀,邻居发现后当即报警,但仍然未能阻止悲剧发生。最终兄妹四人全部身亡,其父母依然失联。

(3) 事发之后:公安部门介入调查,对 4 名儿童的中毒情况、服食农药的来源、抢救过程、死亡原因、入学情况等一系列情况展开调查。2015 年 6 月 12 日通过官方途径通报了事件中 4 名儿童的家庭成员情况、家庭经济状况、住房状况、父母的婚姻和夫妻关系状况。同时还披露了大儿子张某刚的遗书细节。

(4) 舆论发酵:2015 年 6 月 10 日,贵州省毕节市七星关区政府网站通报这一事件,随之引起舆论的广泛热议。随着事件细节的逐渐披露,各媒体的关注度和公众的评论激增。这些舆情分布在新闻门户网站、微博、博客、论坛,讨论的内容涉及事件中的各个责任主体。在 2015 年 6 月 10 日至 6 月 15 日期间,舆情呈爆炸之势。

(5) 事后追责:2015 年 6 月 12 日,国务院总理李克强在事件发生后作出重要批示,强调临时救助制度不能流于形式,对不作为、假落实的要严厉整改问责。民政部高度重视这一批示,责成贵州省民政厅组成专案工作组对事件进行全面调查和追责。包括七星关区人民政府副区长在内的一批事件相关责任人被进行责任认定和处理。

（6）全省排查：2015年6月12日，贵州省政府要求贵州各县（市、区、特区）组织相关部门和单位进行留守儿童的全面排查，依据排查结果建立完善县级留守儿童信息库。同时对排查过程中发现的问题立即研究解决，确认责任人。对留守儿童的家庭责任主体和学校责任主体都提出了要求。

（7）制度完善：民政部会同财政部开展社会救助专项督查，重点督查临时救助制度落实情况，进一步抓好"救急难"综合试点，积极推动农村留守儿童关爱服务体系建设，充分发挥社区建设、社会组织、社会工作等方面的作用，形成工作合力，推动建立留守儿童关爱服务体系。同时，贵州省政府也发文强调要建构政府主导、部门联动、家庭尽责、社会参与多位一体的留守儿童关爱服务体系。

（二）案例导入性问题

（1）如果你是该村中心小学校长，事件出现征兆时和事件发生后该怎么做？

（2）如果你是该乡政府领导，事件发生后该怎么做？

（3）如果你是教育部的领导，事件发生后该怎么做？

（4）如果你是宣传部的领导，事件发生后该如何应对舆情发酵？

（5）如果你是民政部的领导，事件发生后该怎么做？

（6）如果你是四兄妹的亲戚、邻居、老师或同学，你该怎么做？

（三）案例讨论要点及访谈观点补充

1. 病态亲情——家庭情感支持的缺位

家庭是个体初级社会化发展的重要组成部分，但留守儿童家庭成员聚少离多，使得家庭功能在村治建设、道德秩序维护、教育教化等方面的作用日益衰微，父母对子女的情感支持也不同程度地被剥夺。事件中的 4 名儿童没有成人照看，日常只能实行自我监护，所属家庭的血缘联结度极为分散，父母抚育未成年子女的责任感、义务感不能充分体现，对子女在教育引导、安全照护、健康发展等方面的陪伴、引导和支持缺失，甚至 4 名儿童的父亲在孩子们自杀身亡之后仍然处于手机关机、无法联系的状态。而在有限的日常照护中，父亲对大儿子的家庭暴力也加剧了代际情感沟通的裂痕。而其他的隔代亲属在 4 名儿童的成长过程中也成为"局外人"，来源于家庭的情感支持体系几近崩塌。此外，传统差序格局中次序较远的街坊邻居等也基本没有提供有效的地缘性支持。

2. 孤立社交——学校教育支持的割裂

青少年在学校形成的同伴关系是相同年龄阶段的个体之间形成的共同活动并相互协作的关系，师生关系是教师与学生之间在教育、引导、规范的过程中形成的基本关系，两者都属于人际关系的重要组成部分，是获得情感、交际等社会支持的重要来源之一。对留守儿童而言，在家庭情感缺失的情况下，同伴关系及师生关系具有一定的情感弥补作用，是促进留守儿童表现出积极的社会适应性的重要途径，是社会化情感、群体化关联实践的重要场域。但是事件中 4 名儿童的同伴关系及师生关系在其个人成长中并不能发挥积极作用。

首先，同伴拒绝导致了社交支持网络的孤岛现象。四兄妹呈现出的特征是："基本不出门，不仅不跟村里的大人打交道，也不跟村里同龄的孩子一起玩耍。"哥哥张启刚表现出冷漠、具攻击性等人际交往特点。张启刚在同伴交往中被尊重、被理解、被支持的体验较少，情感控制与处理能力较弱，社会化情感的体验几乎为零。

其次，单向度教育导致教师支持的无力。一方面，张启刚生前就读的田坎小学的师资力量有限，难以保证为每个留守儿童提供切实有效的情感、心理支持。另一方面 4 名儿童自身存在行为偏差的现象，不配合老师家访、拒绝师生之间的互动，或答应返校后继续出现学业违纪现象。这种师生之间缺乏积极的交往和回应也是留守儿童非正常发展的原因之一。

3. "分散求解"——治标不治本的社会支持

事件舆论焦点经历了由留守儿童的经济支持、物质支持的匮乏，到家庭关爱缺失的转变，原因在于留守儿童问题的解决需要综合兼顾。留守儿童群体的存在是社会体制转型的结果，与城乡二元体制、户籍制度等密切相关。近年来，为解决留守儿童在教育、心理、医疗、安全等方面存在的难题，政府、社会组织、志愿者等都进行了积极的社会参与和支持，但"分散求解"并不能从根本上解决留守儿童的问题。

首先，物质性支持力度大，但并不与社会经济发展挂钩。贵州省毕节市留守儿童问题频发，因此市委、市政府设立留守儿童关爱基金，每年拿出约 6000 万元经费用于保障留守儿童的学习、生活和医疗救助。显示出政府公共服务能力和水平的提升。但在人口流动和城镇化进程的强烈冲击下，茨竹村作为一个传统村落，其内部结构表现出散弱、隔离、凋敝、不完整的特点。因此，对留守儿童的经济扶助如果不与当地社会经济发展挂钩，便无法从根本上改变当前困境局面。

其次，制度性支持中，强制管理的理念大于支持。制度和政策的变革与创新是留守儿童获取社会支持的重中之重。事件发生后，国务院总理李克强作出重要批示，随后各有关部门也做出了相应的事后处置。但纵观这些行政性行为，政府最关心的是社会稳定发展、特殊群体的有效管理以及对社会公众问责的回应，因此在解决留守儿童问题时，往往强制性管理的意味多于支持。

五 教学安排

（一）课时量安排

按照 MPA 班级规模 45 人左右共 6 小组来安排讨论及发言，共 120—135 分钟。

（二）具体教学环节及步骤

（1）教师阅读梳理案例 10 分钟：阅读案例内容、理顺逻辑、回顾要点、思考主要问题，为后面课程安排准备。

（2）学生归纳梳理案例，教师补充遗漏，15 分钟。

（3）思考题小组讨论 15 分钟。提前告知学生思考题的前提下，小组讨论达成共识，并准备好一位代表发言。

（4）思考题发言 45 分钟，每组 7 分钟。各组代表根据讨论的结果发言，组员可以补充；对已发表的观点不重复表述，其他组成员可以质疑；教师可适当插话总结启发引导。教师同步在黑板或投影上记录发言的核心观点，重点考察学生对案例理解及要点的把握。

（5）教师整合大家观点 5 分钟，将案例焦点引导到如何创新、有效地提出解决问题的思路方案上。

（6）分配各小组角色定位讨论 3 分钟，分别以政府各部门及非营利组织、相关学校领导、留守儿童监护人等等，给出解决案例冲突的方案并说明依据。角色采取抢报方式（可适当考虑学员实际工作），先报先得。

（7）各小组讨论 5 分钟，各组分享共 32 分钟左右。

（8）案例引申与进一步思考 40 分钟左右，可以作为（6）（7）的替代方案。

（9）教师总结提升 8 分钟。

六 补充材料及其他

(一) 政府有关留守儿童出台的文件

2006年,《国务院关于解决农民工问题的若干意见》出台,在这一事关新农村建设的纲领性文件中要求"输出地政府要解决好农民工托留在农村子女的教育问题",意味着把留守儿童问题纳入重要政策议程。同年5月,教育部《关于教育系统贯彻落实〈国务院关于解决农民工问题的若干意见〉的实施意见》提出建立农村"留守儿童"教育和监护体系。同年7月,全国妇联《关于大力开展关爱农村留守儿童行动的意见》提出加强农村教育、建设家长学校等举措。同年10月,由国务院农民工工作联席会议办公室、全国妇联等12个部门共同组成农村留守儿童专题工作组,提出建立农村留守儿童工作长效机制的任务目标。2007年7月,中组部等7部门发布《关于贯彻落实中央指示精神积极开展关爱农村留守流动儿童工作的通知》,要求加强留守儿童的教育管理工作、户籍管理与权益保护、救助保障机制、医疗保健服务等工作。2010年,《国家中长期教育改革和发展规划纲要(2010—2020年)》提出建立健全政府主导、社会共同参与的农村留守儿童关爱和服务体系。2011年,《中国儿童发展纲要(2011—2020年)》颁布,提出要健全农村留守儿童服务机制,加强对留守儿童心理、情感和行为的指导,提高留守儿童家长的监护意识和责任。2012年,《国务院关于深入推进义务教育均衡发展的意见》提出把关爱留守学生工作纳入社会管理创新体系之中,构建学校、家庭和社会各界广泛参与的关爱网络,创新关爱模式。以上国务院颁布的这三个纲领性文件,把留守儿童保护工作推进到了一个新阶段。2013年教育部等5部门颁布的《关于加强义务教育阶段农村留守儿童关爱和教育工作的意见》是对以上三个文件的具体贯彻落实。

（二）政府开展的有关留守儿童的典型性活动

在党和政府积极推进留守儿童保护政策的过程中，形成了一些具有典型性、有影响力的保护活动与举措。例如，2007年由全国妇联等13部门启动"共享蓝天"全国关爱农村留守流动儿童大行动，旨在通过实施"共享蓝天"支持行动、维权行动、关爱行动、宣传行动四大行动，切实推进农村留守流动儿童问题有效解决。2010年，共青团中央、中国青年志愿者协会启动了"共青团关爱农民工子女志愿服务行动"，重点开展学业辅导、亲情陪伴、感受城市、自护教育、爱心捐赠等活动。2011年，全国妇联等四部门发布《关于开展全国农村留守流动儿童关爱服务体系试点工作的通知》，积极推动留守儿童关爱服务体系的完善与深化。有关民间组织、公益团体参与方面，有中国青少年发展基金会的希望工程开启了面向留守儿童以及流动儿童的"希望社区"，中国儿童少年基金会的春蕾计划发起"关爱留守儿童特别行动"，中国红十字基金会实施"鲁冰花"关爱留守儿童公益计划，北京市西部阳光农村发展基金会开展驻校社会工作项目，等等。

（三）全国留守儿童的基本情况

在全部农村留守儿童中，学龄前（0—5周岁）、小学学龄（6—11周岁）、初中学龄（12—14周岁）和大龄（15—17周岁）4个年龄组占总体的比例分别为27.05%、34.85%、20.84%和17.27%。其中义务教育阶段的农村留守儿童约3000万。在全部农村留守儿童中，男孩占53.71%，女孩占46.29%，男女性别比为114∶75。

在地区分布上，中国农村留守儿童的分布十分集中，而且多数居住在中南各省。四川、安徽、河南、广东、湖南和江西 6 省的农村留守儿童在中国农村留守儿童总量中所占比例超过半数，达到 52%。20—17 岁农村留守儿童和城乡流动儿童共有 9683 万，已近一个亿的规模。根据《中国 2010 年第六次人口普查资料》中抽取的 126 万人口样本推算出：全国有 6102.55 万农村留守儿童，全国每五个孩子中，就有一个农村留守儿童；城乡流动儿童规模则达到 3581 万。全国有农村留守儿童 6102.55 万，占农村儿童 37.7%，占全国儿童 21.88%。其中，四川、河南占全国比例最高，分别达到 11.34% 和 10.73%。其次，安徽、广东、湖南的，分别为 7.26%、7.18% 和 7.13%。以上五个省份留守儿童在全国留守儿童总量中占到 43.64%。可见，农村留守儿童广泛分布于中西部省份，同时也分布于江苏、广东等东部发达省份。

参考文献

［1］董才生、马志强：《留守儿童关爱保护政策需要从"问题回应"型转向"家庭整合"型》，《社会科学研究》2017 年第 4 期。

［2］王玉香、吴立忠：《我国留守儿童政策的演进过程与特点研究》，《青年探索》2016 年第 5 期。

［3］卫甜甜、张波：《社会支持网络视角下贵州毕节留守儿童自杀行为的述评与反思》，《青少年研究与实践》2015 年第 30 期。

［4］全国妇联课题组：《全国农村留守儿童 城乡流动儿童状况研究报告》，《中国妇运》2013 年第 6 期。

［5］李强、刘精明、郑路：《城镇化与国内移民：理论与研究议题》，社会科学文献出版社 2015 年版。

案例 8

L区协作联合化解
"以噪制噪"管理难题

杨丽琴　金志云　黄建伟[*]

摘　要　噪音作为负外部性的公共品，降噪、消噪就成为公共性命题，如何化解因噪音而带来的"狂躁"、"暴躁"，保证公私生活的宁静美好，成为实践部门与理论研究者的重要使命。广场舞噪音治理是当前我国城市管理中的一大难题，广场大妈和附近居民之争由来已久，如何解决他们的矛盾不仅考验着当地政府执政为民的决心，也考验着当地政府执政为民的智慧。本案例完整描述了2014年3月L区的"以噪制噪"事件的来龙去脉，并对事件发展中的各方参与者的诉求与作为进行了描述，据此再现了公共品供给中"囚徒困境"，透视了城市社会治理中的难题，在案例使用中进一步探讨了我国社会治理的体

---

[*] 作者简介：杨丽琴（1980　），女，汉族，公共管理硕士，曾任职于L区司法局，现任某单位纪检监察员；金志云（1976—　），女，汉族，江苏泗阳人，南京财经大学公共管理学院副教授，MPA教育中心常务副主任，硕士研究生导师，全国MPA优秀教师，主要研究方向为社会治理及房地产市场与政策；黄建伟（1977—　），男，汉族，江西南康人，南京财经大学政府管理研究中心主任、研究员，公共管理学院教授，博士，硕士研究生导师，主要研究方向为政府治理与公共政策分析。

制、主体、工具等问题。

关键词 "以噪制噪"闹剧；负外部性；社会治理；政府主导；法治保障

引 言

"城市让生活更美好"，现代城市因为便捷的交通、高质量的教育、优美的公园等公共品的供给让居民生活质量得到改善。然而公共品的供给与使用中"公地悲剧"、"免费搭车"、"囚徒困境"、"信息不对称"的存在也带来公共品供给的低效、无效或负效应，公共品的供给选择机制必须在各种冲突的利益之间提供仲裁的原则。噪音作为负外部性的公共品，降噪、消噪就成为公共性命题，如何化解因噪音而带来的"狂躁"、"暴躁"，保证公私生活的宁静美好理应成为实践部门与理论研究者的关注点。广场舞噪音管理是当前我国城市管理中的一大难题，最近被新闻媒体频频报道。健康权和休息权都是正当的公民权益，但维护自身权益应该不以牺牲他人权益为前提。广场大妈和附近居民之争由来已久，如何解决他们的矛盾不仅考验着当地政府执政为民的决心，也考验着当地政府执政为民的智慧。2014年3月，L区新国光大厦小区业主委员会垫资26万元买来"远程定向强声扩音系统"还击小区对面松台广场的广场舞噪音，这就是轰动全国的"以噪制噪"闹剧。这场"以噪制噪"闹剧为何发生，如何收场？政府相关部门是如何"解躁"的？值得我们深入思考。

一 一场"以噪制噪"闹剧

（一）业主买26万元"声霸"怒对广场舞"噪声"

2014年3月29日16时，一阵急促、惊悚的"呜呜呜……"的

案例8　L区协作联合化解"以噪制噪"管理难题　　241

警报声突然从温州市鹿城区松台广场对面的高楼传来，警报声过后，传出一段字正腔圆的男声："请遵守中华人民共和国环境噪声污染防治法，立即停止违法行为……"刺耳的警报声与语音播报循环播放。① 正在广场上引吭高歌、唱卡拉OK的一群人皱起了眉头、歌喉哑然；原本准备晚上去松台广场跳广场舞的大妈们闻讯，临时决定取消了每天雷打不动的广场锻炼。

图1　L区"新国光大厦"4楼平台上的"高音炮"

图片来源：新华网，记者张和平、吕进科、谢树华。

警报声来自松台广场对面"新国光大厦"小区C幢4楼阳台，那里有6个大喇叭组合成的高音设备一齐朝着松台广场方向播放。（见图1）原来这是新国光大厦小区业主委员会垫资26万元买来的"声波武器"，目的是用来"还击"松台广场的广场舞噪音。业主委

---

① 《高音炮还击广场噪音　温州"以噪制噪"令人深思》，2014年4月2日，浙江在线（https://zjnews.zjol.com.cn/system/2014/04/02/019945921.shtml）。

员会主任吴先生说："我们为的是让新国光的广大居民们有个清静的环境，以后他们放，我们也放。他们不放，我们也不会放。这是没办法的办法。"① 这套"声霸"名叫"远程定向强声扩音系统"。它的神奇功能是通过定向大面积发射强声，可以把声音集中到一个方向远距离传播，并能在有效距离里保持足够的声压强度。它主要应用于强声驱暴和地震、洪水等灾害中指挥调度与警示性信息传播。鹿城区环保局监测站工作人员站在新国光商住广场对面，用噪声振动测量仪器对业主的"远程定向强声扩音系统"进行两次检测，数据分别为93分贝与93.9分贝，严重超过声环境质量标准规定的，在2类声环境功能区（指以商业金融、集市贸易，或居住、商业、工业混杂为主要功能）所要求的白天60分贝、夜间50分贝的标准。监测人员称，相比广场舞，这种噪声对人体的健康影响要大得多。

（二）松台广场的广场舞团队与新国光大厦小区业主的恩恩怨怨

L区是某市的政治、经济、文化中心，人口较密集，群众对文化生活需求较大。作为中心城区，这里活跃着973个大大小小的群众文体团队，其中户外活动团队281支。由于广场舞团队准入门槛较低，受到了广大社区大妈们的喜爱。据统计，全区共有900多个"广场舞大妈们"的"活动中心"，松台广场因为地处市中心、场地8000多平方米，位置好、面积大，于是成了广场舞爱好者眼中的"香饽饽"，不论早晚这里都聚集了大量的广场舞爱好者。晚上7时半左右，松台广场上的舞蹈伴奏乐和卡拉OK音乐就进入高潮。绕着广场走一圈，你会发现偌大的广场上至少有三步踩、交谊舞、健身舞等5个广场舞方阵，每个方阵不下百人，且每个方阵都配有一台大功率音响，各自播放不同的音乐。新国光大厦小区共6幢楼，

---

① 参见新京报网站，http://www.bjnews.com.cn/news/2014/04/03/311724.html。

有 600 多户常住居民。居民们反映，近两年来，与小区仅一路之隔的松台广场兴起三步踩、交谊舞、健身舞等各类广场舞，甚至有些人在此练嗓子大唱卡拉 OK。这些歌声和广场舞的"低音炮"，每天"马拉松"似的从早 6 时到晚 10 时轮番"轰炸"，"你方唱罢我登场"，巨大的音乐声此起彼伏，小区里的居民们十分不满。

小区居民的无奈与愤怒：家住 C 幢 22 楼的周女士告诉记者，他们一家入住这里有 2 年多时间，松台广场上的音乐吵得她中午根本无法午睡休息。另一位姓刘的业主称，他儿子今年高考，但是外头太吵，孩子正常的学习、生活被打乱了，害得实在没法子只好把孩子寄宿到亲戚家。住户项先生已经退休，在新国光大厦居住多年。从阳台到卧室，他家足足装了 4 层玻璃窗，可还是挡不住对面广场刺耳的响声。"早上睡个懒觉、中午眯一会儿，对我们来讲都是奢望。"项先生说，每天早上天蒙蒙亮，广场上就有人开着音乐跳舞了；中午 1 点多，则是一帮中老年人轮番上台拿着话筒唱卡拉 OK，唱完了还要观众拍掌叫好。"跟这群人讲道理一点都没用，城管和派出所的来管一下，没过两天，他们又把音响调高。"无奈的业主们说现在最盼望的是下雨天，一下雨，松台广场就清静了。还有业主反映，噪音不仅对居民生活造成很大的困扰，也影响到了小区的房价。

广场舞参与者的心声：62 岁的杨先生从单位退休后，已经跳了 2 年的健身舞，他认为跳广场舞让他强身健体，连医院都不用去了。其他跳广场舞的大妈大爷则认为广场舞除了强身健体外，也有利于保持身材、充满活力。

持续五六年之久的矛盾：新国光大厦的物业管理部门也反映，大厦居民投诉非常多，物业也想了很多办法，但是效果不佳。新国光物业管理委员会主任吴先生说，小区居民与广场舞者的矛盾已经出现了五六年。广场舞也从最初的每天早上一小时健身演变成"从早跳到晚"，住户中有人做海鲜生意，夜里经营，凌晨五点才回来睡。刚睡下，六点多跳舞的人就来放音乐了。住户和广场舞成员的矛盾逐渐升级，并曾发生过多次冲突与摩擦。①

（三）区政府组织签订《L区广场文化活动公约》并成立监管噪声执法组

随着矛盾的逐步加剧和小区居民投诉的增加，为进一步规范广场文化活动，倡导"健康、和谐、文明"的社会氛围，2014年1月21日，在L区委区政府的高度重视下，区委宣传部、区文明办、区公安分局、区城管与执法局、区环保局等单位组织广场歌舞的民间团队及个人，签订了《L区广场文化活动公约》。其中约定：每场广场文化活动的时长控制在2小时之内，每日活动的时段为7：00—12：00、14：00—21：00。白天平均音量不得超过60分贝，晚上不得超过45分贝。同时，政府还成立了监控和管理广场噪音问题的联合执法组。

（四）两个月后噪声"卷土重来"，业主放"大招"

这些监管措施出台后，松台广场噪声污染过度的问题曾在一定程度上得到了缓解。但是，两个月过后，松台广场的超分贝噪音在消停一段时间后又"卷土重来"，让刚刚清静了一段时间的新国光大厦居民又遭遇了噪声"噩梦"，他们自认都快被广场舞噪音"逼疯"了。在这样的情况下，2014年3月29日下午4时，新国光大厦小区业主委员会将去年10月买下的专门用来"对付"广场噪音的"远程定向强声扩音系统"拉出来。一名操控"远程定向强声扩音系统"的该小区住户说，"只要广场舞一放音乐，我们也跟着放，内容主要是警报声和一些唢呐类的音乐"。业主委员会主任吴先生说，这是无

---

① 参见新京报网站，http://www.bjnews.com.cn/news/2014/04/03/311724.html.

奈之举,"如果不是他们的广场音乐太吵,我们也不会放","我们不是要扰乱社会环境,这么做都是为了周围的市民尤其是学生能够有个安静的学习环境"。

二 "以噪制噪"惊动社会各界,政府部门再次"出手"

(一)各方对"以噪制噪"事件的看法

松台广场的"声波武器"——"远程定向强声扩音系统"持续"还击"了广场舞噪声两天,这场"以噪制噪"闹剧被全国各大媒体纷纷报道,也受到了社会各界的广泛关注。L区广场文化活动综合管理协调小组办公室负责人柯胡斌介绍,广场舞噪音在国内不少地方都是社会管理的难题,公民的"健身权益"与"休息权益"产生突出矛盾而难以调节,松台广场只是一个缩影。

L区所在市环保部门一位干部认为,广场舞是一种社会活动,但任何活动必须以不影响他人为原则。如果噪声超标或他人有投诉,城管执法局应该出面引导和制止,正因制止不力才引起这场不文明的"以噪制噪"风波。

市民吴先生认为解决广场噪音这个矛盾,关键还是需要大家互相体谅。跳舞唱歌的人要自律,尽量把音乐调低些,不要为了自己有感觉,就不顾他人的正常生活。还有就是在锻炼时间的选择上,尽量避开早晨、午后这些休息时段,不打扰附近居民。只有学会尊重别人,才能赢得别人的尊重和理解。

有关专家称,当前公共场所公共活动除了政治、治安、安全方面有规范要求外,在噪音污染方面还缺乏法律的规范。相关部门应该深刻反思,松台广场周边居民用高音喇叭"以噪制噪"不足取,要尽快制止,但更要看到这是居民深受其害、忍无可忍的"对决",

是面对政府不作为或作为不力时的无奈之举。如果问题得到解决，他们也不会花巨资"以噪制噪"，而且这样做也可以说是"噪音自扰"。还有专家指出，我国现有相关法律、法规在广场舞噪音的监管上存在一些"盲区"。诸如噪音大到什么程度算是构成"噪音污染"、跳舞者与监测人员"捉迷藏"、对松散型的跳舞者如何确定处罚主体等，存在噪音定量难、监测难、处罚难。到目前止，全国尚无一起广场舞噪音被处罚的案例。

当地律师协会杨副会长认为，从法律角度讲，"以噪制噪"是极为不当的。广场舞蹈音乐音响过大是违法，而业委会故意制造刺耳的声音也是违法，且受到影响的人不仅是跳舞的人，还包括其他社会公众。这实际上是对法治的破坏。

某民间智库理事欧阳后增表示，针对噪声污染，公安、行政执法、环保等部门应联合执法管理，公园管理处和物业以及相关街道社区也应及时介入，参与监督。欧阳后增说："广场舞本身是居民生活水平提升后产生的一种文化现象，处理得当便是风景，过度了就会产生矛盾。我建议，对广场舞应限音量、限时段、限区域、限设备，并且进行物理减噪，避免问题升级。业主的'音炮对抗'确实有些过激了，但其背后反映的是一种现代城市'文明病'"。"既然是'社会病'，就需要'润滑油'。"①

而在当地著名网络论坛——703804 论坛上，广大网民认为 L 区"以噪制噪"事件丢脸丢到全国去了。这其中丢脸的部门有哪些呢？一是包括工人文化宫和群艺馆在内的文化职能部门。L 区所在市花了数亿元建的工人文化宫没有给市民提供娱乐场所，只象征性地提供几个小场地应付了事，根本不能满足人们日益增长的文化娱乐活动需求，更多的场地被他们出租用来作为少儿培训，而少儿培训的

---

① 参见新浪博客网站，http://blog.sina.com.

职能本应该放到少年宫和少儿图书馆去。当年建的车站大道群众艺术馆,也没有发挥很好的作用,场地用来做宾馆和其他用途。二是执法部门。执法部门面对有关住户的投诉,以"人手不够"为由没有及时履行管理职能,其实是执法软弱!

(二)省委书记提要求,区政府部门"该出手时就出手"

L区松台广场"以噪制噪"事件被广大新闻媒体、报刊、网络纷纷转载、评论后,引起了浙江省委领导的关注。2014年4月1日,浙江省委举行学习贯彻习近平总书记系列重要讲话精神专题报告会,时任省委主要领导做专题报告。并针对"L区广场舞问题"提出要求,希望相关部门对待群众工作,要做到"耳聪目明、思维敏捷",要认真"查摆问题、对照检查、加以整改"。

会后L区委区政府对此事件进行深刻反思,迅速组织力量开展广场噪音问题整治工作,表示要引以为戒、举一反三。当晚,L区委区政府召开专题研究会,提出多项整治措施:鉴于广场等公共场所与百姓的日常生活息息相关,今后对群体性聚集广场活动要进行精细化管理,使用场地实行登记制。在广场设置分贝仪和电子显示屏,方便广场舞参加人员和周边群众自律、监督。尝试大型广场使用音响由政府掌控的办法,广场噪音高低的"旋钮"掌握在政府手里,实现一劳永逸。引导群众学习济南"大妈"的文明办法,使用无线耳麦来跳广场舞。"今后我们将加大管理力度,积极探索自治和巡查相结合的管理方法。"时任L区委主要领导说。

在此前的2014年3月31日,L区委宣传部门已召集相关部门举行"广场噪声"协调会,确立以公安牵头,环保、行政执法、市公园管理处、街道等部门为主体,成立联合执法行动小组,各部门派专人在广场内每天巡逻30次,一旦发现分贝超标,随即予以教育制止和超标取证,对屡教不改者予以查处。

当天下午，在有关部门的劝说下，新国光大厦的业主委员会拆除了这套"远程定向强声扩音系统"。

（三）召开"民生圆桌会议"，启动网络观察员活动，收集金点子

2014年4月2日下午，L区组织区委宣传部、广场文体团队代表、新国光业主代表、公安、环保、城管与执法、公园管理处、网络观察员代表等召开"民生圆桌会议"。经过协商和沟通，新国光大厦业主代表和广场文体团队代表双方握手言和，称将以此前制定的《L区广场文化活动公约》为准则。（见图2）各职能部门也正积极商讨休息、健身两不误的双赢之策。

圆桌会议上，听了新国光大厦业主们的诉苦，广场文体团队的代表也深有感触。她们赞同广场健身应该有个"度"，要在规定的时间内开展活动，早上7点之前，晚上9点之后，中午12点至14点之间不能使用音响，各个团队的音量不能超过85分贝，以免影响附近居民休息。但是两位代表也坦言广场上文体团队众多，这事说来容易做起来难。首各团队的音响发出的声音累计叠加就容易超标。再则，各团队的音响没有专人管理，人多手杂，如果健身者嫌声音轻了，谁都能上前拧一把，音量就会瞬间增大。所以想要不"超标"还得靠职能部门加强管理和引导。另一方面，新国光大厦业主代表们承认"以噪制噪"的行为并不可取，对3月29日发生的非理性行为深表歉意，也非常感谢政府的快速出动与积极应对，同时对广场健身锻炼者的生活需求也表示理解，但是长年累月的噪音已经严重影响业主的生活和休息。代表们希望，下一步在政府相关部门的管理下，严格按照《公约》规定，给小区住户们创造一个良好的生活环境。①

参加"民生圆桌会"的市公园管理处和L区公安、环保、城管与执法等部门和单位，都肩负着监管广场噪音的职能。会上他们先后表态，称将严格履行管理职能，加强日常巡查监测，严格控制音量，如果广场健身音量超标影响周围居民正常休息，就会第一时间赶到现场查处。同时，相关部门还将采取措施进行长效管理，进一步加强监管。

图2　"圆桌会议"新国光商住广场业主和广场舞文体团队代表握手言和

图片来源：温州网。

为了更多更全面地听取群众意见，当天的"民生圆桌会议"还特意邀请网络观察员参加。L区"广场舞噪音扰民"事件备受关注，L区随之启动网络观察员活动。截至4月9日，10多名国内外知名

---

① 谢志强：《创新社会治理：治什么，谁来治，怎么治》，《党政视野》2016年第8期。

"网络大V"应邀加入"网络观察员"团队。据了解,在"网络观察员"团队中,不乏中国传媒大学媒介与公共事务研究院高级研究员、腾讯公众微信"政务微信观察"首席评论员侯锷,钱江晚报社记者、评论员刘雪松、海宁司法局局长金中一等网络知名人士的加入,这些"大V"中,其粉丝数最高的多达300多万。他们觉得,既然当年1月份就已经制定了《广场文化活动文明公约》,双方就该严格遵守。因为公约里已经把广场活动的时间和音量控制等都写明了。网络观察员表示,"三方会谈是个很好的开始,起到了矛盾双方的润滑剂作用"。在制定制度时,要在音量分贝、区域划定上把握好度,同时也要公开征求意见,便于市民监督。"非常感谢这些网络大V的参与支持,我们也希望能有更多的网民加入建言献策,甚至是监督政府职能的队伍中来。"L区协调管理办公室的相关负责人介绍,网络总动员加大了对广场噪声综合整治的监督力度。刘雪松、应忠彭等几名"网络大V"均高度关注广场舞整治,他们通过转发、评论等形式积极参加,其中刘雪松评论员还专门针对该事件发表了好几篇评论。

L区委宣传部作为解决广场噪音问题的牵头单位,除了积极协调业主和文体团队间的矛盾外,还向社会广泛征集"双赢"的金点子。L区委宣传部负责人表示,将继续征集并选取其中好的建议,召集各方展开积极讨论。还同时将着手制定广场文体团队的准入和淘汰制度,谁不遵守规定就取消谁的广场活动资格。此外还拟将对广场划区进行管理。自启动网络观察员活动以来,鹿城区通过报纸、网络等媒体,以及"三微"平台广泛发出"英雄帖",并从征集的91条民间金点子中,梳理筛选出具体可操作的意见供中国环科院专家研讨决策,并启动开建了松台广场"中央音控系统",这得到许多网友的点赞。

三 首创"中央音控系统",实现各方共赢

在 2014 年 4 月 2 日"广场噪音"双方意见达成一致后,4 月 4 日鹿城区邀请了中国环境科学院的专家就双方都同意的解决方案到松台广场进行了实地调研。专家对此前 L 区初步形成的"噪音控制方案"表示可以进行试点。

结合专家意见,根据此前开展的网络意见征询收到的 91 条建议,L 区协调办在召集居民、文体团队及相关部门进行三方会谈后,最后确定,在松台广场建设"中央音控系统"。该方案将 8000 多平方米的松台广场分成 19 个跳舞、唱 K 区块,禁止自带音响设备,由政府统一布局建设"中央音控系统",每个区块计划设置 4 到 5 个音响,音量大小的"旋钮"一律由"音控室"调控。所有音响分布在每个区块四周,可以实现环绕立体声效果,比起居民自带的音响要先进得多。而且,这些音响有蘑菇、石头、假山造型,不会影响公园美观。播放什么音乐,音量多大,都由音控室控制,保证广场音乐的音量不超过规定的范围。"音控室"位于松台广场东北角,和警务室一起。音控室里有若干个音控设备,分别和松台广场各个区域的音响连接,相当于广场大脑,可以分别控制不同区域的音响开关、音量大小。音控室由专人负责,广场舞团队可以提供需要播放的音乐,但音量必须统一控制在 85 分贝以下。据悉,松台广场以"中央音控系统"解决广场活动噪音扰民的方式,为全国首创。

广集民意不仅得到了解决问题的金点子,还得到了由本地民企藤桥禽业股份有限公司捐资 30 万元建设的"中央音控系统"。4 月 7 日,在该系统启动建设仪式上,藤桥禽业有限公司将"中央音控系统"移交给了市园林局公园管理处。此后,这套系统将由市园林局公园管理处纳入公园广场统一管理,并于 17 日进行了中心区域音响

图 3　L 区委宣传和市城管局相关领导为松台广场"中央音控系统"总控室揭牌
图片来源：温州网。

调试。公园管理处每天将安排工作人员，在规定的活动时间里，即早上 7 点至 12 点、下午 2 点至晚上 9 点，在音控室负责播放音乐并按照规定控制音量。松台广场文体团队代表在启动仪式上宣读了"文明健身"倡议书。"告别噪声扰民，从我做起，从现在做起……"，大妈们纷纷表示，将积极响应倡议要求，增强规矩意识、履行《L 区广场文化活动公约》要求，倡导文明健身，努力让广场文化活动成为 L 区一道美丽的"文化景观线"。当天，新国光大厦的业委会主任吴先生代表广大住户感谢政府快速有效地帮助他们解决了噪音问题。在"中央音控系统"正式启用后，业主代表们认为这套高价购入的高音设备已经派不上用场，他们把整套设备上交给了政府，表示由政府统一安排、处理。L 区政府方面表示，他们倾向于将设备退还给厂家，并与厂家进行了积极沟通。

图 4　新国光的住户代表吴先生和松台广场广场舞团队代表一起启动中央音控系统
图片来源：温州网。

此外，L 区广场文化活动管理协调领导小组办公室会同市公园管理处拟定广场文化活动的准入和退出制度，研究制定广场文化活动噪音污染防治管理办法，进驻广场跳舞的团体需要经过登记准入，并在各团体中推选出一名负责人及若干文明观察员，违背《公约》、屡劝不改的团体，则有可能被取消准入资格。同时，松台广场还设置了"警务室"和音量"检测仪"，进行实时管理。

2014 年 4 月 28 日下午，"中央音响控制系统"正式揭牌，在总控室内，新国光大厦业主代表和广场文体团队代表共同按下了"中央音控系统"的控制按钮。（见图 4）随着悠扬的音乐声响起，几个区域内正在活动的大妈们动作一致、翩翩起舞；在音控室内，控制台前的功放显示屏幕上，旋律伴随着音量符号，有节奏、有规律地跳动着。至此，绵延多年的广场舞噪声而引致的"以噪制噪"事件终于迎来了各方共赢的结局。

四 政府趁热打铁，专项整治，部门联动建立长效治理机制

全国首创的"中央音控系统"投入使用后，以松台广场为试点，鹿城区一鼓作气努力破解"广场舞扰民"这一社会问题。一方面加强宣传《L区广场文化活动公约》，另一方面联合媒体监督，开展不文明团队曝光行动。并积极筹建区群众文体团队联合会，希望通过政府引导、团队自律、行业自治等途径进行约束管理。

同时，该区还以点带面，开展"广场舞噪声扰民专项整治活动"，从2014年5月16日起持续40天对全区20个重点广场、公园、居民住宅小区的"广场舞"噪音开展专项整治。发动街镇做好面上噪声扰民的排查、巡逻和处置工作。通过对全区近900支群众文体活动团体进行登记备案，对三类区域（团队数较多的区域，如大公园、广场；居民住宅小区；因噪声扰民被投诉的区域）的广场舞扰民行为进行重点查处。重点整治五大不文明行为：户外活动使用音响不遵守时间和音量控制等约定，造成噪声扰民；多个活动团队在同一户外场所互相恶意比拼音量；使用超重低音音响、高音广播喇叭或其他设备发出高噪声；占用公共道路开展锻炼、娱乐活动，影响交通或妨碍他人正常通行的行为；在锻炼、娱乐活动中争抢"地盘"等。

专项整治将持续开展到2014年6月30日，以后转入常态化管理。整治中对屡劝不止、民众反复投诉、社会反映强烈的社会生活

噪声违法行为,拒不服从和不按要求整改的单位和个人,将根据《中华人民共和国环境噪声污染防治法》和《中华人民共和国治安管理处罚法》等相关法律法规,进行劝导教育和依法查处,由公安机关给予警告并处罚款,罚金二百元以上五百元以下。

为了避免专项整治的运动式治理后遗症、建立广场噪音治理的长效机制,L区对参与整治的部门进行明确职能分工,制定了协商联动机制和取证处罚的联动制度。(1)区政府办公室:统筹开展专项整治工作,按各单位职责,将工作任务进行分解,并协调、联系与督促相关单位按时保质完成。(2)区委宣传部:牵头制定整治活动宣传方案,围绕整治专项工作,开展重点报道、连续报道、跟踪报道,加大整治工作宣传报道力度,曝光违法、违规团队,形成强大的舆论氛围;牵头组建区群众文体团队联合会,强化行业自律和自治管理。(3)区公安分局:负责处理居民区及其周边街道、广场、公园等公共场所组织娱乐、集会等活动以及家庭活动中音量过大造成噪声扰民的违法行为;协助其他职能部门开展执法活动,对妨碍公务、暴力抗法者依法进行处理。(4)区城管与执法局:协助查处占用公共道路开展锻炼、娱乐活动,影响交通或妨碍他人正常通行的行为;负责查处商业经营活动中使用高音广播喇叭扰民的行为。(5)区环保局:负责解释各类声环境功能区的环境噪声标准;负责广场文化活动噪声污染监测,并依法提供监测数据。(6)区文明办、区文广新局、区体育局:加强群众文体团队的自律管理和文化志愿者建设,引导文明守约,遵守社会公德,文明开展锻炼、娱乐活动。(7)公园管理部门:配合有关行政管理部门做好公园社会生活噪声污染的防治;对进入公园组织活动的团队进行登记、分配和管理;组织人员在园区内日常巡逻,对噪声污染行为进行劝阻;设置宣传栏、标志标牌,进行法规宣传和劝导提示。(8)各街镇:由各街镇(综治办)牵头实施专项整治工作,对本辖区公园广场、住宅小区内广场舞噪声扰民问题进行全面深入摸排，对群众文体团队进行登记备案，并会同公安、环保、城管与执法部门，依法查处噪声扰民行为。在依法处置噪音扰民的同时，加大对群众团队的自律管理和文化志愿者建设，引导其文明开展锻炼与娱乐活动。

五　结束语与进一步思考

L区"以噪制噪"事件在各方的共同努力下，在"中央音控系统"顺利运转下，得到了妥善化解。事件的当事双方——新国光大厦小区住户和广场舞大妈们相互体谅、握手言和。这一事件从发生到解决，引发了广泛的社会关注，也在万众瞩目中为全国的广场舞扰民事件提供了解决的样本。在引起社会高度关注的高音炮"以噪制噪""对决"广场舞噪音之争中，L区职能部门在省领导重视和舆论监督下，既拿出了面对矛盾应有的勇气，也拿出了解决问题实实在在的办法，虽然是有着被动色彩的亡羊补牢，但是也有着"吃螃蟹""摸石头过河"的创新尝试。音控旋钮被职能部门掌握在手中之后，新国光居民普遍承认，"现在好多了"。这说明，职能部门出不出手、干不干预不一样，双方协商与统一管理不一样，自动自觉与科学管理不一样。

但是，该事件中政府职能部门利用"中央音控系统"管理广场舞音乐尚处于尝试与摸索阶段，虽然在当前取得了双方都满意的效果，但能否一劳永逸、皆大欢喜，目前下定论还早，还需要矛盾冲突双方相互体验、相互适应的实践验证。管理者不要急着一锤定音，也不要急求相安无事欢，还要有规范决策、做好"调试"的思想准备；更要做好与矛盾冲突双方甚至与社会监督的最佳诉求反复"磨合"的思想准备。职能部门即便不去新国光居民家中"睡一宿"体验居民的难处，也要多听听多个时段、多个方位，从广场传到居民家中的原声音，多听听双方对控音标准以及效果的真声音，从中找准最恰当的音控调节点，用好手中管控音控旋钮的权力，不辜负30万民间赞助，也不辜负冲突双方以及围观民众的期待。

解决广场舞噪音冲突，难就难在"相安无事"与"皆大欢喜"。在现有条件下，如果未来这对矛盾依然难以达到精准的调和，管理者应该更多地顺从新型社会管理中更趋文明进步的诉求。好在新一轮治噪方案，既讲公约和倡议书这些纸上写着的自觉性，更讲巡查与监管、准入与退出的强制性，这为冲突双方达成共识，提供了规范的框架和基础。松台广场舞噪音纠纷持续这么多年，此前之所以教训大于经验，关键是职能部门还停留在拉拉架、劝劝和，讲自觉、不板脸的和事佬水平，新型社会治理法治保障的建规立章，离科技支撑的智力支持，离公众参与的民意汇集，离不断满足民众的美好生活需求，还有很长的路要走。

思考题

1. 为什么防止噪声的相关法律法规及"广场活动公约"不能解决噪声问题？
2. 有人说"以噪制噪"是应对政府不作为的无奈之举，该区政府作为了吗？
3. 城市社会治理中的政府、社会团体、公民各扮演怎样的角色？
4. 城市治理中如何防止过度治理与治理空白？
5. 城市社会治理中如何发挥如"圆桌会议""网络大V"等的作用？
6. 城市社会治理中如何实现精细化管理？

案例说明书

L区协作联合化解"以噪制噪"管理难题

金志云　黄建伟　杨丽琴

一　课前准备

（一）硬件准备

小班研讨课教室，可以是环形或马蹄形多媒体教室，课桌椅最好可移动，方便师生、生生交流。案例正文至少上课前一天传送给学生，确保每一位学生收到并能阅读案例，要求学生根据所给网址进行案例相关资料（新闻、视频、大V微博）的阅读。

（二）软件准备

师生进行案例教学的心理准备，主要有学习的主动性、开放性；思维准备，具备一定的问题意识、科学研究的逻辑、基于事实（数据）而不是价值的判断；知识准备，相关前置课程知识；能力准备，了解政府工作的程序与模式。

二 适用对象

本案例适用于公共管理类等专业的本科生、学术型硕士生和公共管理硕士专业学位（MPA）学生，另外也可用于干部进修或培训的教学使用。但本案例目标、方案等主要针对 MPA 学生。

三 教学目标

（一）知识掌握

1. 公共物品、价优品定义及公共物品供给的困境（免费搭车、公地悲剧、囚徒困境、集体行动的逻辑）、公共池塘资源理论。
2. 外部性问题及其解决。
3. 公共物品供给中的政府、企业、社团、公民角色。
4. 政府在社会治理中的职能定位。
5. 政府各部门协同整合能力。
6. 非政府组织（民间团体）发展与建设。

（二）思维转变

1. 强化群众事无小事的责任与服务意识。
2. 强化法治意识。
3. 多头管理体制障碍的再思考。
4. 现代治理工具与技术的运用意识。

（三）能力提升

1. 多头管理中的政府各部门城市联合治理能力。
2. 基于现存公民素质的社会冲突事件的处理能力。

3. 动员公民参与、自主管理的能力。

4. 现代社会治理中各种方法技术的了解。

5. 综合行政能力的提升，特别是适应多政策客体的均衡决策能力。

四　教学内容及要点分析

（一）案例事件来龙去脉

1. 事件缘起：2009 年前后广场舞流行，2012 年前后噪声扰民引投诉，2014 年 1 月 21 日签订了《L 广场文化活动公约》并成立监管噪声执法组。2 个月内松台广场噪声问题曾在一定程度上得到缓解。

2. 事件爆发：噪声卷土重来，2014 年 3 月 29 日"新国光大厦"小区业主委员会垫资 26 万元买来"远程定向强声扩音系统"还击对面松台广场的广场舞噪音。

3. 事件持续与处理：2014 年 3 月 31 日，L 区委宣传部门已召集相关部门举行"广场噪声"协调会，确立以公安牵头，环保、行政执法、市公园管理处、街道等部门为主体，成立联合执法行动小组，各部门派专人在广场内每天巡逻 30 次，一旦发现分贝超标，随即予以教育制止和超标取证，对屡教不改者予以查处。当天下午，在有关部门的劝说下，新国光大厦的业主委员会拆除了这套"远程定向强声扩音系统"。

4. 事件的综合解决方案：2014 年 4 月 1 日省委书记提要求，L 区委区政府对此事件进行深刻反思，迅速组织力量开展广场噪音问题整治工作，当日晚上，L 区政府召开专题研究会。2014 年 4 月 2 日召开"民生圆桌会议"并发起网络观察员行动，L 区通过报纸、网络等媒体，以及"三微"平台广发"英雄帖"，向社会征集"金点子"，并从征集的 91 条民间金点子中，梳理筛选出具体可操作的意见供中国环科院专家研讨。2014年4月4日，L区邀请了中国环境科学院的专家就双方都同意的解决方案到松台广场进行了实地调研。专家对此前L区初步形成的"噪音控制方案"表示可以进行试点。结合专家意见，根据此前开展的网络意见征询收到的91条建议，L区协调办在召集居民、文体团队及相关部门进行三方会谈后，最后确定，在松台广场建设"中央音控系统"。由当地民企藤桥禽业股份有限公司捐资30万元建设的"中央音控系统"于2014年4月7日启动建设。为规范、有序管理，L区广场文化活动管理协调领导小组办公室会同市公园管理处拟定广场文化活动的准入和退出制度，研究制定广场文化活动噪音污染防治管理办法，进驻广场跳舞的团体需要经过登记准入，并在各团体中推选出一名负责人及若干名文明观察员。违背《公约》，屡劝不改的团体，则有可能被取消准入资格。同时，松台广场还设置了"警务室"和音量"检测仪"，进行实时管理。2014年4月28日下午，中央音响控制系统正式揭牌，在总控室内，新国光业主代表和广场文体团队代表共同按下了"中央音控系统"的控制按钮。一方面加强宣传《L区广场文化活动公约》，另一方面联合媒体监督，开展不文明团队曝光行动，并积极筹建区群众文体团队联合会，希望通过政府引导、团队自律、行业自治等途径进行约束管理。

（5）噪声专项整治活动：2014年5月16日起L区还以点带面，开展广场舞噪声扰民专项整治活动，发动街镇做好面上噪声扰民的排查、巡逻和处置工作。通过对全区近900支群众文体活动团体进行登记备案，对三类区域（团队数较多的区域，如大公园、广场，居民住宅小区；因噪声扰民被投诉的区域）的广场舞扰民行为进行重点查处。此后，从5月16日起持续40天对全区20个重点广场、公园、居民住宅小区的"广场舞"噪音开展专项整治。

（6）噪声常态化管理——2014年7月1日起以后转入常态化管

理。对屡劝不止、民众反复投诉、社会反映强烈的社会生活噪声违法行为，拒不服从和不按要求整改的单位和个人，将根据《中华人民共和国环境噪声污染防治法》和《中华人民共和国治安管理处罚法》等相关法律法规，进行劝导教育和依法查处，由公安机关给予警告并处罚款，罚金200元以上500元以下。

（二）案例导入性问题（角色嵌入式提问，强制回答原因，制造角色冲突，引起讨论兴趣）

(1) 如果你是L区委领导你怎么做？
(2) 如果你是L区委宣传部部长你怎么做？
(3) 如果你是L区城管局主管领导你怎么做？
(4) 如果你是L区环保局主管领导你怎么做？
(5) 如果你是L区公安局、执法局主管领导你怎么做？
(6) 如果你是新国光大厦业委会主任（代表）你怎么做？
(7) 如果你是松台广场文体团队代表（群众文体团队联合会会长）你怎么做？

（三）案例讨论要点

1. 政府职能问题

噪音扰民事件久拖不决，实际上是政府监管缺失或监管职责不清的表现，实质上是政府职能缺位和政府职能错位问题（各职能部门职责不清）。可结合案例内容融入政府职能问题的知识点进行深度分析。

2. 社会治理问题

本案例涉及的噪音管理问题，实际上参与主体十分广泛，不仅有党委和政府的介入，还有民间组织、社会团体、新闻媒体、企业、公民个人（含网络大V等）的广泛参与，体现了一种不同于传统政府管理模式的社会共治，这种社会共治实际上就是公共管理学中提及的新型"政府治理"，社会问题的管理政府不再是唯一的管理主体。实际上就是我们经常提到的"党委领导、政府负责、社会协同、公民参与"的社会治理格局。

3. 政府协调问题

广场噪音问题的解决不是单独哪一个部门能够解决的问题，需要政府各部门通力合作，这就涉及政府内部协调的问题，也可以就这方面展开论述。

4. 民间团体的管理与建设问题

"以噪制噪"事件中涉及多方民间团体，处于焦点的是业主委员会与广场舞团队，其次还有网络民意代表等。从事件的过程来看，由政府主导的《广场文化活动公约》失效，到争端升级、解决，其中我们看到事件中的主导依旧是政府，社会的自主性严重不足，为什么法律有相关规定，广场舞团队会无视，是不是法不责众的传统观念在作祟？加大巡逻力度频次不能根本解决问题，社团的准入退出机制如何执行？成立的区群众文体团队联合会能解决各广场舞社团的自我管理吗？

5. 后续管理问题

虽然"中央音控系统"使争端暂时消停，但并不能保证今后不会出现新的问题，作为案例，应该引发读者的思考。"中央音控系统"虽然从技术上解决了争端，但在管理上能否与先进的技术配套？后续的管理如何跟上？这些都可以引导案例读者进一步思考，尽量把事情想得糟糕一点，这样也许能够更好地防患于未然！

（四）拓展研讨的问题

（1）国外如何化解"噪声扰民"等类似问题，充分发挥社会团体的自治。例如荷兰相关社团高度自治方案。

(2)"以恶制恶"的文化根源。

(3)社会治理中的强制性与自觉性。例如新加坡在公德培育中的酷法。

五 教学安排

(一)课时量安排

按照 MPA 班级规模 45 人左右共 6 小组来安排讨论及发言,共 120—135 分钟。

(二)具体教学环节及步骤

(1)教师阅读梳理案例 10 分钟:阅读案例内容、理顺逻辑、回顾要点、思考主要问题,为后面课程安排准备。

(2)学生归纳梳理案例,教师补充遗漏,15 分钟。

(3)思考题小组讨论 15 分钟。提前告知学生思考题的前提下,小组讨论达成共识,并准备好一位代表发言。

(4)思考题发言 45 分钟,每组 7 分钟。各组代表根据讨论的结果发言,组员可以补充;对已发表的观点不重复表述,其他组成员可以质疑;教师可适当插话总结启发引导。教师同步在黑板或投影上记录发言的核心观点,重点考查学生对案例理解及要点的把握。

(5)教师整合大家观点 5 分钟,将案例焦点引导到如何创新性、有效地提出解决问题的思路方案上。

(6)分配各小组角色定位讨论 3 分钟,分别以政府各部门及业主代表、广场舞团体代表等,给出解决案例冲突的方案并说明依据。角色采取抢报方式(可适当考虑学员实际工作),先报先得。

(7)各小组讨论 5 分钟,各组分享共 32 分钟左右。

(8)案例引申与进一步思考 40 分钟左右,可以作为(6)(7)

的替代方案。主要讨论现代社会治理体系建设的困境，包括政府各职能部门协同治理、公民素质、社会团体培育与建设，以及如何从体制机制上破解困境，甚至可以讨论"以恶制恶"的深层动因。

（9）教师总结提升 8 分钟。

六　补充材料及其他

（一）理论依据材料

1. 负外部性及其解决方案

外部性现象经常被认为是生产或消费私人边际效用（成本）与社会边际效用（成本）之间的偏离。负效应就是私人边际成本小于社会边际成本，即非拒绝性。公共经济（财政）的经典研究认为，政府的作用应该是消除负外部性。然而政府到底在外部性的解决上扮演何种角色，不只是产品特性的函数，也不只是公民偏好的函数，也是社会主流价值观或文化的函数。

2. 社会治理体制与内容

谢志强在《创新社会治理：治什么谁来治怎么治》一文中梳理了社会治理的概念与体制发展。党的十八届三中全会之前用社会管理概念，从《中共中央关于全面深化改革若干重大问题的决定》开始使用社会治理。反映了治理主体、方式、范围、重点等方面的明显不同。"党委领导、政府负责、社会协同、公民参与"的社会治理格局（2004 年 9 月党的十六届四中全会提出），2013 年 11 月提出"创新社会治理体制"并从改进社会治理方式、激发社会组织活力、创新有效预防和化解社会矛盾体制等方面提出原则性要求。2014 年 10 月党的十八届四中全会提出要坚持"系统治理、依法治理、综合治理、源头治理，提高社会治理法制化水平"。2015 年 11 月党的十八届五中全会提出完善"党委领导、政府主导、社会协同、公众参与、法治保障"的社会治理体制。社会治理治什么:"两平一调"(平台建设:社会组织和社区平台;平安建设;一调:协调好三个关系,即主导与主体、维权与维稳、法治与德治的关系)。

3. 社会治理中的多元主体结构

谁来治:多元主体治理。强化政府在社会治理中的主导作用和服务功能。解决过度治理与治理空白的问题。建设好社会组织平台,积极培育和发展社会组织,建设好社区平台,构建全民共建共享的社会治理格局。关键在激发社会活力,增加和谐因素,减少不和谐因素。在单位人向社会人、社区人转变的同时,社会治理重心随之改变。协调不同阶层、不同利益群体的诉求。传统体制的惯性影响,有些部门在履行社会职能时,不是从"公民本位"、"权益本位"的理念出发,是从"官本位"、"政府本位"出发,影响了政府社会治理职能的发挥。服务型政府建设仍需改革,社会组织发育不够,发挥作用的空间有待提高。行政色彩深厚,自主性不高,社会组织法律法规体系不健全。对社会组织功能认识不到位。应该着眼于维护最广大人民根本利益,充分发挥多元主体在社会治理中的主导、协同、自治、自律、互律作用,整合社会治理资源,形成多元治理结构;把德治和法治结合起来,让法治起到越来越重要的作用。

4. 优化社会治理工具,推进社会治理精细化

社会治理从局部化、碎片化、表浅化的实验,逐步走向全局化、系统化和深层化的实践。各地通过社会治理创新金点子、圆桌会议、政务超市等方式提高社会治理效果。

(二) 本案例相关政策法规及规范

《中华人民共和国治安管理处罚法》第五十八条;《中华人民共和国环境噪声污染防治法》第五十八条;《L区广场文化活动公约》。

参考文献

（1）［英］简·埃里克·莱恩：《公共部门：概念、模型与途径》（第三版），谭功荣等译，经济科学出版社2004年版。

（2）［美］埃莉诺·奥斯特罗姆：《公共事物的治理之道——集体行动制度的演进》，余逊达等译，上海三联书店2000年版。

（3）［美］詹姆斯·博曼：《公共协商：多元主义、复杂性与民主》，黄相怀译，中央编译出版社2006年版。

（4）谢志强：《创新社会治理：治什么，谁来治，怎么治》，《光明日报》2016年7月13日第10版。

（5）邹珊珊：《城市治理：中国的理解与实践》，复旦大学出版社2007年版。

案例 9

中国式邻避冲突：历史、现在与未来

——由京沈高铁事件引发的思考

黄建伟 刘 军 靳 亮*

摘 要 在我国，邻避冲突是政府与社会互动的显微镜，邻避冲突的发展特征及其化解方式也是民主政治发展历程的重要线索。在抗争性政治背景下，邻避冲突的化解往往以抗议方的分化、瓦解而收尾。近年来，越来越多的政府部门在邻避冲突中做出妥协，抗争性政治正逐渐被回应性政治所取代。通过京沈高铁事件，本案例呈现了中国式邻避冲突的新特征，并在此基础上进行体制上和观念上的思考，以期在全球化和后工业化时代背景下把握避免邻避冲突矛盾升级的本土化路径。

关键词 邻避冲突；邻避抗议；特征；社会治理

---

* 作者简介：黄建伟（1977— ），男，汉族，江西南康人，南京财经大学政府管理研究中心主任、研究员，公共管理学院教授，博士，硕导，主要研究方向为政府治理与公共政策分析；刘军（1991— ），男，汉族，江西宁都人，南京大学政府管理学院行政管理专业博士研究生，主要研究方向为地方政府治理；靳亮（1989— ），男，汉族，安徽太和人，南京财经大学公共管理学院讲师，主要研究方向为政府文化管理体制、地方政府治理。

从 2009 年 3 月到 2013 年 12 月,这是中国铁路史上极有历史意义的几年,铁道部被合并,曾经的铁道部部长刘志军被判死缓,京沪高铁、京广高铁、武广高铁等开通运行……经过公开听证会,环保部于 2013 年 12 月 4 日批准了京沈高铁第四次环评报告,这意味着持续了四年多的京沈高铁事件即将成为历史。那些为了公民权益积极奔走的身影依稀可见,那些京沈高铁筹划者的叹息声仍回响在耳边,它们共同见证了中国式邻避冲突的变迁。

一　京沈高铁事件

京沈高铁是连接东北与华北地区、沟通关内外主要城市的重要纽带,它不仅是《中长期铁路网规划》中"四横四纵"客运专线主骨架的重要组成部分,也是全国铁路"十二五"规划的重大项目。该线路的初步规划约 684 公里,设计时速达 350 公里/时,全程运行 2 小时 18 分,比已有动车还要快 1 个半小时。有关专家称,京沈高铁的建设至少能产生三个效应:一是形成区域间民航与铁路的价格竞争,使民众受益;二是方便沿线居民的出行和跨城市上下班;三是形成北京对辽宁的经济辐射,产生"供给创造需求"效应,加速环渤海经济带的一体化进程。为此,沿线政府与公众表现出强烈的呼声,多个部门和多家媒体声称,京沈高铁有望于 2009 年 6 月开工,并争取于 2012 年通车。

负责京沈高铁设计任务的是原铁道部第三勘察设计院(以下简称"铁三院"),该机构曾拟定了京沈高铁北京段的三个方案,由于方案一经过了顺义、怀柔、密云三个北京经济相对较发达的区县,避让了怀柔地下水源地的核心井群,同时经过了交通基础落后的兴隆县,国家发改委于 2009 年 3 月批复了方案一。按照铁路设计要求,线路两边 30 米内严禁新建居民住宅、学校和医院等噪声敏感建筑物（见附件1）；两侧30米至200米的区域内不宜新建学校、医院、敬老院和住宅区等噪声敏感建筑物（见附件2）。然而，这条线路在经过北京市朝阳区容纳了十多万居民的34个小区时，轨道和住宅建筑之间的距离仅为20—100米，因而该线路遭到北京市民的强烈反对，进而展开了四年多的博弈。在沿线居民与政府相关部门的博弈过程中，由于环保部充当着京沈高铁建设方案的关键裁决者，因此笔者根据环保部对环评方案的裁决将案例分为四个阶段。

2009年3月，铁三院完成了对京沈高铁的环评报告，并将概要发布在一个不知名的公共参与环境评估网站上。在仅有一页的概要中，该项目的总体背景仅用两句话介绍，而具体的工程方案、环境影响和预防措施只字未提。当时很少有人知道这个项目，也很少有人获取第一份环评报告的信息。最早发现这份报告的是金隅社区的一些居民，他们担心住房和线路之间的距离太近，以及周围公共空间和绿地减少，其他居民则担心封闭的环评和项目决策过程。2009年3月至5月，数十名金隅社区居民参加了第一次抗议活动。居民向包括环境保护部在内的几个政府机构递交了五起书面投诉。按照相关规定，环境影响报告应在公示至少10天后进行民意调查，鉴于环境影响评估信息流于形式、宣传不足和缺乏公众参与，环保部否决了这份环评报告。

2010年12月至2011年3月，金隅凤麟洲小区约400名居民参加了针对高铁的第二次抗议活动。在2010年12月向居民公布的第二份环境影响评估报告摘要中，介绍了项目的主要信息，主要的环境影响，环境保护措施和初步评估结果。根据该报告，京沈高铁线路中的星火站段将南移500米，进入到人口稠密的居民区，有关环境保护所涉及的却仅为一些粗略的措施，并没有将相关措施进行量化，对沿线居民而言缺乏解释力，事实上这些措施也不能解决民众担心的问题。金隅凤麟洲小区居民于2010年12月17日向铁三院、全国人大、国务院、全国政协、国家发改委、环保部、卫生部、北京市政府和北京市城市规划委员会提交了联名请愿信（见图1）。提交给铁三院的联名请愿信在民富论谈上讨论开来，并在人民网论坛上转载。京沈高铁的星火站选址与居民区距离太近，居民担心由此产生的噪音、辐射、空气和土地污染以及住房贬值、大量绿地被占，施工建设安全问题，并达成了"坚决反对星火站目前的选址、坚决反对占用我们的绿地"的请愿要求。除此之外，这份请愿建议还反映出一个深刻的问题，即由于缺乏必要的公众参与和民意采集，公众对于选址存在一定程度的误解，反对选址南移，事实上星火站原址及以北的空地在此之前已经售出。由于该报告的内容不完整，方案制定程序不严谨，引发了大量金隅凤麟洲小区居民的合理投诉，环保部否决了第二份环评报告。

图1　京沈高铁铁路规划沿线小区居民代表到环保部递交请愿书

2012年7月中旬,铁三院在京沈高铁沿线的住宅小区进行了公众意见调查。结果显示,2782名受访居民中94.82%支持京沈高铁建设,且各乡镇街道居民的支持率均在85%以上。该结果受到沿线市民强烈的质疑和指责:该调查只对安装防声盾牌的地区进行了调查,且调查过程存在多项违规操作行为,如诱导性调查、选择上班时间进行调查以避开大量的年轻户主、公民参与调查先于公示等。因此,大部分居民不知道此次调查,甚至有大量居民还不知道新的铁路建设方案。与此同时,卡布奇诺小区的部分业主通过社交网络平台在沿线居民小区组织了一次内部民意调查,结果显示反对率高达100%,业主们还通过联名签字的方式要求对高铁项目重新选址。从34个小区中推选出的业主代表,将调查结果和联名签字向国家发改委、环保部、北京市规划局、北京市发改委、铁道部和北京市铁道局反映和投诉。很快,京沈高铁事件在网络上传播开来,超过一万网民通过网上论坛、QQ群和微博讨论了京沈高铁的环境影响。大量居民通过网络平台组织联名签名,要求修改环评报告、重新选址。14个社区的居民发起了一个自愿行动组织——高铁维权联盟,该联盟的50多位居民代表召开会议以征集居民意见,组织网络投诉、写投诉信和示威。2012年11月29日,在铁三院公布第三份环评报告当天,数十名居民到北京市城市规划委员会挥舞带有公众请求的旗帜。2012年12月9日,1000多名中产阶级抗议者(大多是年轻人)举行了和平示威活动。[①](见图2)他们反对京沈高铁的选址计划和环评的调查结果,要求将京沈高铁路线搬迁到远离他们社区的地方,并将车站转移到五环路以外人口较少的地区。其间,北京市规划局和铁道部分别于11月29日和12月12日组织会议与居民代表沟通,

---

① 朱琼华:《27%蹿升至94% 京沈高铁环评支持率受质疑》,《21世纪经济报道》2012年12月18日第18版。

官方代表表示线路方案没有得到大部分民众理解就不会通过，铁路方案还会进一步优化；但会议并没有达成一致协议，居民对沟通过程和结果并不满意，例如铁道部工作人员刻意避免讨论修改京沈高铁选址和环境影响预防措施等核心争议。2012年12月16日，环保部公布了第三份环评报告，这份报告详细介绍了项目概况、线路选择和优化措施、环境影响和预防措施：动车入库检修不必再经过十字疏解区至星火站通道，十字疏解路段限速80公里/时，新建线路与既有线路等高并行；列车进入居民区禁止鸣笛，时速降至50公里/时；设置约3公里封闭式声屏障；热电厂专用线在西侧走行，过朝阳路后并入既有正线；动车所调整至铁科院试验环线内；星火站中心向南偏600米，保留金隅凤麟洲小区绿地；线路出五环后，设计8.7公里隧道。然而，公众对报告的内容并不满意，有关车站选址等核心诉求并未得到满足，居民投诉和抗议活动越来越多，环保部于2013年1月否决了第三份环评报告，要求重新进行公众参与调查，以推动各利益群体达成共识。

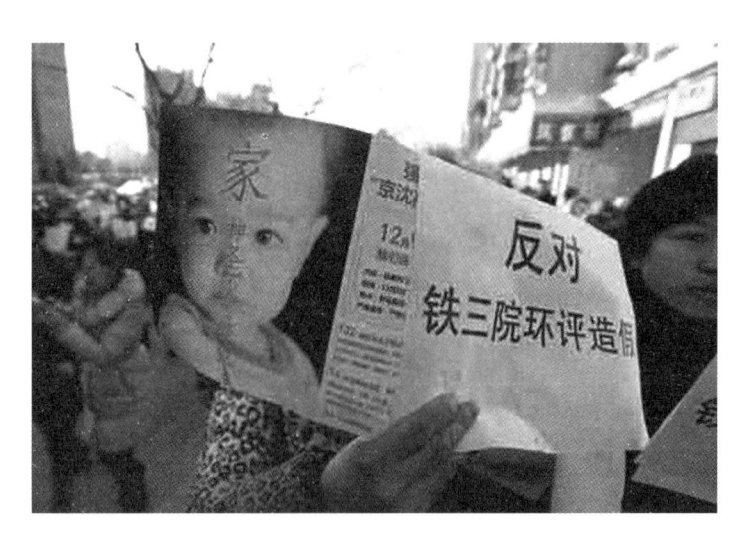

图 2　京沈高铁事件现场

环评报告被第三次否决后，铁三院尝试进一步加强与居民的沟通，2013年8月4日和8月5日分别与沿线各区居民进行了四场座谈会。铁三院公布了新修订的京沈高铁方案：北京火车站与星火站之间的部分被取消，星火站成为新的起点并向南偏600米，星火站以南区域将不再受高铁的直接影响；在星火站到五环路段全程设全封闭式声屏障（见图3）。这些措施这大大减少了沿线受影响的北京居民人数，但星火站以北沿线的部分居民仍然对环评的真实性表示担忧。2013年8月5日，300多名抗议者向环保部递交了一封请愿信，提出对京沈高铁方案进行以下三项调整：一是将起点站选址在五环外；二是将高铁线部署在人口稠密地区之外（距离房屋最小距离200米）；三是如果第一个建议是不可能的，那就在星火站和五环之间建造地下轨道。① 对于这部分居民而言，仍然坚持改线的重要原因是对相关部门的不信任，而非修订后的环评报告本身。因为绝大部分居民对新方案表示满意，从抗争队伍中淡出。在座谈会后，2013年8月9日北京市城市规划委正式公布了新的高铁方案，并于8月27日起进行了30天公示，以便广泛听取民众意见。公示期间共收到1035条建议和意见，北京市城市规划委就将星火站迁址、设立200米隔离区、星火站至五环路段采用地下隧道等集体性意见进行解释，拒绝进一步修改京沈高铁计划。2013年11月14日，环保部对京沈高铁第四次环评报告进行公示，公示期为7天。在公开听证会后，环保部终于在2013年12月4日批准了"京沈高铁"第四次环评报告。

---

① 朱琼华：《27%蹿升至94% 京沈高铁环评支持率受质疑》，《21世纪经济报道》2012年12月18日第18版。

图 3　始发站至五环加装声屏障效果图

二　历史上的中国式邻避冲突

（一）邻避冲突的原因

邻避冲突主要是因为邻避设施的选址和建设而引起的与当地居民的冲突，直接原因在于这些设施的建设往往产生负外部性，可能造成污染环境、威胁身体健康、情绪抵触、房屋贬值等问题。近年来，邻避冲突在我国越来越频繁发生，并有着深刻的社会根源。

第一，社会环境发生剧烈变化。20 世纪 80 年代以来，整个社会开始呈现高度复杂性和高度不确定性特征，两极分化、环境污染、传染性疾病等问题导致社会矛盾日益激化。这些现象出现的原因是整个社会正处于剧烈的社会变迁过程中，人类社会正处于工业化社会向后工业化社会转变以及全球化过程中，面临着人类历史上前所未有的一系列问题。互联网技术以及交通运输业的发展使得人类社会的进步得以共享，也使得局部性风险扩散开来。在这样的背景下，各地的邻避冲突事件呈现出野火燎原之势。一方面，由于风险社会的信息传播速度之快、信息传播的地域跨度之大，扩大了社会管理的"涟漪效应"，大大压缩了地方政府的灵活性空间，区域性做法经过社会媒介传播，甚至对国家治理及其合法性造成巨大冲击，政府部门过去采用的压制式方式在应对诸如邻避冲突事件时变得异常脆弱。张康之教授指出，从工业社会向后工业化社会转型过程中，整个社会必然会出现多元化治理的需求并导致传统的"中心—边缘"结构解体。① 在多元治理体系尚未建立的时候，越来越多的社会矛盾会在社会转型和社会变迁过程中爆发出来。

第二，政治、行政体制的弊端。改革开放以来，党和国家领导人逐渐确立起"一个中心，两个基本点"的基本路线，以经济建设为中心成为建设中国特色社会主义的首要目标。在全国性的政治动员上，党和国家领导人曾提出"胆子要大，步子要稳""不管黑猫白猫，抓到老鼠就是好猫""发展才是硬道理"的口号，发展型政府的理念深入各级政府官员的骨髓；在政治和行政体制上，形成了以"数量化的任务分解机制、各部门共同参与的问题解决机制、物质化的多层次评价体系"为特点的压力型体制，"依绩效进行奖惩"作为调动官员发展地方经济积极性的主要措施，为了提高政府效率，先后进行了围绕干部队伍、机构改革、政府职能为重点的行政体制改革，而理顺政府与市场的关系往往是行政体制改革的主要内容。中国改革开放的 40 年，是经济腾飞的 40 年，也成为社会矛盾日益凸显的 40 年。在发展型政府理念指引下的政府官员，为了创造在任时的政绩，往往兴建大批具有显著经济效益的重大工程项目，这些项目的特点是：见效快、质量差，还要与前任不同。为此，各地重复建设、因领导调任而导致工程的持续性差等问题不断被曝光。冯

---

① 张康之：《全球化、后工业化时代的社会特征》，《河南大学学报》（社会科学版）2012 年第 52 期。

军旗在河南某县挂职期间调查发现，地方党政官员一把手为了创造出"显著的"地方政绩，不顾地方实际情况，对地方经济发展进行粗暴干预，造成地方经济停滞甚至倒退者大有人在。随后，这些官员往往能够通过制造地方发展的假政绩获得晋升，更加荒唐的是，往往折腾得越厉害、对地方经济造成"伤害"越大的官员更能够获得晋升。当建设重大工程项目与周边群众发生利益冲突时，发展型政府的利益代表往往以公共利益为说辞，通常采用粗暴方式压制社会抗争，而这也是近年来各地不断发生邻避冲突和上访事件的重要原因。

第三，农村公社的解体以及单位制式微。新中国成立后，为了克服从晚清开始的政治解体与社会解体相结合的"总体性危机"，① 凝聚社会力量建设社会主义，先后在城市和农村实行单位制和人民公社，形成了对广大人民强有力的社会控制。随着人民公社的破产以及家庭联产承包责任制的推行，国家对农民的束缚有了一定的降低，但仍通过城乡二元体制对其进行身份限制。改革开放以来，随着社会主义市场经济体制的建立、国企改革和事业单位改革以及劳动人事和户籍等制度的改革，单位制对单位成员的控制极大地弱化，城乡二元结构也逐渐被打破，国家对资源流动和人员流动进行松绑，对整个社会的政治控制明显降低。在此背景下，公众民主权利意识逐步觉醒。近年来，群体性行动的参与主体从早期的底层民众、弱势群体、改革的"牺牲者"，已经扩大到接受高等教育的民众和拥有一定社会地位的中产阶级。② 近年来发生的厦门反 PX、京沈高铁和鹤山核燃料等事件中，均涌现出一大批中产阶级市民群体上街游行

---

① 孙立平：《"自由流动资源"与"自由活动空间"——论改革过程中国社会结构的变迁》，《探索》1993 年第 1 期。

② 朱德米：《建构维权与维稳统一的制度通道》，《复旦学报》（社会科学版）2014 年第 1 期。

或广场静坐。在部分邻避冲突事件中，有人大代表和政协委员声援社会抗争行为，要求通过将重大工程项目提交至政协会和人大会议进行审议，以便促成更加广泛的社会共识。

（二）中国式邻避冲突的历史特点

何艳玲在分析因城市变电站建设导致的邻避冲突时，归纳了中国式邻避冲突的三个显著特征：一是邻避抗议层级螺旋式上升；二是邻避行动议题难以拓展；三是邻避冲突双方无法达成妥协。[①] 这些特征与大多数国外的邻避冲突事件产生鲜明的对比（见表1）。除了我国的社会环境和制度背景，中国式邻避冲突的发展特点与博弈双方的行动策略直接关联。

表1　　　　　　　　　　中外邻避冲突特征比较

中国	国外
抗议层级螺旋式上升，先后经历个体理性抗议、集体理性抗议、无抗议、集体非理性抗议、个体多形态抗议五个阶段	抗议层级直线升级为大规模、集体的邻避抗议，持续到最后
邻避行动议题局限于反邻避设施难以拓展，抗议中出现的各种目标实际上均指向反邻避设施	邻避行动议题往往从反邻避设施过渡到环保整治、族裔平等，只有多议题都得到回应抗议才会停止
邻避冲突双方无法妥协，往往以抗议队伍的分流收尾	往往以邻避设施建设方的妥协甚至撤走邻避设施收尾

首先，博弈双方在邻避冲突过程中均存在非理性行为，导致了抗议层级的螺旋式上升。在邻避抗议出现的早期，抗议方虽然采取了理性抗议，但抗议规模较小，建设方（主要指地方政府部门）基

[①] 何艳玲：《"中国式"邻避冲突：基于事件的分析》，《开放时代》2009年第12期。

于处理邻避冲突的"惯性思维",通常采取不管不顾甚至隐瞒、"摆平"方式。① 而这通常激起抗议方采取集体的、非理性的方式,通过规模效应、社会影响来表达不满和引起建设方的重视。在我国,集体的、非理性的抗议行为(如阻塞交通)往往最能刺激政府官员的敏感神经,"经济发展做不好至多是无法晋升,而维稳出了状况则会乌纱不保"②。同时,抗议方的非理性行为恰好给了建设方强制干预和压制的制度性理由,当建设方出动警力拘留"闹事者"后,抗议队伍迅速分化和瓦解。

其次,基于利益衡量的抗议本身具有很大的局限性,导致抗争议题难以拓展。抗议者的抗争动机在于维护个人和家庭利益,这就注定了其抗争行为是在权衡利益得失的基础上进行的,当邻避抗争可能导致自身溢出的单位工作、行政处罚或政治前途的损失时,抗议活动便会停止。③ 这也导致了抗争议题始终局限在反对邻避设施,因为抗争始终"小心翼翼"地权衡着利益和损失。

最后,行政体制和集体主义价值观的束缚,压制了抗争主体的利益诉求。在实施重大投资项目时,通常要进行环评和稳评。在传统的政府组织形式中,环保部和发改委隶属于同级人民政府④,由人民政府主导的建设工程往往无视环保部门出具的环评报告,而审查

---

① 郁建兴、黄飚:《地方政府在社会抗争事件中的"摆平"策略》,《政治学研究》2016 年第 2 期。

② 唐皇凤:《"中国式"维稳:困境与超越》,《武汉大学学报》(哲学社会科学版) 2012 年第 5 期。

③ 何艳玲:《"中国式"邻避冲突:基于事件的分析》,《开放时代》2009 年第 12 期。

④ 2016 年 9 月前,环保部门是属于同级人民政府的职能部门,直至 2016 年 9 月 22 日中共中央办公厅、国务院办公厅颁布《关于省以下环保机构监测监察执法垂直管理制度改革试点工作的指导意见》,省级以下的环保部门与从当地政府脱离单一的直接管理关系,其中市级环保局实行以省级环保厅(局)为主的双重管理,县级环保局调整为市级环保局的派出分局,由市环保局直接管理。

稳评结果的发改委则通常在同级人民政府授意下工作。在早期的邻避冲突事件中，政府往往以公共利益为说辞，采取控制、拘留"带头闹事者"或者"摆平"的方式来应对，逐渐形成了各级政府处理邻避冲突的"思维惯性"。这些价值观念不仅存在于建设方，还存在于工程受益方甚至不相关的群体中。在京沈高铁事件中，东北民众和媒体曾多次呼吁北京段民众以国家和集体利益为重，促成京沈高铁早日开工。北京市民于2010年12月17日提交的联名请愿信，在人民网论坛的讨论中，以集体主义价值观声讨"小市民"的声音占主导（见附件3）。

三 当前的中国式邻避冲突

（一）中国式邻避冲突的新特征

费孝通在分析中国乡土社会时认为，社会变迁过程中的时势权力在推动社会结构的发展，它是时势所造成的，并不受个人或传统左右。历史的车轮滚滚向前，日渐增多的邻避冲突必然引发社会结构的自我调整，京沈高铁事件则是社会变迁过程的一个缩影。与何艳玲2009年总结的特征相比，当前的中国式邻避冲突已经呈现出明显的变化：

一是邻避抗议层级阶梯式提升，由于公众诉求在抗争初期未能得到及时有效的回应，抗议强度持续增强，在公众合理诉求未得到有效回应之前，行动主体不会分化。在京沈高铁事件中，从第一次抗议到第四次抗议，抗议层级整体上呈持续上升趋势，抗议的方式、规模、组织动员、频率等方面都有了显著的提升。直到沿线居民强烈要求的火车站选址和噪音污染等诉求得到切实回应之后（即第四次回应），抗议层级才逐渐下降。

二是整个抗议过程中，公众始终以理性抗议为主，未表现出明显的非理性特征。京沈高铁事件中,沿线居民的抗议方式主要包括四类:(1)通过写信、电子邮件、电话进行投诉和请愿;(2)通过网上讨论和自发开展民意调查;(3)组建自愿组织;(4)开展大规模的和平示威。与以往的邻避冲突相比,这些措施均包含在法律制度的框架内,未出现毁坏宣传画、阻塞交通、袭警等事件。

三是邻避冲突双方最终实现妥协。从整个抗议过程来看,建设方在抗议层级提升的压力下逐渐做出回应,除了具体的方案措施上得到切实改善,政府回应的主动性、速度、信息透明度、互动等方面均逐步得到改善。而在建设方切实改善工程建设方案之后,抗议方的诉求和抗议层级也随之减弱,第三次环评报告公布之后,第四次抗议的层级呈现出明显的下降,当环保部通过了第四次环评报告后,抗议群体迅速分化,也意味着抗议方的妥协。

四是社交网络媒体在信息交流和组织动员中呈现出前所未有的作用。社交网络的发展使得传统的社会管理方式难以为继,社会抗争的倒逼作用和影响力被迅速放大。通过封锁消息"避免事情闹大"的做法面临越来越大的风险。如今,越来越多的公众选择通过网络曝光的方式进行抗议,以产生广泛的传播和"倒逼"效应。从数十人投诉发展至上万人的网络讨论以及上千人的和平示威,京沈高铁事件的抗议规模实现了成百倍的扩张。其中,沿线居民通过QQ群、论坛、贴吧、微博等社交媒体进行讨论和民意采集,总结出车站选址、改线等集体意见,自发形成了自愿组织——高铁维权联盟,选举出集体代表与建设方进行交涉,并组织动员了一系列集体行动。可以说,社交网络在其中发挥了前所未有的信息交流与组织动员作用,京沈高铁事件成为社交网络全面影响邻避抗议的关键节点。

五是公众信任对邻避抗议施加了重要影响。公众的信任至少在三个时刻影响了京沈高铁事件的走向:(1)第一份环评报告的过程封闭,直接引发了金隅凤麟洲小区居民的投诉;(2)铁三院的公众意见调查的人为操作，成为大规模邻避抗议的导火索，引发了多次大规模的抗议；（3）对相关部门实施的环评报告存疑，引发了第四次抗议。公众信任大致经历了怀疑环评报告——怀疑政府具体行为——怀疑政府本身，公众的质疑声逐步深入政府本身，以至于当政府切实回应公众诉求时，公众的质疑声依然延续，酿就了现实版的"狼来了"的故事结局。

（二）新特征的形成三因素

第一个因素是中产阶层的崛起。自党的十四大确定建立社会主义市场经济体制目标起，我国的中产阶层队伍迅速扩大，成为影响政治、经济、文化发展的主体。2007年的厦门反PX事件是中层阶层参与社会治理、影响政治生活的标志性事件，为朝阳群众抗议京沈高铁起了示范作用。中产阶层的崛起不仅在于队伍规模的壮大，还在于中产阶层法制意识、教育水平、民主参与能力等综合素质的提升，并促成了朝阳群众的理性抗议方式和阶梯式发展的抗议层级。在与建设方交涉中，主动援用高铁建设的专业知识进行环境评估，改变了以往邻避抗议中公众"大哭大解决，小哭小解决"的负面形象。在整个抗议过程中，居民始终坚持在法律制度的框架内进行抗议，避免了以往邻避冲突事件中相关部门动用警力进行压制的风险，抗议层级得以持续呈阶梯式上升。

第二个因素是民主政治的进步。除了以中产阶层为主体的抗议方的崛起，京沈高铁建设方的妥协反映出我国民主政治的进步。不论是重大项目的环评影响评估还是社会稳定风险评估，都强调在工程决策和建设过程中要融入充分的公民参与。2016年9月22日中共中央办公厅、国务院办公厅颁布《关于省以下环保机构监测监察执法垂直管理制度改革试点工作的指导意见》，则从体制上表明了中央落实民主参与、强化环境保护职能的决心。透过厦门反PX、京沈高铁、鹤山核燃料等事件，可以看到国家（政府）与社会在制度框架内的平等对话，公众的理性抗争与民主政治的互塑与进步。

第三个因素是信息与通信技术（ICT）的发展。21世纪以来，以互联网、计算机、移动电话等为核心的信息与通信技术极大地改变了整个社会和人们的生活。自媒体（微博）、即时通信软件（QQ、微信）等社交网络媒体的兴起，超越了在线咨询、论坛等传统数字技术在使用中分离网络用户的局限性，使得每个人都可能成为网络上的核心。相较于传统的邻避抗议方式，社交网络已经成为扩大邻避抗议影响力、信息沟通和组织动员的可靠途径。

四 未来的中国式邻避冲突

当下邻避冲突事件的解决仍然遵循自下而上的逻辑，缺少自上而下避免冲突的思考与行动。在自下而上的逻辑内，建设方的消极应对方式往往导致周边居民不由自主地产生邻避情节，进而导致重大项目建设时邻避冲突的普遍化。近年来，越来越多的研究表明，我国的抗争性政治正朝着回应性政治转变，在应对邻避冲突事件时，由过去的压制、隐瞒、"摆平"向回应公众合理诉求转变。然而，民主政治的发展不应以回应性政治为目标，回应性政治暴露了政府在应对危机上的滞后性、被动性，改革目标的不明确性以及改革中的局部性调整等缺陷，[①] 这也倒逼政府部门不仅要在邻避冲突的萌芽期积极应对，更应在社会治理中具备政治前瞻性和预见性。

因此，在寻求根除中国式邻避冲突的途径时，政府部门应从政府管理的体制和观念着手，优化现有的制度设置和实施。在全球化

---

① 闫帅：《从抗争性政治到回应性政治：中国政治秩序再生产的逻辑分析》，《华中科技大学学报》（社会科学版）2016年第4期。

和后工业化背景下,传统的社会治理方式已经难以应对复杂多变的社会环境,发展型政府、压力型体制等工业化社会的体制、观念应当为服务型政府、多元治理体制所取代。要切实推动重大工程的决策方式从自上而下的"决定—宣布—辩护"向"参与—协商—共识"模式转变;① 要积极转变政府职能,提升基层政府服务能力,挖掘信息与通信技术在社会治理和公共服务中的巨大潜力,发挥其在提升公众信任方面的显著效果。

思考题

1. 邻避冲突事件为何频频发生?
2. 当前我国回应性政治的发展特征有哪些?
3. 对于邻避冲突的化解,你有哪些建议?
4. 结合京沈高铁事件,思考政治国家与市民社会如何实现互塑?

参考文献

[1] 朱琼华:《27%蹿升至94% 京沈高铁环评支持率受质疑》,《21世纪经济报道》2012年12月18日第18版。

[2] He G., Mol A. P. J., Lu Y., "Ppublic protests against the beijing – shenyang high – speed railway in China", *Transportation Research Part D – transport and Environment*, Vol. 43, No. 5, 2016.

[3] 张康之:《全球化、后工业化时代的社会特征》,《河南大学学报》(社会科学版)2012年第52期。

---

① 董幼鸿:《"邻避冲突"理论及其对邻避型群体性事件治理的启示》,《上海行政学院学报》2013年第14期。

［4］孙立平：《"自由流动资源"与"自由活动空间"——论改革过程中中国社会结构的变迁》，《探索》1993 年第 1 期。

［5］朱德米：《建构维权与维稳统一的制度通道》，《复旦学报》（社会科学版）2014 年第 1 期。

［6］何艳玲：《"中国式"邻避冲突：基于事件的分析》，《开放时代》2009 年第 12 期。

［7］郁建兴、黄飚：《地方政府在社会抗争事件中的"摆平"策略》，《政治学研究》2016 年第 2 期。

［8］唐皇凤：《"中国式"维稳：困境与超越》，《武汉大学学报》（哲学社会科学版）2012 年第 5 期。

［9］闫帅：《从抗争性政治到回应性政治：中国政治秩序再生产的逻辑分析》，《华中科技大学学报》（社会科学版）2016 年第 4 期。

［10］董幼鸿：《"邻避冲突"理论及其对邻避型群体性事件治理的启示》，《上海行政学院学报》2013 年第 14 期。

［11］黄建伟、刘军：《邻避冲突中社会抗争与政治回应的因果推理——基于京沈高铁事件的力场分析和过程追踪》，《行政论坛》2018 年第 25 期。

案例说明书

中国式邻避冲突：历史、现在与未来
——由京沈高铁事件引发的思考

黄建伟　刘　军　靳　亮

一　课程准备

1. 整理京沈高铁事件四次抗议的概要。
2. 了解有关重大项目建设（尤其是高铁建设）的相关规定。
3. 案例教室布置及多媒体设备、无线网络等。

二　教学目的与用途

1. 适用课程：行政管理学、公共管理学、政治学、政府管理学、公共危机管理、社会管理、社会学、公共治理、公共政策等。
2. 适用对象：本案例主要为公共管理硕士（MPA）开发，特别适合从事行政管理工作的学员。此外，也可以用于公共管理类、社会学类和政治学类专业的学术型硕士和本科专业课程。
3. 教学目的
（1）了解中国式邻避冲突兴起的背景、原因和特点。
（2）把握新形势下中国式邻避冲突的变化。

（3）通过邻避冲突事件，了解我国市民社会与公民国家的发展现状。

（4）培养化解邻避冲突的观念与能力，学习理性、科学开展邻避抗议的现代化途径。

三 启发式思考题

本案例的启发式思考题主要对应的是案例教学目标，由于存在相关的政治学、社会学概念，在布置启发式思考题之前，应在开展案例教学前布置相关的文献阅读材料。

1. 邻避冲突事件为何频频发生？
2. 我国回应性政治当前的发展特征？
3. 对于邻避冲突的化解，你有哪些建议？
4. 结合京沈高铁事件，思考政治国家与市民社会如何实现互塑？

四 分析思路

以下四条分析思路分别对应以上四道思考题：

1. 除案例正文指出的背景、体制和制度因素外，应以京沈高铁事件的四次抗议为切入点，从抗议方与建设方的博弈过程分析邻避冲突反复出现的原因。

2. 越来越多的研究表明，当前我国的抗争性政治正朝着回应性政治转变。然而，回应性政治的发展是不完全的，仍带有抗争性政治的余温。因此，应紧密结合案例，从抗议方与建设方的博弈过程中去提炼我国回应性政治当前的发展特征。

3. 案例正文中，主要从政府管理体制和观念角度分析了邻避冲突的化解之道。然而，京沈高铁事件为我们展示了社会主体的关键作用。

4. 抗争性政治与回应性政治背景下的邻避冲突，反映了政治国家与市民社会的不同互动方式，京沈高铁事件不仅反映出两种不同的互动方式，还揭示了互动过程中关键的调节要素。

五　理论依据

（一）压力型体制

压力型体制是指一级政府为了实现经济赶超，完成上级下达的各项指标而采取的数量化的任务分解方式以及物质化的评价体系。具体表现为：（1）将上级制定的社会经济发展任务逐级地进行数量化的任务分解，并通过签订责任书的形式将任务层层下派到下级组织及个人，要求其在规定的时间内完成；（2）各个部门通过集体行动或各自分解的方式，共同完成上级分派的任务；（3）通过物质化的、多层级评价体系，对下级政府进行奖惩，物质化的奖惩包括升级、工资、奖金等，多层级的评价主体则包括各级组织部、纪委、人事部门以及部门内部干部等。[①]

压力型体制的形成与我国"以经济建设为中心"的指导思想、"依绩效晋升"的人事制度密不可分，在压力型体制的分解任务中，经济目标始终是上下级政府关注的核心内容。随着信访维稳、环境保护、安全生产等领域越来越多地运用"一票否决"制度，促使各级政府关注社会管理和公共服务领域，并逐渐将压力型体制运用至这些领域，形成对压力型体制的路径依赖。然而，各级政府在扩展压力型体制的运用时，有意识地促使社会管理、公共服务与经济建设聚合，例如为了促进民间资本、外来资本更好地进入本地区，各

---

① 杨雪冬：《压力型体制：一个概念的简明史》，《社会科学》2012年第11期。

级政府部门在行政审批改革方面表现出强烈的积极性。

(二) 抗争性政治与回应性政治

有关抗争性政治的研究与社会抗争密不可分，社会抗争是指由群体性的社会成员自发地对抗国家或其他社会群体的制度外利益诉求行动，社会抗争往往意味着对现有政治秩序与利益分配格局的不满。自改革开放以来，我国的经济建设取得了伟大成就，但社会发展、公共服务、政治建设等方面却严重滞后，社会分化严重、贫富差距悬殊，导致社会抗争呈逐渐增长之势，社会抗争的主体也逐渐由社会底层群体、弱势群体扩大到拥有良好教育水平、拥有一定地位的中产阶级。在此背景下，公众利益诉求的表达与争取常常以社会抗争的形式进行，社会抗争成为社会（公众）与国家（政府）互动的常见形式，称为抗争性政治。

闫帅在分析我国从"社会抗争"到"政府回应"的政治秩序再生产过程时提出了回应性政治，回应性政治是"以政治稳定为目的，以'社会需求—政府供给'为过程，国家对社会需求保持了较高的敏感性，并通过不断的调适、学习、回应来满足社会需求，在社会有需求、政府有回应的国家与社会互动过程中推动政治发展的一种制度变迁过程"[①]。回应性政治被看作是诱致性制度变迁与强制性制度变迁的综合体，反映了制度变迁过程中国家与社会的合力。

(三) 合作治理

合作治理是指多元的治理主体基于特定的互惠性目标，在自主、

---

① 闫帅：《从抗争性政治到回应性政治：中国政治秩序再生产的逻辑分析》，《华中科技大学学报》（社会科学版）2016 年第 4 期。

平等的基础上开展的合作。①合作治理的产生与全球化、后工业化的时代背景紧密相关，无论是农业社会确立起来的统治模式还是工业社会确立起来的法治模式，都已经不能适应社会不确定性和复杂性，社会治理亟须摆脱农业社会和工业社会背景下建立起来的治理模式。在这个过程中，新公共管理提出以企业家精神重塑政府，在公共服务供给中引入竞争，让社会参与公共管理中来，社会自治力量得以成为政府治理的有效补充。然而，20世纪90年代新公共管理运动出现的公平、正义等价值内容的迷失，不得不使我们对社会自治产生质疑。这一时期，新公共行政主义者提出通过公众参与来应对新的社会治理形势，然而这种参与治理的民主思想仍然属于工业社会"中心—边缘"体系的框架内，公民参与没有摆脱以政府为中心的治理模式。而基于后工业化社会中稠密的人际关系，多元的治理主体应基于合作型信任才能建立起适应后工业化社会的治理模式——合作治理。

六　案例具体分析

（一）邻避冲突事件为何频频发生

根据"动员能力与反动员能力共时态生产"分析框架，②将京沈高铁北京段沿线居民的动员能力变化过程界定为动员能力生产，将相关政府部门及京冀特别筹备组公司的动员能力界定为反动员能力生产。

从第一次抗争的规模和动员方式来看，社会矛盾还处于萌芽期，

---

① 张康之：《合作治理是社会治理变革的归宿》，《社会科学研究》2012年第3期。
② 何艳玲：《"中国式"邻避冲突：基于事件的分析》，《开放时代》2009年第12期。

基于传统"惯性思维"的反动员力量采取不作为、不回应策略，错失了缓和社会矛盾的有利时机。甚至到了第二次抗争阶段，沿线居民的规模逐渐扩大的投诉行为仍未能引起政府的充分重视。为了应付环保部的环评要求，铁三院还组织了虚假的公民参与调查，致使公众信任骤降，导致大规模抗议的爆发。对于反动员能力的不恰当生产，应该在我国压力型体制的环境下进行思考，各级政府部门在经济效率为核心的绩效考核指挥棒下，始终以经济发展为首要目标，当具有显著经济效益和整体利益的重大项目面临小部分人的抗议时，指挥棒往往驱使政府官员趋向投资建设，从而产生一系列的不恰当生产行为。

长期以来，单打独斗式的投诉行为未能得到政府回应，表面上反动员能力的力量仍处于优势地位，但社会矛盾却在不断累积，而铁三院虚假的公民参与调查则成为抗议全面爆发的导火索。由于各社区、各住户与京沈高铁线路选址的距离不等，所受的冲击程度也不等，这在一定程度上避免了集体行动中的"搭便车"困境。受冲击程度最大的部分居民积极奔走，充当居民抗争代表，开展了民意采集、支持率调查等行为，发挥了重要的动员作用。另外，社交网络在其间成为了组织者与参与者沟通和集体行动的有效工具。通过这些工具，部分居民积极承担志愿者角色，配合宣传与动员，部分因工作原因无法参与的居民主动出资，更多的居民则通过网上讨论，运用微博、论坛进行讨论和宣传。

在我国的压力型体制背景下，正是反动员能力的不恰当生产以及动员能力的有效组织，导致了邻避抗议的反复出现，并一步步将社会抗争推向高潮。

（二）当前我国回应性政治的发展特征有哪些

首先，当前我国的政治发展已经呈现出较为广泛的回应性特征。异地高考、三公经费改革等表明我国存在着"倒逼"式改革方式，而厦门反 PX、京沈高铁、鹤山核燃料等事件表明,在公共领域的具体决策方面也存在着政府回应。其次,我国的回应性政治还属于被动回应、基于社会倒逼的回应,表现为"社会有抗争,政府才回应"的阶段,与"社会有需求,政府有回应"的状态还有明显差距。最后,社会抗争强度与政治回应性成正相关。从京沈高铁的四次抗议来看,在第三次抗议之前,政府回应均不明显,只有当大规模、高频率、多方式的抗议出现时,尤其是出现大规模游行示威时,政府回应才会明显出现。以下通过编码、量化的方式呈现这一特点(见表1、表2)。由于政府回应相对于社会抗争的滞后性,第四次回应属于第三次抗议的结果。因此,从整个过程看,社会抗争强度与政治回应性成正相关。

表1　　　　　　　　京沈高铁事件的社会抗争强度

	抗争方式的影响力	规模	抗争主体的多样性	抗争方式的多样性和现代性	发展(蔓延)速度	频率	总分
第一次抗争	1	1	1	1	1	1	6
第二次抗争	1	2	1	1	1	2	8
第三次抗争	2	3	2	3	3	3	16
第四次抗争	2	2	2	2	2	2	12

注:1、2、3分别代表弱、中、强,总分在6—10分为弱,11—14分为中,15—18分为强。

表2　　　　　　　　京沈高铁事件的政府回应性

	主动性	速度	信息透明度	公正性	回应方式的现代性和多样性	互动性	总分
第一次回应	1	1	1	1	1	1	6
第二次回应	1	1	2	1	1	1	7
第三次回应	2	2	3	3	2	2	14
第四次回应	3	3	3	3	2	3	17

注:1、2、3、分别代表低、中、高,总分在6—10分为低,11—14分为中,15—18分为高。

(三) 对于邻避冲突的化解，你有哪些建议

案例正文中，主要从政府管理体制和观念角度提出了邻避冲突的化解之道。然而，京沈高铁事件为我们展示了社会主体的关键作用，关于社会主体在治理体系中的地位应进行深入思考。关键要点如下：

第一，邻避冲突的根治需要体制和观念的转变。通常，学者强调公众参与的重要性，然而有效的参与首先应基于可靠的政治和行政体制。当前我国对重大工程建设过程中的民主参与和环评、稳评均有明确的规定，但在压力型体制和发展型政府理念背景下往往被无视或扭曲化。关于公民参与的实现应首先思考在体制和观念建设方面做出改变，我们认为，多元治理模式、服务型政府应该是我们努力的方向。

第二，民主参与的理念对邻避冲突的化解存在基础性缺陷。参与治理的提出本是基于新公共管理运动中平等、民主等价值的缺失而提出的，但参与治理存在明显的理论缺陷，在实践中也是行不通的。参与治理本质上仍属于"中心—边缘"结构，只是政府主导的治理形式发生改变，官僚制组织仍处于整个治理体系的中心。基于参与治理理念的参与者在决策中所要强化的只是个体性的利益，在复杂多样的利益诉求下难以实现真正的"集体意见"，利益团体的博弈抑或是多数人的暴政依然存在。

第三，全球化、后工业化时代背景下，社会矛盾急剧凸显，社会治理的复杂性和不确定性明显加大，压力型体制和发展型政府理念已经无法适应社会发展和社会治理的需要，与后工业化时代相适应的治理模式和观念至关重要。在社会自治和参与治理的启发下，合作治理应当成为未来的治理模式，多元的治理主体应该基于特定的互惠性目标，在自主、平等的基础上开展合作。

（四）结合京沈高铁事件，思考政治国家与市民社会如何实现互塑

京沈高铁事件反映出了抗争性政治与回应性政治背景下的邻避冲突，折射出政治国家与市民社会两种不同的互动方式。在抗争性政治背景下，当邻避设施的兴建导致公众利益受损时，激发了公众的抗议行为。压力型体制运用压制、隐瞒、"摆平"等消极方式应对公众诉求，公众诉求无法得到合理的回应，进而可能采取非理性的方式。另外，在信访维稳一票否决的压力下，地方政府的消极应对方式可能成为部分闹事者追逐特权的手段，反而使得地方政府变得被动，这也反映出当前的体制弊端。

在"社会有需求，政府有回应"的回应性政治背景下，公众的合理诉求得到政府的及时、有效回应，其产生的示范作用引导公众采取理性、科学的方式进行诉求表达，而那些企图利用不正当途径获取利益、特权的方式都必然使自身置于制度化框架之外，政府则可以采用制度化措施进行压制，遏制不良之风的蔓延。[①]

无论是在抗争性政治还是回应性政治背景下，公众信任在政府与公众的互动中生成，并扮演着重要的调节作用。政治国家与市民社会的互塑机制如图1所示：

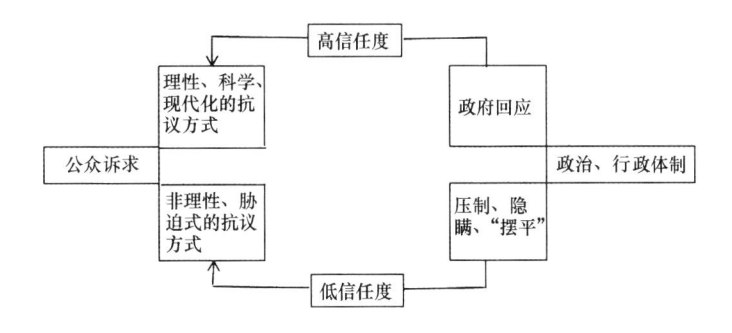

图1　政治国家与市民社会的互塑机制

---

① 闫帅：《从抗争性政治到回应性政治：中国政治秩序再生产的逻辑分析》，《华中科技大学学报》（社会科学版）2016年第4期。

七　建议课堂计划

本案例适合作为专门的案例讨论课，讨论时间约 180 分钟。

（一）课前计划

提前一周下发案例正文，请学生完成案例阅读，查阅关于邻避冲突、社会抗争、合作治理、压力型体制的文献，并对启发思考题进行初步思考。

（二）课中计划

将学员分为两组进行角色模拟，分别代表建设方和抗议方，就各自所代表的利益群体分组讨论，并思考应对方式。（60 分钟）

建设方与抗议方自由对话。（60 分钟）

总结京沈高铁事件不断升级的原因及化解的途径。（30 分钟）

引导全班就政治、行政体制和治理方式进行深度思考。（30 分钟）

（三）课后计划

请学生收集工作、生活中遇到的邻避冲突事件或社会抗争事件的相关材料，以小组形式进行案例分析，可从经验总结、构建决策模型、政策分析等方向撰写研究报告。

参考文献

[1] 杨雪冬：《压力型体制：一个概念的简明史》，《社会科学》2012 年第 11 期。

［2］闫帅：《从抗争性政治到回应性政治：中国政治秩序再生产的逻辑分析》，《华中科技大学学报》（社会科学版）2016年第4期。

［2］张康之：《合作治理是社会治理变革的归宿》，《社会科学研究》2012年第3期。

［3］何艳玲：《"中国式"邻避冲突：基于事件的分析》，《开放时代》2009年第12期。

［4］黄建伟、刘军：《邻避冲突中社会抗争与政治回应的因果推理——基于京沈高铁事件的力场分析和过程追踪》，《行政论坛》2018年第25期。

附 件

附件1　铁路工程环境保护设计规范（TB 10501—98）（节选）

4.0.9　在站区房屋设计中，不应将铁路职工住宅、单身宿舍、公寓、学校、医院等噪声敏感建筑设置在距铁路外侧轨道中心线30m以内区域，宜设在噪声防护距离以外区域；在噪声防护距离以内不得已设置噪声敏感建筑物时，应采取必要的降噪措施，使室内环境达到国家规定的功能区标准。

房屋的总体布局应合理，宜利用建筑物对噪声的遮挡作用，合理安排建筑物的朝向。

附件2　铁计（2010）44号文件——关于印发《铁路建设项目环境影响评价噪声振动源强取值和治理原则指导意见（2010年修订稿）》的通知（节选）

铁路两侧200m以内不宜新建噪声敏感建筑物，若在此范围内建设敏感建筑物，应按《中华人民共和国噪声污染防治法》第十二条、第三十七条规定执行。

案例 10

A 县政府债务的隐忧和出路

黄利炜　黄建伟　靳　亮[*]

摘　要　本案例描述了近年在全国地方政府债务骤升背景下，A 县通过举债发展地方经济、人文、民生等方面的建设。重点阐释 A 县债务来源、规模及用途，以及未来的偿债方式，研究近年来学术界对地方政府债务的讨论结果，结合 A 县实际情况进行债务效益分析、风险预测，讨论 A 县债务规模的可控性，以及继续举债的可行性。该案例在全国各地经济欠发达，财政收入较少的地方具有普遍性，有一定的讨论空间和研究价值。

关键词　地方政府；政府债务；土地出让金；财政收入

---

[*] 作者简介：黄利炜（1984—　），男，汉族，福建龙岩人，公共管理硕士，曾任职于某市财政局；黄建伟（1977—　），男，汉族，江西南康人，南京财经大学政府管理研究中心主任，研究员/公共管理学院教授，博士，硕士研究生导师，主要研究方向为政府治理与公共政策分析；靳亮（1989—　），男，汉族，安徽太和人，南京财经大学公共管理学院讲师，主要研究方向为政府文化管理体制、地方政府治理。

一 "欠债还钱"的争议

(一) 地方政府债务的由来与用途

地方政府债券一般是地方政府在经常性财政收支不足的情况下，为满足地方经济与社会公益事业发展的需要，按照有关法律的规定向社会发行的一种债券，它是地方政府筹措地方建设资金的一种手段。在最近几年，我国地方经济快速增长，有些地方付出的代价则是债台高筑，债务规模膨胀，甚至部分地方政府债务水平远远超出地方财政的承受能力。适度的债务可以更好地配合地方政府履行公共服务职能，但是过度的债务则有可能加重当地财政负担，进而影响经济、民生工程等方面的投入。

在国务院发展研究中心魏加宁博士指出我国地方政府债务风险已超过金融风险后，引起了社会各界的关注，学术界就地方政府债务问题也做了许多有益的探索，并取得了丰硕的成果。结合各位专家的意见和建议，在此谈一下 A 县的政府债务问题。

(二) 还债引起的疑虑

2014 年 3 月 5 日，A 县财政局出了一点小小的动静，局长接上级指示，向国库股长下达命令：务必准时偿还贷款。原来，A 县 2012 年 3 月委托金谷信托公司向建设银行贷款 2.1 亿元，现在到期了必须偿还。国库股长紧急从各财政国库专户调度全部资金，并通知其他专户借用几千万元，到 3 月 17 日，勉强偿还了贷款。

这笔还款，是 A 县该年度财政意义上的大笔还贷资金，以前一次性也只有几千万的还债规模，这在财政局内部及各银行引起了不小的震动。它暴露出 A 县财政在资金周转、债务规模控制等方面的问题。

对此，A县社会各界发出许多质疑之声：

财政到底负债多少钱？

财政收入够还债吗？土地出让金跑哪去了？

我们买的政府性基金、债务还稳吗？

二　债务源于经济转型的需要

A县地处闽西边远山区，常住人口不足30万，2013年人均GDP3.2万元，属于欠发达地区。

2002年以前，A县依托C山及相连景区，提出"旅游强县"的目标。财政投入不少，但始终无法吸引游客，效益甚微。2000年便以3000万元租金，将C山租借给某旅游开发公司，租借期30年。2000—2002年三年间全县的生产总值均不足30亿元，年均增长率在全市排名倒数第二，全省排名也在末位。当年正值换届选举，新一届政府上台，经过多方研究，以及政府常务会议讨论通过，决定将"旅游强县"的目标转变到"工业强县"的发展方向。这一政策的改变，最直接的影响就是全县基础设施的投资建设，包括工业区规划建设、民生工程、房地产开发等，最现实的问题就是大量的资金需求，能引进多少投资，申请多少补助，甚至政府发行债务等，尽可能用上一切手段，以补足缺口。

（一）"一园两区"的建设

新世纪伊始，国家实施"可持续发展"战略，大力倡导产业改革。A县主要领导"审时度势，抓住机遇"，提出承接沿海地区产业转移项目，2002年正式成立莲冠工业园区，2006年再次扩大规划，莲冠工业园区总规划面积13.2平方公里，现有实际面积8.5平方公里。按每亩地 3.2 万元的征地标准，工业区的征地补偿款就达到 4.08 亿元，其中还不包括征地的费用。与此同时，园区的水、电、气、路等配套的基础设施也已投入上亿元。

（二）房地产业的开发

城镇化建设是未来中国各县市的基本发展方向，城镇化在经济建设的同时，最直接的就是搞房地产开发。2004 年以前，A 县基本没有像样规模的房地产项目。2006 年 6 月，A 县第一个"标志性"的楼盘——"金城花园"正式开盘，待整个楼盘销售结束，县财政从中收取土地出让金、房屋购置税、印花税等 8000 多万元。这对于当时一年只有 3 亿多财政收入的县城来说是一笔不小的收入。此后，县委县政府着重强调房地产的重要性，在工业区开发建设未取得实质成效时，把房地产作为近期县域经济的支柱产业。此后，许多大楼盘相继开盘，2008 年"桃花源"别墅区，2009 年步行街建设，2010 年的"董屋山小区"开发，都给县财政带来了不少的收入。正是这些甜头，让该县更大胆地进行土地收储及出让，由此产生的征地拆迁成本也大幅提高，近几年的城区征地补偿标准约为 8.5 万元/亩，拆迁补偿根据楼房建筑结构、规模、用途而定，如某一居民家庭拥有 10 间店面，及 200 平方米两层砖瓦房，总共得到补偿 380 多万元。

（三）民生工程的建设

2008 年以前，A 县城区唯一可供市民聚集游玩的地方就是位于县政府门口的街心公园，为此，县委县政府研究决定，委托县城乡规划建设局，对全县城进行规划，在城区的南边和东边建设"城市公园"和"文化公园"。同时，为促进旅游开发，投资建设"观景路"及 C 山风景区的回购及基础设施建设。

此外，A 县近几年重大建设还包括一中"双高普九"达标建设、体育场馆建设，实验小学搬迁、县医院建设等，这些工程相对于县财力来说都是耗资较大的。

三 财政收入：现实与理想的差距

据 A 县政府文件、财政收入支出资料分析，近 6 年来，A 县每年的征地拆迁及民生建设支出约为 3.5 亿元，占县级财力支出中的一大半。但 A 县财政能否支撑起如此规模的资金需求呢？我们先分析 A 县近 5 年来的经济情况。

（一）不寻常的经济增长率

在 2009—2013 年之间，A 县生产总值从 2009 年的 65 亿元增长到 2013 年的 108 亿元，年均增长 14%，高于全省平均水平，更不用说全国经济增长率。但是这其中还是有隐藏的"水分"，有一部分是为了满足领导考核"唯经济论"的需求。但是 2013 年国家统计局开始统计报表改革，规模企业产值改为网上直报，并加强监督管理，才减少报表水分。笔者之一曾经在 A 县工业园区某工业集中区管委会工作，负责过该工业区的生产总值统计，对于其中的缘由不必言说。

（二）不对称的财政收入

一般来说，财政收入由税收和非税收入组成。A 县由于近几年推行经济改革，大量项目落地投产，由此所得的税收相比以前有较大增长，目前大约每月 4500 万元。但是 2013 年以来，由于经济总体不景气，税收增长缓慢，特别是香港一家风险投资公司对××兰花公司的上市准备投入，随着该公司 IPO 被终止，风投公司撤出，所缴的税收大幅下降。另外一块较大的非税收入，主要来自土地出让金收入。从最近几年土地出让金的数额来看，A县的财政收入大部分来自土地收入，似乎和全国许多城市一样，有土地及房地产依赖症。

(三) 有争议的政府文件

为加大招商引资力度，2010年福建省"6·18"项目对接洽谈会前夕，A县出台了×政综188号文件，该文件大力出台优惠政策，鼓励有实力和需求的企业到A县投资。这其中一点未明确写入该文件，但有隐性实行的政策就是项目基础设施的补助。每块项目用地的出让金扣除相关税费外，一般会以该项目的建设速度予以返还，且返还额近90%。政府一边是按每亩3.2万元的征地标准从农民手中征收土地，一边又按每亩6.6万元出让给项目业主，而后以建设补助方式基本全额返还。看似光鲜的数字背后，是羞涩的财力。这种循环最直接的后果，就是财政大笔支出，却无法换来收益。也许，政府领导人看中的是项目投产以后带来的税收吧。

根据每年的政府工作报告，A县在GDP、财政收入各方面的数据都能达到上级要求，所以其党委、政府两位重要领导一直升迁比较快，5年内已更换3任书记、县长。但为了投资，不得已大量举债。(但这种不从长远计议的土地收支模式及唯经济论主义会带来致命伤害，2015年A县县委书记、县长、人大常委会主任，政协主席全部因土地出让金违规问题落马，2016年又牵扯出前两任县委书记的工作问题。)

四 A县的债务来源与用途

(一) 财政资金的构成

总体来讲，从2006年到2014年的8年时间里，A县财政投入除了房地产业带来些许利润外，其他主要投资未见明显收益。主要有三点原因，一是项目投资要么仍处于减免税阶段，要么因当初盲目引进，项目效益不高，没有实质性税收；二是土地出让金大量返还给投资者，导致土地收储入不敷出；三是 A 县属于贫困县，近两年房地产业趋于降温，税费减少。财政收入虽然不见多大增长，但是支出却再也减不下来。

近三年，A 县财政收入主要有：（1）一般政府性收入，如税收和非税收入，2013 年公共财政预算收入 6.18 亿元；（2）中央、省、市财政转移支付，因 A 县属于革命老区县和贫困县，2012 年获得上级财政各种扶持、补助资金约 10 亿元；（3）发行政府债务，如发行城市建设发展基金，向各银行及基金公司贷款等（每年因重复还贷无法统计）。

A 县的公共财政支出主要有：（1）人员经费，包括基本工资、养老金、医保、公积金等，每月约 4500 万元，年均 5.4 亿元；（2）"三公经费"及其他业务支出，每年约 1.5 亿元；（3）财政转移支付支出，此项支出基本与当年上级转移支付收入相抵；（4）城市建设支出、工业区建设及旅游开发等项目支出，这是一笔很大的费用，从财政拨款推算，近 3 年每年约为 3 亿元以上。

（二）债务的主要来源与规模

显而易见，A 县的政府财力是入不敷出的，如何弥补支出缺口，党委和政府领导想到的最快捷且金额又大的就是融资，包括贷款和发行政府债。

根据笔者的了解，A 县近 10 年来的主要债务成因及用途可以分为几种：

一是向银行贷款。2002 年，A 县还是主打"旅游兴县"的牌子，为推动旅游开发，积极争取上级发改、财政等部门的支持，将机场在当时的军用为主基础上,改建扩建为军民两用机场。根据当时的文件协议,各级政府按一定比例出资建设,除去上级补助的资金外,A县还委托某家融资公司每年筹措资金2000万元,总计6000万元。2003年3月,A县国有资产经营有限公司与厦门国际航空港集团有限公司签署资产划转合同。名为划转,但厦航并未完全支付A县所投入的全部费用,却转移了所有权和经营权。2004年机场已经投入使用,但连年亏损,现在机场所有权已归厦门航空所有,为保证有航班正常运行,根据政府内部协议,A县所在市所有市县级财政每年补贴厦航800万元,A县承担其中40%。2006年,县工业园区正式成立时,为满足征地拆迁补偿及费用需要,向工行、农行、建行三家银行各贷款5000万元,期限3年,月利率最初是1.02%,后续根据市场变化略有调整。如今,这笔钱虽早已还清,但用于工业区各方面建设的投入却还收效甚微。此外,还有城市公园建设、文化主题公园建设等,总投入分别为4000万元和5600万元。这两项民生工程所耗资金大部分由A县财政承担,特别是文化主题公园,争取的省级资金仅100万元。

二是政府融资。2002年以来县财政出资成立几家公司,以县国有资产如土地房产、森林矿业、文物旅游等资源为依托,向各银行及贷款融资机构举债。A县的地方政府债务由此开始产生。目前,据笔者所知,A县四大公司所经营的项目除了连发公司因为搞房地产有一定的收益外,其他投资未见较大回报,而所需巨额利息却是必须支付的。值得肯定的是目前A县的偿债信用还是不错的,虽然一直以来似乎是战战兢兢走过来的。

三是发行政府债务。2000年的时候,A县那位"高明"的领导想搞旅游开发市场化,便以3000万元的价格将C山风景区的30年经营权出售给某公司。2010年,当时中国各地兴起申遗热情,A县也"积极"参与其中,成立C山国家地质公园管理委员会,为收回

C山风景区的管理权，在与某公司协商无果后对簿公堂，2012年法院判定A县赔偿该公司1.2亿元，首期支付3000万元，后续5年内付清。为支持此项事业，A县于2011年首次发行旅游基金，首期募集资金2000万元，月利率1.3%，如今，该基金规模已达到4000万元，月利率也涨到跟城市发展基金一致的1.5%。2010年，A县参与省政府的融资计划，向世界银行贷30亿元，A县获得8000万元，贷款期限20年，不过利率相比基金稍微低一些。2012年，A县大搞城市建设开发，征收大量土地，由于财政资金不足，便又设立城市发展基金，出售对象为被征地农民，购买金额为征地补偿款的90%。截至2016年6月，城市发展基金规模已达到7.5亿元，每个月需付利息1000多万元。今年4月，A县政府还为此召开特别会议，经多方研究，认为政府将无法承受城市发展基金带来的负担，必须尽快解决，方式是从其他银行贷款用于偿还政府性基金。此外，为了促进各项事业发展，近几年A县委托金谷信托公司等筹融资公司，以A县除政府大楼外，其他有较大价值的固定资产做抵押，对外发行债务。

2016年，根据中央、省级财政部门要求，A县进行全县债务清查，较为准确的债务数据是36.81亿元，其中包含所有行政事业单位的债务但80%是县级债务。如此规模的债务，A县财政是否有能力偿还呢？

五 A县政府债务成因及对该县经济的影响

（一）宏观方面讲，地方政府债务形成有其特定原因

1. 从国家政策来看，自从分税制改革后地方政府提供公共产品压力增大

一级政府，一级事权，一级财政，1994年分税制改革提高了中

央财政收入在整个财政收入体系中的比重，主要的稳定的税种大多划归中央，地方分到的税种多数难征管、难稳定、慢增长。然而，地方政府负担着发展地方教育、地方经济、提供基本的公共设施等重要职能，随着时代进步，地方政府的职能也不断扩大。有限的财政资金，并不充足的转移支付都让地方政府"口袋空空"，财权小事权大。当经济社会快速发展需要建设新的公共基础设施和提供更好的公共服务时，政府财政紧张，被迫举债。

2. 金融市场环境和银行制度为政府债务规模的扩大创造了宽松的条件

因为政府提供担保的项目信誉度更高、更安全，银行或其他融资平台更偏好为政府担保项目提供贷款。对处于急需发展建设资金的情况下的地方政府来说，当银行信贷融资比其他融资渠道借债更为容易时，地方政府也倾向于选择银行信贷，这就使政府债务规模不断扩大。

3. 地方政府的风险意识差

大部分地方政府没有建立规范的债务风险评估机制，也没有建立起债务偿还基金，普遍缺乏债务风险意识，举债行为过于草率。

（二）地方政府债务问题的风险

1. 加剧地方财政困难

当政府新增了收入时，地方政府一方面要执行财政支出政策，另一方面要偿还之前的债务。倘若为了保证财政正常支出和债务偿还同时进行，地方政府财务压力骤增，"入不敷出"的地方政府只能再次举借新债，形成恶性循环；倘若不借新债，地方政府对基础设施、教育、科技等地方公共产品的巨大投入将难以为继，从而经济发展的外部环境难以改善，延缓了地方经济发展，也会制约地方财政收入的增长，加剧财政困难。可见，地方政府陷入了两难境地。

2. 扰乱银行业发展

银行之所以偏好于给政府提供贷款,源于政府信誉度高,而地方政府财政收入受到宏观经济变化等多重因素影响,一旦处理不当,地方政府发生债务危机时,就会影响银行的资金安全。可想而知,当商业银行贷款出现风险,整个银行业甚至金融业难免受到不好的影响。

3. 破坏政府公信力

由于政府是公共权力部门,债权人追债的成本很高、难度很大。倘若政府带头拖账、赖账不还,将对整个社会诚信体系造成巨大影响。地方政府信用降低,银行等其他融资平台心存顾虑,不会轻易借债给政府。地方经济发展和公益事业建设中合理举借债务的难度也将加大,进而影响今后的可持续发展。此外,政府债务风险一旦形成,可能造成地方财政支付危机,进而引发国企、事业单位职工工资拖欠、社会保障难以给付等严重的社会问题,不仅会使政府在群众中丧失威信,严重的还会影响社会稳定。

(三) A 县的偿债能力分析

1. 偿债资金来源

前文分析了 A 县财政收入基本能够维持全县的正常开支,那其他债务还款及利息如何而来?据了解,主要有几个方面:一是暂时借用上级补助资金以及调度资金。每年的市级调度资金结算,全市 7 个县区,只有两个县为负数,其中就有 A 县,另一种方法就是把可不下达或晚下达的上级资金推迟拨付,先用于其他开支,待需要时,如上级检查等,再拨付;二是继续发行新债,在征地拆迁的同时继续发行城市发展基金,鼓励四大公司加大筹融资力度;三是转变招商引资策略,首选效益好、税收高稳的项目,并加大投产企业的税收征缴力度。

2. 财政收入不足的原因

A 县财政收入没有较大提高，一方面因为当初重量不重质的招商引资策略，使得现在工业区虽然许多基础设施项目建成，但效益并不好，无法形成税收的稳定来源。另一方面，也是最有争议的，就是土地财政的名不副实。自从 2010 年的政府 188 号文件出台，现在的土地出让金基本全部返还，不仅企业项目如此，连商品房开发也是，如城区北部新城地块，2012 年出让，2016 年 7 月才开工建设，但土地出让金早已返还。甚至另一地块，土地出让金还没交，县财政就先借一半资金给项目业主用于缴纳。这种现象，看似土地财政收入连年增长，实际数额却仅为表面收入的十分之一，根本无法平衡征地成本。

3. 财政收支思维或需改变

A 县财政入不敷出已是铁定的，如何增加收入，节省开支，是摆在 A 县领导面前最现实的问题。是否从外部引进更多的资金以代替政府借贷？项目投资是全面开花还是集中优势资源？缩减开支以支付债务本息还是以贷养贷？

六　A 县目前偿债方式

（一）观念决定的债务规模

针对 A 县债务规模，以及当地金融业对此表现的忧虑，县委政府至少召开了 3 次以上的专题会议进行讨论。总体的结果就是千方百计保证还款，塑造财政稳定、政府守信的形象，同时加大力度进行融资，对"四大公司"的考核奖励指标也主要以融资规模为主。在短期无法用财政收入满足还债情况下，通过借贷新债归还旧债，也就是继续发行城市发展基金，以收储的土地为担保，向银行或者投资基金借贷。

（二）A 县的还贷规模和方式

我们先了解 A 县 2013 年及 2017 年债务构成及变化，如图 1、图 2 所示：

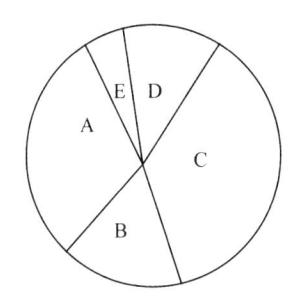

图 1　2013 年债务 21.68 亿元 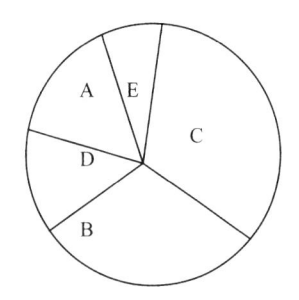　　图 2　2017 年债务 36.52 亿元

2013 年债务构成为：A 政府发行基金 6.12 亿元，B 信托基金 3.15 亿元，C 银行融资贷款 9.46 亿元，D 置换债券融资 1.98 亿元，E 其他 0.97 亿元。2017 年债务构成为：A 政府发行基金 2.35 亿元，B 信托基金 3.68 亿元，C 银行融资贷款 7.65 亿元，D 置换债券融资 21.56 亿元，E 其他 1.28 亿元。主要变化为通过中央、省财政的置换债券，A 县利息较高的政府性基金及银行贷款相应减少，由上级政府统一运作的债券融资大幅提高。

A 县债务越滚越大，导致还贷时财政挪用其他资金，甚至拆东墙补西墙的方式常态化。仅 2021 年 1—10 月，A 县已按约定归还金谷信托基金 2.1 亿元，归还国家开发银行及国家农业发展银行的借款本息 1 亿元，以及收回 C 山风景区管理权定期支付的 4000 万元，2018 年 3 月又需还农行贷款 6.5 亿元。城市建设，征地拆迁也需大量的成本和费用。A 县如何解决资金巨大缺口问题呢？

一是政府债券置换，换取低息贷款。这是目前最好的方式，中央、省级政府也大力支持，在完成地方政府债务审计摸底后，2013年至2017年10月已置换债券资金21亿元，大幅缓解利息支出压力。

二是发行城市发展基金，弥补土地收储缺口。工业区的征地建设及城区征地拆迁已耗资近10亿元，2012年出台的发行城市发展基金政策，允许被征地农民以征地款的相同额度购买该基金，由于月利率为1.5%，且分3年期、5年期、10年期、15年期，特别是15年期本金最后翻倍，这些高回报吸引许多被征地农民积极购买基金。前几年，在归还本金之前，这种行为的结果就是政府收得土地用于出让，农民获得利息，似乎皆大欢喜，但2015年后，三年期的基金到期，政府还贷压力增大，此种方式已无法持续，2017年底将全面清除。

三是发行新债，缓解旧债压力。如2012年引进中国银行入驻，协议内容就包括A县向中行借款1亿元，2013年引进C农商行，也是出于融资目的。同时以收储的土地及许多单位的大型固定资产作为抵押，要求县国有"四大公司"加大融资力度。

四是增加税收。在房地产方面大力出台优惠政策，鼓励开发商和购房者投资房地产，经历2014年的低迷期后，近两年土地出让金收入及房地产交易税费收入有较大幅度增加。旅游业方面，积极融入"八闽游"，与其他县市景点合力搞好旅游宣传，加大景区投资力度，吸引外来游客。工业方面，新领导集体总结以前引进企业的经验教训，改变只注重量的方式，着力引进科技含量高、效益好的企业，为税收增加打好基础。据统计，A县工业园区6年来引进企业项目近260家，超过一半处于停产或半停产状态，不仅浪费了大量财政投入资金，在金融业也造成了诚信危机。

A县政府报告数据显示，2017年全县财政总收入10.48亿元，县级财政负担债务也近36亿元，债务接近财政收入的3倍，似乎应该引起各方警惕了。

七 A县政府债务如何收局

(一) 地方政府债务是一把"双刃剑"

一方面,债务的适当投入会提高本地物质文明和精神文明建设水平,加快本地经济、社会、民生全面发展,有其可取之处;另一方面,债务的不当投入也会造成地方政府债台高筑,财政负担加重,并可能扰乱当地金融秩序。A县地方经济虽然快速增长,但其债务水平已经超过地方财政的承受能力,存在风险。

(二) A县政府债务投入产生的效益

不可否认,A县的财政投入确实收到了一定的效益。工业区初具规模,税收也有起色,新医院、新实验小学建成使用,景区开发吸引了更多游客,城市面貌焕然一新等,许多成绩是有目共睹的。

(三) 地方政府债务的阳光化审计

2014年9月开始的、历时4个月、被社会各界称为"史上最严厉、最彻底地方债审计"的结果已披露。2017年A县的县级政府债务较为准确的数据是36亿元左右,因债务规模接近县级财力的3倍,部分区域和项目潜存较大风险,需要监管层重点防范。但此前已被监管层"点名"的非信贷渠道融资仍在迅速增长,地方融资平台通过信托、BT和违规集资等渠道融资仍旧暗度陈仓,蕴含的风险隐患不断扩大。

(四) 加强对债务资金的监管和使用

长期以来,商业银行对政府项目的融资一向是积极的,很少考虑政府违约风险,导致政府债务如个人刷信用卡般越刷越多。对此,商业银行应有一套政府融资评估机制,在看重政府信用的同时,更关注债务规模、偿还能力等方面。对于政府债券置换所得的资金,上级财政部门要严格监管,确保资金用于还债而不会挪作他用。

(五)举债仍在继续,风险需要防控

因为有了政府决议,A县的举债步伐或许不会停止。但债务规模越滚越大,如何解决,这不单是A县的问题。政府是一个信用等级较高的债务人,但愿不会有违约的那一天。

思考题

1. A县政府到底欠了多少债,是否存在风险?
2. 地方政府债务愈演愈烈的原因是什么?
3. 我国地方政府债务对社会经济发展有何收益和风险?
4. 化解危机,如何处理好债务存量与增量的关系?
5. 结合现状,你对解决地方政府债务问题有何建议?

> **案例说明书**

A 县政府债务的隐忧和出路

黄建伟　黄利炜　靳　亮

一　课程准备

1. 了解背景：从 A 县政府官方网站了解近几年的关于政府债务、发行基金、招商引资方面的政策文件。

2. 学习政策文件：《国务院关于加强地方政府性债务管理的意见》《中华人民共和国预算法》，以及党的十九大关于经济改革等方面的内容。

3. 阅读书籍：推荐阅读刘军洛的《中国式金融魅影：地方债的危机与救赎》。

二　教学目的与用途

1. 适用课程：公共财政学、政府经济学、公共经济学、行政管理学、公共行政学、公共管理学、政治学、地方政府管理学、政府管理学、公共政策等。

2. 适用对象：MPA 专业学位研究生、全日制公共管理类学术性硕士研究生和行政管理专业、公共事业管理专业、财政学专业等高年级本科生。

3. 教学目标：

（1）了解地方政府债务的成因及其效益和风险。

（2）经过案例分析，发现 A 县发行政府债务的目的及债务规模，提高案例分析能力。

（3）通过案例诊治，结合当前形势与国家政策，找到解决地方政府债务危机的策略和方法。

三　启发式思考题

本案例的启发式思考题主要对应的是案例教学目标，由于存在相关的经济学、政治学概念，在布置启发式思考题之前，应在开展案例教学前布置相关的文献阅读材料。

1. A 县政府到底欠了多少债，是否存在风险？

2. 地方政府债务愈演愈烈的原因是什么？

3. 我国地方政府债务对社会经济发展有何收益和风险？

4. 化解危机，如何处理好债务存量与增量的关系？

5. 结合现状，你对解决地方政府债务问题有何建议？

四　分析思路

以下五条分析思路分别对应以上五道思考题：

1. 通读案例，将案例中 A 县债务整理为三类：城市发展基金、信托基金和银行借贷。将债务数额与 A 县财政收入数额比较，并分析债务偿还模式，可得出是否具有风险性。

2. 地方政府债务为何愈演愈烈？

首先，考虑政策因素，1994 年分税制改革逐步形成"财力向上集中"和"事权向下集中"的局面；其次，考虑银行制度，对政府借贷行为风险评估不严谨；最后，地方政府债务管理不到位，没有建立债务偿还基金，也没有建立完善的债务风险防范机制，结果地方政府只能不断以借新债来还旧债，"拆东墙补西墙"，债务越还越多，风险也越来越大。

3. 地方政府债务的存在并非一无是处，应理性客观地看待。从搜集的各地资料可以汇总出：从收益方面来讲，政府在财力难以支撑提供较大型公共产品时，适当的举借债务可以集中力量办大事，刺激经济增长。由于我国地方政府基本上都没有建立债务风险评估机制和债务偿还基金，容易产生债务风险。从风险方面来讲，债务危机处理不当将对银行秩序造成威胁，影响政府的公信力，严重时会扰乱社会安定，经济发展受阻。

4. 处理地方债务危机必须重视存量与增量的关系，根据国务院印发《关于加强地方政府性债务管理的意见》，即"43号文"，该意见进一步明确了地方政府债务管理的整体制度安排，也更加重视"疏堵结合"。强调消化存量，也需重视控制增量，进而保持政府债务的合理规模，这也是A县政府急需解决的问题。

5. 分析A县政府产生债务危机的原因，找到相应解决的对策。首先，应加快平衡地方政府的财权和事权的步伐。其次，规范政府借债行为，建立一套完善的债务风险评估制度，并成立债务偿还基金；完善监督机制，将债务预算提交同级人大审核，监督债务公开；尝试地方发行债券，规范借债；要把地方债务情况纳入领导干部考核问责范围，防止出现"新官不理旧官账"的现象，防止官员为个人私利搞"政绩工程"。最后，融资借债平台应合理评估风险，理性决断。

五　理论依据

政府债务也是债务的一种，当政府债务危机发生时，不仅是"经济危机"也是"政治危机"，这是区别于其他类型债务的重要特征。

政府债务作为一种财政分配的特殊形式，与财政分配的其他形式相比较，有其特殊性，即双重性。政府债务收入是财政收入的特殊形式，其收入列入政府预算，由政府统一安排支出，还本付息由政府预算列支，是财政分配的特殊形式，属于财政范畴。但政府债务又是利用信用形式，按照信贷原则，以偿还为条件的资金分配，属于信用范畴。因而政府债务具有财政与信用的双重属性。

（一）信誉性

政府债务的发行主体是政府，政府是社会政治经济活动的主导者和管理者，具有极高的社会地位及权威性。政府债务的发行是以政府信誉和国家资产做担保，因此，具有较高的信誉。

（二）灵活性

政府债务是根据某一预算年度或某一时期的经济和社会发展对财政资金的需求而发行的，其发行规模和范围，偿还期限和形式都可以灵活调剂，只要经过政府批准就可以。而政府收入的其他形式，如税收和利润上缴收入，则要根据法律规定和财政体制的确定，获得固定收入，不太可能大幅度调整变化。相比之下，国债更具有灵活性。

（三）有偿性

政府财政收入的其他形式，或是凭借政治权力强制取得，或是凭借财产权利参与收益分配获得,都是无偿的。但政府债务是利用信用形式,按照信贷原则,到期需要偿付本金和利息的有偿分配,政府与债券持有人之间是债权与债务关系。

正因为地方政府债务具有特殊性,地方政府债务需要规范管理,处理地方政府债务危机时也要格外谨慎。

六 案例具体分析

(一) A县政府到底欠了多少债,是否存在风险

A县的债务主要有:

城市发展基金,总额4.5亿元以上,主要购买对象为被征地农民,此笔资金用于土地收储中产生的费用,每月需还利息620万元左右。

信托基金,主要委托金谷信托基金公司等募集资金,总金额约为3亿元,年利率一般10.8%,但期限较短,该项资金主要用于基础设施建设、民生工程项目。

银行借贷,A县政府借贷包括工行、农行、建行、中行,以及国开行、农发行、信用社等几家银行,还有委托省政府向世行的贷款等,多的有1亿元,少的也有2000万元,该项资金主要用于景区回购开发、重点项目建设、新债抵旧债等。

A县政府债务增长速度远大于其财政收入增速,若没有其他比较大的收入,特别是土地出让金,债务规模有爆发可能,直至难以控制。因此,认为具有风险性,有可能发生地方政府债务危机。

(二) 地方政府债务愈演愈烈的原因是什么

1. 分税制改革后地方政府提供公共产品压力增大

从国家政策来看,自从分税制改革后地方政府提供公共产品压

力增大。一级政府，一级事权，一级财政，1994年分税制改革提高了中央财政收入在整个财政收入体系中的比重，主要的稳定的税种大多划归中央，地方分到的税种多数难征管、难稳定、慢增长。然而，地方政府负担着发展地方教育、地方经济、提供基本的公共设施等重要职能，随着时代进步，地方政府的职能也不断扩大。有限的财政资金，并不充足的转移支付都让地方政府"口袋空空"，财权小事权大。当经济社会快速发展需要建设新的公共基础设施和提供更好的公共服务时，政府财政紧张，被迫举债。

2. 金融市场环境和银行制度为政府债务规模的扩大创造了宽松的条件

因为政府提供担保的项目信誉度更高、更安全，银行或其他融资平台更偏好为政府担保项目提供贷款。对处于急需发展建设资金的情况下的地方政府来说，当银行信贷融资比其他融资渠道借债更为容易时，地方政府也倾向于选择银行信贷，这就使政府债务规模不断扩大。

3. 地方政府的风险意识差

大部分地方政府没有建立规范的债务风险评估机制，也没有建立起债务偿还基金，普遍缺乏债务风险意识，举债行为过于草率。案例中，A县政府不顾已有的债务，仍然发行政府债务，"债务雪球"越滚越大。

（三）地方政府举债对社会经济发展有何益处和风险

益处：适当的债务投入解决了地方政府财政吃紧的问题。地方政府若能做好发展规划，举债能更加灵活地筹集资金，解决经济发展中存在的问题。另外，地方政府拥有了自筹资金、自主发展的能力，地方政府不再受制于紧缩的地方财政，中央政府与地方政府之间的关系将会更加成熟。

风险：因为我国现阶段很多地方政府都未建立地方政府债务管理和监督体系，地方政府盲目借债、融资，债务处理不当引发的不仅是"经济危机"，也是"政治危机"。

具体讲有以下几点：

1. 对银行资金造成很大威胁，扰乱金融秩序

银行贷款一直是这些投融资平台最重要的资金来源，其在融资金额中占的比重高达80%。若政府赖账，银行可能出现"坏账"，与银行相关的其他融资平台都会互相产生不好的反应，直接风险很可能最终转嫁给银行，金融秩序被破坏。

2. 加剧地方政府卖地行为，宏观调控政策得不到贯彻

当前，地方政府财政收入中土地交易扮演了重要角色。如果地方政府债务出现问题，地方政府会加剧卖地行为，通过这样的方式来获得财政收入缓解债务危机。这将使原有的房地产泡沫更加放大。不利于宏观调控政策的贯彻。A县政府大胆进行土地收储及转让，房地产泡沫被放大，就是风险之一。

3. 地方经济停滞，使经济刺激政策失效

地方政府债务陷入危机，地方政府融资将越来越困难，将会使地方各个项目的支持资金减少，一旦资金链条断裂，许多工程项目不得不减缓速度甚至停止建设，产生负面效应，影响经济发展。

4. 降低政府公信力，影响社会安定

如果地方债务风险爆发，没有资金支持，基础设施教育、医疗、科研等公共产品的投入将会受到严重影响，进而可能出现公务员和教师的基本工资拖欠，下岗人员、低保人员生活费和企事业单位离退休人员养老金支付困难等问题，严重威胁到社会的稳定团结。

七　关键要点

土地财政在政府债务中扮演什么角色？能否持久？

土地金融是地方债膨胀的根源。当政府向银行借贷时，银行基本会考察抵押、保证等第二还款来源，2010年地方债务当中有80%来自银行信贷，这证实了银行借贷对政府项目的偏好。而在政府有偿还义务的贷款中约40%则以土地出让收益为抵押。除此之外，还有相当大一部分缺乏现金流回报的项目事实上依赖于土地出让收入和土地担保再融资来偿还债务。这样大规模土地资产绝大部分是征用而来，征地经济成本自然远低于市场价格，这其中巨大的价差便成为地方政府大举借债的现金流基础。更为重要的是政府垄断城市建设用地供给，城市土地资产价格很大程度上内生于地方政府的供给行为，以自身可以影响价格的资产做抵押，借款自然很容易。所以拥有巨量土地资产的政府有强大的信用创造能力，在金融危机时期对拉动总需求发挥了重要的作用。

很多事实已经表明，房地产带动地方经济发展的模式并不是灵丹妙药，其凸显出来的泡沫经济现象要引起足够的警觉。化解地方债危机，从长远来看，还要从各地经济发展现状着手，在制造业与实体经济方面大做文章。

八　案例后续进展

（一）党的十九大会议精神提出：要深化金融体制改革，守住不发生系统性金融风险的底线

防范系统性金融风险，是坚决打好防范化解重大风险攻坚战的重要任务。解读党的十九大会议精神时，中国银监会主席郭树清表示，在防范金融风险、治理银行业市场乱象方面，今年确定了同业、理财、表外三个重点领域。首先是因为这三个领域覆盖了比较突出的风险点，比如，影子银行、交叉金融、房地产泡沫、地方政府债务等。同时，还有与其相关的操作性风险，所以要集中精力整治。

可见地方政府债务将趋于规范管理，对于现存的地方政府违法违规举债，类似于 A 县城市发展基金这种"明股暗债"的融资行为将受到规范管理。

（二）地方政府发行债券

在 2011 年 10 月 20 日，地方政府"自行发债"终于迈出了新步伐。当日财政部公布，经国务院批准，2011 年上海市、浙江省、广东省、深圳市开展地方政府自行发债试点。地方发行债券不仅解决了地方政府财政紧缺的问题，也便于规范管理，减少债务危机发生的可能性。从投资行为考虑，地方发行的债券安全性较高，对投资者也更有吸引力。综上，发行地方政府债券可作为解决政府债务危机的一种策略。

九 建议课堂计划

本案例适合作为专门的案例讨论课，讨论时间约 180 分钟。

（一）课前计划

提前一周下发案例正文，请学生完成案例阅读，查阅关于政府债务、土地财政、政府财务危机等的文献资料，让学生对地方政府债务的来源、用途、规模等进行了解，熟悉各级政府出台的关于政府债务的防范与化解政策，并对启发思考题进行初步思考。

（二）课中计划

将学生随机分成若干小组，每小组 4—6 人，学生以小组为单位进行讨论，最后形成小组共同观点，并准备好班级讨论发言大纲。（60 分钟）

在小组讨论形成班级讨论发言大纲基础上，每小组选出一名代表并辅助于板书或 PPT 进行班级讨论发言，并形成班集体整体观点及解决方案。(60 分钟)

教师结合相关课程对讨论尤其是班集体讨论发言进行点评及知识梳理，并将学生讨论观点进行归纳总结。(30 分钟)

针对案例所讨论的内容，对学生在学习讨论过程中的遗留问题及案例所涉及的相关理论知识问题进行集中问答。(30 分钟)

(三) 课后计划

问答之后要求学生根据所学习讨论的案例，结合相关课程（如公共财政学、公共管理学、公共政策分析等课程）课后自己编写一个相关的案例。同时对本案例选取地的地方政府债务状况进行后续关注。

十　其他教学支持

本案例教学讨论要求在多媒体教室进行，教室的课桌椅最好能自由移动，以便于案例进行小组讨论。同时有利于相关视频材料及 PPT 的放映。

参考文献

[1] 赵连友：《美、日地方公债制度的比较研究及其借鉴》，《郑州经济管理干部学院学报》2007 年第 1 期。

[2] 顾蕾靓：《关于地方政府债务问题的思考》，《现代经济信息》2011 年第 12 期。

[3] 姜秀红：《化解地方政府债务危机的几点建议》，《经济研

究导刊》2013 年第 16 期。

［4］胡杰：《论地方债务问题的形成和化解策略》，《现代商贸工业》2012 年第 24 期。

［5］《国务院关于加强地方政府性债务管理的意见》，2017 年 11 月 3 日，中华人民共和国财政部网站（http：//www.mof.gov.cn/zhengwuxinxi/zhengcefabu/201410/t20141008_1146374.htm）。

［6］李齐云：《政府经济学》，经济科学出版社 2003 年版。

［7］马改艳：《我国地方债务风险隐患、成因及化解对策》，《西部论坛》2014 年第 24 期。

［8］《关于印发〈2011 年地方政府自行发债试点办法〉的通知》，2017 年 11 月 3 日，中国政府网（http：//www.gov.cn/zwgk/2011-10/20/content_1974229.htm）。

后　记

融汇教学学术与专业学术，共享公共管理精品案例

很久很久以前……我们对这个世界的认知似乎是从故事开始的。听故事是人类的天性，科学与学科的发展都离不开故事。135 亿年左右，"大爆炸"之后，宇宙物质、能量、空间基本特征的故事，成了"物理学"；在这 30 万年后，物质和能量开始形成复杂的结构，原子和分子的故事，成了"化学"；38 亿年前，地球上形成一种特别庞大而又精细的结构，有机体的故事，成了"生物学"；7 万年前，"智人"开始创造出更复杂的架构，称为"文化"。故事由人类创造，人类也因有了故事，传承发展至今。公共管理学作为当代中国哲学社会科学中发展最快的学科领域之一，讲好中国治理的故事是探索公共管理的学术发展路径，也是全面构建具有中国特色、中国风格、中国气派的中国特色公共管理学科的使命。如何通过听得懂说得明白的专业故事传递中国公共管理研究的"大问题"显得尤为重要，在这个意义上，教学案例是我们做"负责任研究与教学"的重要途径，而平庸的教学，既没有故事也没有事故。本书的这些故事遵循时代主题，通过对普通人日常生活的观照，凸显"烟火气"、"接地气"、"聚人气"，成就本书阅读者公共利益之上的"浩然之气"。

一 讲好中国治理故事是公共管理学人的使命

教学案例是蕴含教学问题和疑难，或者能提供教学启示的专业故事。讲好中国故事不仅成为大国崛起与世界对话的方式，给当代复杂多元中国以清晰认识的需要；也是我们每一个故事中的人与自己的传统、国情、意愿对话的过程。公共管理是解决公共问题、提供公共物品和公共服务、实现公共价值的活动，作为实践导向的学科，是所有人都有体验的学问。其研学者有幸在这个伟大的时代与世界、与自己、与历史对话，通过专业故事讲清基本国情、制度优势、人民意愿和发展进步，讲清我们发展中面临的诸多困难和问题，把各领域"碎片化"的治理现象有机地拼接起来，尽可能还原、呈现给外部世界一个真实、清晰的中国治理图式。教学案例的价值实现有赖于对案例中问题、疑难和启示的研究。教学案例作为一个描述或基于真实事件和情景而创作的故事，力图促进专业知识和行为技能的发展；以焦点或问题为导向，本质上关注解释现实生活的经验；回答"是什么"、"怎么样"、"为什么"，而不是"应该怎么样"，答案不可能在教科书中找到，也不可能获得人人赞同的"正确答案"。

根据克里斯坦森对案例的定义，即对实际行动中的行政管理人员和管理者群体面临的情景所进行的部分的、历史的、诊断性的分析。这种分析以叙事形式出现，鼓励学生彻底参与进来，它提供对于分析特定情境至关重要的实质和过程的数据，以此来设计替代行动方案，来实现认清现实世界的复杂性与模糊性的目的。一个教学案例就是一个包含有疑难问题的实际情境的描述，由于公共管理学科超知识生产模式的特点，案例知识生产具有"情境化+应用性+多元性+协同性"特性及案例知识扩散的"解释性+自定义+自创性+多向传导"等特征，使得我们的案例撰写充满挑战。但我们始终坚持探寻从故事中获得理论的路径：热问题冷思考、老问题新理解；中国问题西方理论、平淡问题奇妙思考；对细小的声音，侧耳倾听，对巨大的声音，保持冷静。这样使现实的公共管理教学能回应具体情境下公共利益的现实难题。

二 公共管理案例教学资源亟待优化和整合

联合国教科文组织曾在全球范围内做过一次广泛而深入的调查，对包括案例教学在内的九种教学方法在分析能力培养等六个方面进行研究，调查结论显示案例教学法对分析能力的培养高居首位。案例教学成为公共管理类人才培养的最有效方法是由案例教学特征和公共管理类人才培养目标决定的。案例教学具有以学生为中心、以案例为主体、以讨论为基础、以教学相长为原则，双向交流为保证的基本特征。案例教学的"问题意识"有助于树立学生的质疑求知精神，培养学生的学习兴趣和独立思考与问题解决能力，提高学生的学习能力和实践创新技能，形成学生学以致用与自主学习习惯，激发学生科学研究和创造创新的意识。公共管理学科是一门综合性极强的应用型学科，从我国经济社会的发展阶段和民主政治建设状况来看，公共管理教育担负着提供高素质、复合型、应用型公共管理人才资源的时代使命，既要适应全面深化改革的需要，也要应对风险社会来临的挑战。案例教学有利于提高学生的学习热情；拓宽学生视野，提高学生的综合素质能力；有利于学生"类公共管理思维"的养成。

纵观案例教学的发展，近5年呈现加速趋势，各种教学资源及软件纷繁复杂；横看案例教学的发展依旧存在零散化、形式化、随意化、成本高的特征。虽然现有较多机构进行了案例教学平台建设，但主要分散于案例教材与案例库这两个层面,案例教材的主题常受制于写作者的研究领域,且存在案例教学目标不甚明确,使用说明过于简单的问题。这使得案例的丰富度、鲜活度、多样化不够,案例教学的流程方法标准化、精细化程度低,案例教学使用的情境化、智慧化、泛在化、互动性水平较低。这些问题的解决需要从高校公共管理类人才培养目标出发,基于成本约束,发挥师生的主动性、创造性,盘活案例教学资源存量,积极开发增量,运用互联网平台,构建共享式的公共管理案例教学平台。从案例教学资源的形式上看,目前主要有两大类案例教学资源,即传统纸质的案例教材和案例库。这些案例资源的存在一方面为案例教学提供了素材,另一方面由于案例来源的多样性,在质量、使用便捷性、有效性、使用成本等问题上依旧存在诸多问题,案例的原创性、丰富度、鲜活度、多样化不够,这些问题的解决需要从高校公共管理类人才培养目标出发,基于成本约束,发挥师生的主动性、创造性,盘活案例教学资源存量,积极开发增量,运用互联网平台,构建共享式的公共管理案例教学平台,不失为一种案例建设后发高校实现赶超的有效方式。按照"案例教材支撑—案例库建设—案例教学应用—案例研发与虚拟仿真"的四位一体的总体思路,构建"微课程、案例资源、案例研讨、辅助素材"为依托的资源类型丰富的教学共享平台,通过使用平台中嵌入的案例资源、教学软件,达到理论教学与实验教学、案例教学的有机统一,激发和维持学习者的学习兴趣和积极性,提高教学效率。

三 共享案例教材建设与使用的可能方式

当前公共管理案例教学使用的标准化、情境化、智慧化、泛在化、互动性水平较低,为了构建"四位一体"的案例教学平台体系,需要在案例课程群与教学方法上进行革新。课程群建设是避免案例教学的"偶然性"、"即兴化"和"点缀化"的必然要求，是长期有效推进案例教学法的可靠依托。案例教学是一个教学互动的过程，互动效果很大程度上依赖于合理而巧妙的教学设计。多样化的互动方式，是丰富课堂教学、活跃课堂气氛、调动学生参与积极性的有效方式。整个案例教学过程是由诸多环节构成的复杂流程控制过程，而案例教学的有效开展和实施离不开科学合理的流程控制。共享案例尝试结合"公共经济学"、"公共管理学"、"政治学"、"公共政策学"、"社会保障学"、"公共部门人力资源管理"等课程推出系列教材，在此基础上进行教学程序与方法的精细化流程设计，实现案例教学流程的标准化、规范化。

案例教学中学生是中心，教师是设计者和激励者。具体的教学程序与环节，基于建构主义的教学方法有重要的启示。建构主义是一种关于知识和学习的理论，强调学习者的主动性，认为学习是学习者基于原有的知识经验，在社会文化互动中生成意义、建构理解的过程，情境、协作、会话和意义构建是其要素。教学过程由教学任务出发，分析教学目标、确定学习主题及目标要求，分析学习者特征，确定学习者的基础知识、认知能力和认知结构变量，并进一步对学习内容特征分析为陈述性、程序性与策略性知识。基于这些分析，围绕案例与问题进行学习资源（认知工具设计）与情景设计（自主学习策略设计，主动性、社会性、情景性与协作性策略设计）、管理与帮助设计、总结与强化练习、学习效果形成性评价与总结性评价。教师在其中的角色不是一桶水也不是自来水，教师是支架。根据学生需要提供帮助，学生踏着教师提供的支架，主动学习，探索可能的方案，建构知识体系。教师在学生能力增长时撤去支架。支架式教学环节围绕当前学习主题，按"最邻近发展区"要求建立概念框架，将学生引入一定的问题情境，让学生独立探索。探索内容包括确定与给定概念有关的各种属性,并将各种属性按其重要性大小顺序排列。探索过程中教师要适时提示,帮助学生沿着概念框架逐步攀升。然后进行小组协商、讨论,在共享集体思维成果的基础上达到最终完成对所学知识的意义建构;对学习效果的评价包括学生个人的自我评价和学习小组对个人的学习评价,评价内容包括自主学习能力、对小组协作学习的贡献、是否完成对所学知识的意义建构。抛锚式教学环节要创设情境,使学习能在和现实情况基本一致或相类似的情境中发生;确定问题,在上述情境下,选择出与当前学习主题密切相关的真实性事件或问题作为学习的中心内容。选出的事件或问题就是"锚",这一环节的作用就是"抛锚";进行自主学习,不是由教师直接告诉学生应当如何去解决问题,而是由教师向学生提供解决该问题的有关线索,并特别注意发展学生的"自主学习"能力;进行协作学习,讨论、交流,通过不同观点的交锋、补充、修正、加深每个学生对当前问题的理解;对这种教学效果的评价需在学习过程中随时观察并记录学生的表现即可,不需要进行独立于教学过程的专门测验。案例教学程序还有随机进入式环节,是指学习者可以随意通过不同途径、不同方式进入同样教学内容的学习,从而获得对同一事物或同一问题的多方面的认识与理解。学习者通过多次"进入"同一内容将能达到对知识内容比较全面而深入的掌握,不只是为巩固一般的知识、技能而实施的简单重复。这里的每次"进入"都有不同的学习目的,都有不同的问题侧重点,使学习者获得对事物全貌的理解与认识上的飞跃。

案例分析作为一种自成体系的教学方法,具体操作时可以根据不同教学对象进一步运用探究法、情景模拟法、再写案例法、辩证法、实证分析法。探究法是指教师引导学生进入学科经典与前沿理论,开始探索:第一阶段重点呈现客观实在是什么和怎么样——社会调查(描述,特别是归纳);第二阶段:为什么——选用合适的理论对调查结果进行解释，认知规律及形成机制（文献综述），构建知识体系；第三阶段：怎么做——演绎法（应用理论指导实践）。情景模拟法再现案例，让学生体会决策的复杂性与价值冲突；实地调查法充实案例，深入公共管理典型事件发生的第一线，了解公共管理事件发生的心理机制与深层动力；再写案例法反思案例，按照完整的案例结构系统撰写案例，了解其知识及文化背景，提炼其焦点；然后是辩论法要研判案例，寻找满意决策；实证然后法研究案例，降低个案分析片面与主观性，通过数据模型解析更具科学性。这些方法在精练公共管理学核心理论和方法基础上，走出校园，进入已发生的真实而典型的公共管理案例事件的现场，深入调查其过程、行为和方法，通过情景模拟、系统分析，使学生深化对复杂环境下当代政府及其他治理主体角色的理论认识，把握在深化改革中出现的中国公共管理实践难题，领会公共政策制定的妥协性，洞悉公共部门人力资源管理中的规则与机制，比较公共物品供给的多元模式，揭示现实社会治理的新格局，探讨公共部门责任与监控的落脚点。

丰富的中国公共管理实践为我们创造了书写中国治理专业故事的可能，好的案例是写作者通向公共管理专业学术与教学学术融合的征途，而这些专业故事如何更好地传递公共管理知识、方法、技能与价值，需要更多创新的教学实践。希望多年之后，我们重新翻起此书泛黄的纸张时能想起很久很久以前……

金志云

2021 年 1 月